rororo

Die Autorin

Dr. phil. Karin Jäckel, Jahrgang 1948, wohnt in Oberkirch, Schwarzwald. Aufgewachsen an zahlreichen Orten in verschiedenen Bundesländern der Bundesrepublik. Studium der Kunstgeschichte, Germanistik und Sprecherziehung. Promotion 1975. Mitglied im Deutschen Journalistenverband. Seit 1971 verheiratet mit Prof. Dr. Klaus-Peter Jäckel. Drei gemeinsame Söhne im Alter von 24, 19 und 13 Jahren. 1982 erste Buchveröffentlichung. Seitdem insgesamt 66 Kinder- und Jugendbücher, Ratgeber und sozialkritische Bücher bei verschiedenen Verlagen. Erfolgstitel: «Monika B. Ich bin nicht mehr eure Tochter» (München 1995); «Sag keinem, wer dein Vater ist» (München 1998); «Der gebrauchte Mann. Abgeliebt und abgezockt – Väter nach der Trennung» (München 1997); «Die Frau an seiner Seite – NUR-Hausfrauen im Spiegel des Feminismus» (München 1999); «Im Stich gelassen? Warum Mütter sich von ihren Kindern lossagen» (München 1999); «Mein Kind gehört auch zu mir – Ratgeber für Väter nach der Trennung» (Frankfurt 1997); «Deutschland frisst seine Kinder. Familien heute: ausgebeutet – ausgebrannt» (Reinbek 2000).

Die Autorin ist an jedem Gedankenaustausch mit ihren Lesern interessiert: E-Mail: karin.jaeckel@t-online.de oder Fax 0 78 02 / 37 07.

KARIN JÄCKEL

Ein Vater gibt nicht auf

Die Geschichte eines gebrauchten Mannes

Rowohlt Taschenbuch Verlag

Originalausgabe
Lektorat Bernd Gottwald
Redaktion Heike Herberg

Veröffentlicht im Rowohlt Taschenbuch
Verlag GmbH, Reinbek bei Hamburg,
Januar 2001

Umschlaggestaltung Barbara Hanke
(Foto: Tony Stone Images/David Hanover)
Satz Minion PostScript (PageOne)
Gesamtherstellung Clausen & Bosse, Leck
Printed in Germany
ISBN 3 499 60692 5

Die Schreibweise entspricht den Regeln
der neuen Rechtschreibung.

Epilog des Vaters

S., im Juli 1999

Liebe Maria, mein geliebtes Kind,

Väter, die willkürlich von ihren Kindern getrennt werden und nicht wissen, wo sie sind, schreiben ihnen Briefe, die sie nie abschicken.

Die ersten Tage und Wochen, nachdem du mir von deiner Mutter aus den Armen gerissen wurdest, schrieb ich mir monatelang die Finger wund. Der dicke Papierstapel soll nun die Grundlage für ein Buch sein, aus dem du später, wenn du lesen und dir eine Meinung darüber bilden kannst, erfährst, was wirklich passiert ist. Warum wir getrennt wurden. Wir als Familie, du und ich.

Ein paar Mal gestattete mir deine Mutter auch nach der Trennung noch, dich zu sehen. Doch heute sind fast schon zweieinhalb Jahre vergangen, seit ich dich das letzte Mal in den Armen hielt, damals an einem nebligen Dienstag, dem 5. März 1997.

Noch immer gibt es einen eigenen Platz für dich in meiner Wohnung. Ein Babysöckchen und ein Latztüchlein, die deine Mutter bei ihrem Auszug vergessen hat, liegen dort neben ein paar Spielsachen, Stiften und anderen Zeichenutensilien, die nur darauf zu warten scheinen, dass du wieder kommst und sie benutzt.

Und dabei weiß ich nicht einmal, wie du aussiehst, wie du

sprichst, wie es dir geht, welche Spiele du magst, ob du gesund bist. Ich habe keine Adresse von dir, keine Telefonnummer. Deine Mutter verweigert mir jede Auskunft, jeden Kontakt, selbst ein Foto oder eine Kassette, auf der ich deine Stimme hören könnte. Ich weiß nicht einmal, ob du dich an mich erinnern kannst. Und würde ich dich erkennen?

Dreißig Monate sind eine lange Zeit für eine kleine Erdenbürgerin. Wie du sie eines Tages bewerten wirst, weiß ich nicht. Für mich aber sind diese Wochen, Monate und Jahre ohne dich ein unwiederbringlicher Verlust. So wie du um deine Kindheit mit deinem Vater betrogen wirst, so werde ich um dich betrogen, mein Kind.

Was hätten wir alles zusammen unternehmen können! Deine Oma in Griechenland besuchen zum Beispiel. Sie hätte uns tschechischen Mohnkuchen gebacken. Wie gern möchte sie dich kennen lernen und dich drücken.

Nach dem Kaffee wären wir zu einem der vielen Sandstrände in der Nähe zum Schwimmen gegangen. Magst du gern schwimmen? Oder bist du wasserscheu? Kennst du das Meer überhaupt? Würdest du zusammen mit mir hineinlaufen wollen?

In einer lauschigen, schattigen Taverne direkt am Meer könntest du zwischendurch ein Eis schlecken, mit den Beinen baumeln und dem Rauschen der Wellen des Saronischen Golfs lauschen. Vielleicht würden wir anschließend deine Cousine mit deiner Tante und deinem Onkel aus Amerika treffen, die gerade auch bei der Oma Ferien machen. Sie sind so neugierig auf dich, mein Liebes. Vor allem deine Cousine, die fast so alt ist wie du und dich so gern als Freundin hätte.

Ein andermal, im Juli und August, würden wir Urlaub in der Provence, im Süden Frankreichs, machen. Die Luft duftet dort nach Lavendel. Und die Felder sind mit Mohnblüten rot gesprenkelt. Abends würden alle Kinder aus unserem kleinen Dorf mit dir Verstecken spielen, bis der Mond aufgeht. Sicher dürftest du bei Jacques, dem Schäfer, zugucken, wie die Schafe geschoren werden. Der Bäcker würde dir morgens ein frisches Croissant schenken, das er in seinem Holzofen über Reisigbündeln gebacken hat. Mittags dürftest du bei unseren Nachbarn im Swimmingpool schwimmen. Und beim Papa im Atelier wärest du die Einzige auf der Welt, die mit seinen Farben malen darf.

Ich muss aufhören mir vorzustellen, was gewesen wäre, wenn. Ich kann mir nicht vorstellen, wie es sein wird, wenn ich dich wiedersehe. Und doch kommen meine Gedanken nicht von dir los. Ich trage dich in meinem Herzen.

Was deine Mutter dir über mich und uns erzählt, ob sie dir überhaupt etwas von mir sagt, und wenn ja, ob etwas Gutes dabei ist, weiß ich nicht, mein Kind. Und wenngleich ich mich bemüht habe, mich in deine Mutter hineinzudenken und sie zu verstehen, kann ich dir die Ereignisse der Vergangenheit natürlich nicht aus ihrer Sicht beschreiben. Es ist mir sogar nur bis zu einem sehr geringen Grad möglich, Verständnis für deine Mutter aufzubringen.

Sie habe sich von mir gedemütigt und bedroht gefühlt, schrie sie mir ins Gesicht, als sie dich damals aus meinen Armen zerrte, dich regelrecht kidnappte. Ich hätte sie unterdrückt und ausgebeutet. Und sie werde sich rächen, rächen, rächen.

Vielleicht habe ich sie gedemütigt. Vielleicht habe ich bedrohlich auf sie gewirkt, obwohl ich ihr nie etwas zuleide getan habe. Wir hatten Streit. Wir lebten in verschiedenen Welten, und die vermischten sich einfach nicht zu einer dritten, gemeinsamen.

Wie Feuer und Wasser waren wir. Beide leidenschaftlich, beide Siegertypen. Deine Mutter wollte es schließlich wissen, wer von uns das Sagen hatte.

Sie hielt es mit mir als Mann nicht aus, weil sie wohl gar nicht wirklich einen Mann, sondern eher einen Vater haben wollte. Und sie ertrug mich als deinen Vater nicht, weil sie selbst nie einen Vater hatte.

Alles, was mit mir zusammenhing, war für sie so anders als alles, was sie kannte, und so beunruhigend und anstrengend, dass es ihr irgendwann nur noch Angst machte. Und doch sieht sie dich, mein Kind, ein Stück von mir, jeden Tag. Geht das gut? Liebt sie dich wie du bist? Oder musst du hören, dass du bist wie dein Vater, den sie nicht ertragen kann?

Eines Tages hielt sie die durch mich in ihr Leben getretene Unordnung mitsamt den Anforderungen an sie als meine Frau und die Angst, durch mich in die zweite Reihe gedrängt zu werden, nicht mehr aus. Sie wollte für die Menschen in unserem Leben nicht die Frau vom Georg sein, sondern der Georg sollte der Mann von ihr sein. Sie wollte aufhören zu arbeiten und von mir auf Händen getragen werden. Ich sollte sie verwöhnen und ihr Sicherheit bieten. Sie wollte befehlen, und ich sollte wie ein Hündchen Männchen machen. Sie wollte meine Herrin sein und zugleich mein Kind, das von mir versorgt und verwöhnt würde.

Und sie hatte Angst, dass auch du mich eines Tages in die erste Reihe setzen und sie in die zweite rücken würdest. Sie hatte sich wohl in mich verliebt, weil es ihr gefallen hätte, einen Vater wie mich gehabt zu haben. Und nun befürchtete sie, dass es auch dir gefallen könnte, mich als Vater zu haben.

Deine Mutter, mein Liebes, hat keinen Vater und liebt deshalb nur ihre Mutter. Vielleicht konnte und wollte sie deshalb deine

Liebe nicht mit mir teilen und auch meine Liebe nicht mit dir teilen.

Aber deine Mutter ist klug. Und natürlich weiß sie sehr genau, dass eine erwachsene Frau und Mutter sich nicht gestatten darf, solche eifersüchtigen, kindischen Gefühle zu haben. Also erteilte sie sich selbst die Erlaubnis dazu, indem sie behauptete, ich sei ihre und deine Liebe nicht wert, und sie müsse dich vor mir beschützen, weil ich böse und ein schlechter Vater sei.

Aber glaub mir, Maria, mit dir hat das alles nichts zu tun. Du kannst nichts dafür, nicht das Geringste.

Dies alles ist im Grunde einzig und allein meine und Sache deiner Mutter. Aber leider gelingt es uns nicht, dich da ganz herauszuhalten, wie du es verdient hättest.

Such bitte niemals irgendeine Schuld bei dir. Du hast mich nicht zu viel geliebt und auch nicht zu wenig, sondern gerade recht. So wie du auch deine Mutter gerade recht geliebt hast und sicher weiterhin liebst.

Was immer du von anderen über mich erfährst, Maria – ich bin kein perfekter Mensch und benehme mich auch nicht so. Ich habe Fehler und Ecken und Kanten zuhauf. Bin auch nicht mehr der Jüngste und manchmal ein rechter Hitzkopf. Aber ich bin ein Mann von Ehre mit festen Wertvorstellungen und einem starken Gefühl für Frieden und Gerechtigkeit. Nie habe ich mir vorgestellt, einmal gegen eine Frau kämpfen zu müssen, die ich geliebt und mit der ich ein Kind habe. Auch habe ich nie vermutet, eines Tages den Behördenschreck spielen und meine schwer erkämpfte Freiheit als Künstler einer hirnlosen Bürokratie opfern zu müssen.

Als ich deine Mutter kennen und lieben lernte, war ich ein glücklicher Mann. Als du geboren wurdest, war ich ein glücklicher Vater. Als deine Mutter mich in diesen unwürdigen, sinnlosen Bürokratie-Krieg stürzte, kam ich mir vor wie Ikarus, der mit brennenden Flügeln ins Meer stürzte, weil er der Sonne, seiner Liebe, zu nahe gekommen war. Seitdem ist viel von meiner Lebensqualität, meiner Unbekümmertheit und der Kraft meiner Kunst verloren gegangen.

Aber ich habe immer noch ein Herz, das lieben kann.

Die Freiheit liebe ich, die ich mir erarbeitet habe, und den Beruf, der sie mir erhält. Deine ältere Schwester liebe ich, die mich genau wie du nicht als Vater haben durfte, weil ihre Mutter dies – so wie jetzt deine Mutter – nicht duldete. Genau wie deiner Mutter war ich der Mutter meiner ersten Tochter nicht reich genug, nicht brav, nicht angepasst und gutbürgerlich genug. Ein Mann, der ohne festes Einkommen, ohne Villa, Superauto und Nadelstreifenanzug zufrieden ist, war für sie nicht der richtige Mann. Beide Frauen bestraften mich für die Liebe, die sie mir, einem Unwürdigen, geschenkt hatten, indem sie mir das Kind nahmen, das ich ihnen geschenkt hatte.

Doch auch wenn du, meine liebe Tochter, deshalb nun weit weg von mir lebst, bist du es, die ich vom ersten Augenblick deines Daseins für immer und ganz besonders lieb habe.

Unser Schicksal ist nur ein kleines Schicksal auf dieser Erde, mein Kind. Aber es hat mit Liebe zu tun. Die ist einmalig, bei jedem, der sie erfährt. Und das zählt. Nur das.

In Liebe
Dein Vater

März 1991

Bernhausen klebt direkt südlich an der Landebahn des Flughafens Stuttgart Echterdingen. Die Filderebene und soweit der Blick reicht Kraut: Spitzkraut, Weißkraut, Rotkraut, Wirsing, Blumenkohl. Wenn im Herbst das Sauerkraut geschrödert und eingelegt wird, kann man die Luft beinahe fühlen.

Martin, der erst vor kurzem aus den USA zurückgekommen war, schnüffelte. «Was ist denn das? Das stinkt ja wie der dickste Kerosin-Furz der Welt!»

Georg grinste. «Tabak aus Virginia ist es jedenfalls nicht. Schade, dass Opa Lutz nicht mehr ist. Wenn der seine Destille anwarf, hast du vom Sauerkraut garantiert nichts mehr gerochen. Und wenn du Glück hattest, wurdest du morgens wach und hattest einen Rausch, ohne dass du ihn dir erst noch antrinken musstest.»

«Tja, schade auch», brummte Hans, der sich die ganze Zeit schon in der ehemaligen Schlosserwerkstatt umgeschaut hatte, als könnte sie ihm aus Georgs Leben erzählen. «Wolltest du den Erben das alte Gemäuer nicht abkaufen?»

Georg zuckte mit den Schultern. Seine Geste des Geldzählens sagte alles.

Er hatte die einhundertvierzig Quadratmeter große Halle geliebt. Fast fünf Meter hoch und ebenerdig, war sie seit 1972 sein Zuhause gewesen. Unter der Decke verliefen die Heizungsrohre für die darüber liegenden Wohnungen. Ein wenig *Centre Pompi-*

dou mitten in Schwaben. Manchmal war Georg mit dem Auto durch das hohe Holztor bis vors Bett gefahren.

Mit ein paar Schränken vom Sperrmüll war der riesige Raum zum Schlafen und Arbeiten geteilt. Hin und wieder, wenn Georg über das auf Hochglanz polierte Holz der schön restaurierten Möbelstücke strich, musste er über den Unverstand der ehemaligen Besitzer lachen. Der eine oder andere von ihnen würde sich garantiert die Finger danach lecken, heute den einst ausrangierten scheinbar wertlosen Plunder aus Uromas Zeiten in der Wohnung stehen zu haben.

Eine Radierpresse mit Stirnrad begrenzte die Küchenzeile. Überall Bilder, Kunstobjekte aus Metall; stehend, hängend, einander halb verdeckend. Unter der zehn Meter langen Fensterfront eine Werkbank. Pinsel, Flaschen, Farben, Holzrahmen darauf in geordnetem Chaos. In der Mitte des Raumes ein großer Tisch, an dem fast jeden Abend Gäste Platz genommen hatten. Und über allem dieses diffuse, wie gefilterte Licht, das durch die Betttücher fiel, die vor die hohen Fenster gespannt waren, weil der Anblick gegenüber nicht gerade die Alpen waren, sondern eher ein Albtraum aus Banausentum und Beton.

Ein Lastwagen donnerte vorbei, dass die Flaschen und Gläser zu tanzen anfingen. «Hey, Mann, hier bricht ja alles zusammen. Können die nicht langsamer fahren?» Martin brüllte fast gegen das Klirren der Fensterscheiben an, die in ihren altersschwachen Rahmen dringend frischen Kitt gebraucht hätten.

«Nix für zarte Seelen!», lachte Georg und tätschelte draußen liebevoll die altersschwache Flanke des «Himmelsflohs», der gleich vom Technischen Museum aus Sinsheim abgeholt werden sollte. «Der hier wird mir fehlen.»

«Dass seine alte Kiste ihren letzten Flug mal ins Museum antreten würde, hätte Freddy sich auch nicht träumen lassen, als er dir das Vehikel andrehte», meinte Martin. «Ist er überhaupt noch in Costa Rica?»

Georg nickte. Das Flugzeug Baujahr 1937 hatte es ihm angetan. Sogar flugfähig war es noch. Aber leider nichts für eine Wohnung unter dem Dach. Melancholisch strich er über die Tragflächen. Ob der alte Klepper da drinnen im Museum, für immer hinter Schloss und Riegel, die Sonne und den Wind vermissen würde?

«Packt lieber mit an!», meinte Hans, der eigentlich Hassan hieß und im Geist schon Umzugskisten schleppte.

Es dauerte Wochen, ehe Georgs gesamte Habe verschnürt, verpackt, verkauft und verschoben war. Wochen, in denen gleichzeitig seine künftige Dachwohnung in der Innenstadt ausgebaut und in ein Atelier verwandelt wurde.

Manchmal stand Georg unter dem Dach des hohen alten Jugendstilhauses und dachte, die Zeit sei stehen geblieben. Rund hundert Jahre hatte sich hier oben auf der so genannten Bühne nichts getan. Gelegentlich hatte man in den Ecken und Winkeln vielleicht Körbe und Kisten mit abgelegten Sachen verstaut. Oder vielleicht hatte man unter den Holzsparren Wäsche zum Trocknen aufgehangen. Jetzt war der gut neunzig Quadratmeter große Raum leer.

Während aus den zwei Fenstern an den Giebelseiten schüchternes Licht auf die Spinnweben fiel, die zwischen den Holzbalken eine Nebelwand bildeten, blies der Wind zwischen den Dachziegeln herein und ließ den Staub auf den breiten Holzdielen wie grauen Pulverschnee aufstieben. «Selbst Herr Spitzweg würde hier nach fünf Minuten die Flucht ergreifen», dachte Georg amüsiert.

Doch als er an eines der regenblinden Fenster trat und mit

dem Handballen ein Guckloch rieb, kamen ihm Zweifel. Das Bild des «Armen Poeten» mit dem zum Schutz gegen das tropfende Dach aufgespannten Regenschirm schob er aus seinen Gedanken, denn der Blick über die Stadt entschädigte doppelt und dreifach für jede Staubschnupfenattacke.

Im Grunde war es dieser Blick, der Georg festhielt. Seit langem ging er nämlich mit dem Gedanken schwanger, Deutschland zu verlassen.

«Mein Traum ist eine kleine Galerie auf einer Insel in der Ägäis, am besten auf den Zykladen», hatte er kürzlich erst in sein Tagebuch geschrieben. «30 Jahre Deutschland sind genug. Ich suche bloß noch die richtige Frau. Meine kleine Schickse, die Sekretärin, ist nichts für die Insel. Die betrügt mich mit ihrem geschiedenen Ehemann und leugnet es glatt, obwohl ich sie in flagranti ertappt hatte.»

Doch das Atelier hoch über den Dächern der Stadt hatte etwas. Der schwäbische Himmel war nicht die Ägäis, aber ein bisschen wie eine Insel war das Studio schon.

Ohne Martin hätte Georg es vermutlich nicht geschafft, seine Wohninsel oder Künstler-Oase mitten im Herzen der Stadt zu erschaffen. Sie kannten sich, seit Martin ein Bengel von acht Jahren gewesen war. Und irgendwie war es zwischen ihnen, als wäre der Jüngere so eine Art Patensohn.

Auch als er in die USA gezogen war, um in Virginia seine Dollars als Zimmermann zu verdienen, hatten sie nie den Kontakt verloren. Der Atelierausbau kam Martin wie gerufen.

«Ich will sowieso zurück nach Germany», hatte er gesagt, als Georg ihn anrief. «Den Dachstock bauen wir aus, ist überhaupt kein Problem. Zahl mir das Flugticket und ich komme.»

Auf Martin war Verlass. Er war der Meister, Georg der Handlanger. Hans, der das Bauherren-Triumvirat vollständig machte, wurde zum Fliesenleger und Jungen für alles. Und Sabine, die Hauseigentümerin, machte ihrem Namen alle Ehre und sorgte fleißig wie eine Biene mit Spätzle und Flüssigbrot dafür, dass die Muskeln nicht schlapp machten.

Da sich Sabines und Georgs Vorstellungen über den Innenausbau deckten und die Freunde zupackten, nahm das neue Domizil schon bald Gestalt an. Ein auf dem Kopf stehender Schiffsrumpf, die eine Hälfte zum Wohnen, die andere zum Arbeiten. In der Mitte, wo der Dachstock eine Bucht bildete, die Küchenzeile, dahinter das Bad. Vis à vis der Eingang. Und Licht, ganz viel Licht. Überall.

Als Hans eines Samstags die letzte Fliese im Bad angeklebt hatte und das Studio fertig war, stand fest, dass Georg die Insel in der Ägäis zumindest für die nächsten Jahre leicht verschmerzen würde.

«Schade, dass Martin heute nicht da ist», bedauerte er kurz. «Aber trotzdem, jetzt wird gefeiert.» Kameradschaftlich schlug er Hans auf die Schulter. «Auf geht's, ich lade dich zum Essen ein.»

Wer Stadtatmosphäre und das bunt gemischte Leben multikultureller Gesellschaft mochte, war im «Litfass» am richtigen Ort. Direkt hinter dem Rathaus gelegen, war die beliebte Szenekneipe nur einen Steinwurf vom Friedshofsamt und dem Standesamt entfernt. Manchmal frotzelte einer, dass die beiden Ämter für sichere Kundschaft sorgten und Ali, der Wirt, sich schon sein Teil dabei gedacht hätte, seine Kneipe ausgerechnet hier zu eröffnen.

Trotz der frühen Stunde war auch an diesem Abend kein

freier Tisch mehr zu ergattern. Zigarettenrauch, Stimmengewirr, Lachen, im Hintergrund Musik. Einladend wie immer, fand Georg.

«Setzen wir uns dazu?» Hans hatte einen großen Tisch ausgemacht, dessen eine Hälfte noch frei war. Die andere war von drei Damen besetzt, die sich lebhaft unterhielten.

Georg grinste. Dass Hans mal wieder auf Brautschau war, ließ sich unschwer erkennen. Also, höflich gefragt und ran an den Tisch. Wenn Hans zu baggern anfing, wurde es meistens lustig.

Während dieser mit seinem Lieblings-Anmache-Trick Georg mit sonorer, überzeugender Stimme zum Islam zu bekehren versuchte, schielte er immer wieder zu den Damen hin. Besonders die üppige Blondine in der Mitte hatte es ihm angetan. Und wie immer schlug der Islam-Trick voll an. «Zeig mir die Frau, die bei einem Macho-Thema cool bleibt», hatte Hans gefeixt, als irgendjemand ihn mal gefragt hatte, warum er ausgerechnet mit dem Palaver über den Islam zum Frauenaufreißen loszöge.

Cool blieb die Blondine wirklich nicht. Eine Zeit lang verfolgte sie das Gespräch der Freunde eher heimlich, aber mit gespitzten Ohren. Man konnte zuschauen, wie sie allmählich auf Touren kam. Dann plötzlich war es so weit. Sie mischte sich ein. Georg solle sich nur ja nicht überreden lassen. Der Islam sei extrem frauenfeindlich.

Ihr Eifer reizte Georgs Widerspruchsgeist. «Frauenfeindlich? Aber ganz und gar nicht», rief er mit gespielter Verwunderung und blickte Hans Zustimmung heischend an. «Soweit mir bekannt ist, darf ein Mann vier Frauen heiraten und wenn er reich genug ist, auch einen Harem haben.»

Bei den drei Damen machte sich das Entsetzen breit. Ein geballter Sturm der Entrüstung brandete den Freunden vom anderen Tischende entgegen und ergoss sich in einem wahren Stakkato gegen die ach so schlechten Männer, die keine Ahnung vom Leben haben und doch immer nur das Eine wollen.

Hans versuchte auf seine höfliche Art, dagegenzuhalten und der Blonden zu imponieren. Aber keine Chance. Das Triumvirat ließ ihn gar nicht mehr zu Wort kommen.

Georg hatte Mühe, das Lachen zu unterdrücken. Das Geschwätz und die Argumente wurden zu absurd. Gleichzeitig hoffte er, dass die drei Grazien nun endlich den Rückwärtsgang einlegen und ihn mit Hans das Essen genießen lassen würden. Immerhin wurden soeben die Vorspeisen aufgetragen, und ihm lief das Wasser im Mund zusammen. Er spürte erst jetzt so richtig, wie hungrig er war.

Und kein Mensch, der kulinarische Genüsse zu schätzen wusste, ließ bei Ali freiwillig das Essen kalt werden.

Auch Hans machte nicht den Eindruck, als würde ihn das blonde Gift noch locken können. Doch die drei hatten «Frauenabend». Der ganze Ehe-Kinder-Männer-Büro-Frust hatte das Überdruckventil geschrottet und ergoss sich nun ausgerechnet über zwei ebenso wildfremde wie harmlose Zeitgenossen. Reichlich genervt stocherte Georg mit der Gabel nach einer Olive und warf Hans einen schrägen Blick zu.

Ohne diesen Blick hätte er sie vielleicht nie bemerkt. Oder doch, er hätte sie bemerkt. Jeder Mann musste sie bemerken. Sie war nicht zu übersehen. Eine Frau wie aus einem Gemälde von Delacroix. Die französische «Marianne» mit der Tricolore, hoch oben auf den Barrikaden beim «Sturm auf die Bastille», wie sie leibte und lebte. Dunkelhaarig, ein leidenschaftliches, mediterranes Gesicht. Ein weißes Sweatshirt ließ ihre Schultern frei. Wäre sie tatsächlich ihrem Bilderrahmen im Louvre entstiegen, Georg hätte sie nicht hinreißender finden können.

Zielstrebig kam sie zusammen mit einer Freundin auf seinen Tisch zu. Georg nickte schon, ehe sie fragte, ob noch zwei Plätze frei seien. Sie sprach mit einem ungewohnten Akzent. Georg fand es reizend. Ihre Freundin und sie fingen an, den ganzen Tisch zu unterhalten. Georg fand es toll. Dieser Typ Frau war genau das, worauf er flog.

Man stellte sich vor. Die Delacroix-Marianne hieß Uschi. Und sie stammte aus dem Rheinland; «ene wascheschte Karnevals-Jeck» aus einer der Narrenhochburgen.

Harmlose Witze machten die Runde. Es wurde viel gelacht, ein bisschen geflirtet. Besonders lebhaft wurde es, als Uschi die erste Spitze gegen die Schwaben abschoss. Wie «Pfleiderer»-mäßig und ewig «bruddlig» sie doch wären mit ihrer Miesepeterei und ihrem albernen «Ha, jo-le» und «Ha, noi-le», leibhaftig wie's «Äffle und 's Pferdle» im Werbefernsehen.

Die drei waschechten schwäbischen Hexen kamen bei so viel unverfrorener Spitzzüngelei ins Schwitzen. Tuschelnd steckten sie die Köpfe zusammen. «Neig'schmeckte!», mochten sie angewidert denken. Man las es ihren Gesichtern ab. Gegen die rheinische Frohnatur hatten sie keine Worte und auch keine Chance.

Während Hans sich an Uschis Begleiterin hielt, kam Georg mit ihr selbst ins Gespräch. Unbekümmert erzählte sie, dass sie erst seit wenigen Monaten in der Stadt sei. Es falle ihr schwer, mit den Einheimischen auszukommen. Sie sei diesen Ernst und das ewige Schaffe-Schaffe-Häusle-Baue nicht so gewohnt. Das Leben sei zu schwergängig hier. Jede Leichtigkeit fehle. Im Rheinland, wo sie zu Hause sei, lasse man gern mal Fünfe gerade sein. Aber hier – o je! Als ob nur Geld zähle.

Es schien ihr nicht aufzufallen, dass Georg wenig sprach. Ihr Erzählen plätscherte wie ein Wasserfall, fröhlich in ihrem Singsang. Doch der Maler in Georg sah vor allem die Lichter und

Schatten, die lebhaften Konturen ihres Gesichtes, das sich im Spiegel ihrer Gefühle veränderte.

Steinmetzmeisterin sei sie von Beruf, erfuhr er, als er kurz von seiner Kunst erzählte. Wie faszinierend, nein, exotisch! Eine Frau in diesem eher typischen Männerberuf. Und was für eine Frau, rund und lebensprall an den richtigen Stellen, voller Anmut und Grazie.

Sofort stellte er sie sich vor, Hammer und Meißel in den Händen, an einem großen Marmorstein arbeitend. Im Freiluftatelier, auf einer sonnendurchfluteten griechischen Insel. Assoziationen aus Fresken von Santorini und Kreta mit Abbildungen dunkelhaariger Schönheiten, die Keramiken auf dem Kopf und in den Händen trugen.

Sie arbeite nicht mehr praktisch, sagte sie. Sie habe eine Steinstauballergie und sei im Büro und habe die Aufgabe, den Leuten irgendwelche Extrawünsche auszureden, wenn sie Grabsteine und Stelen für ihre Verstorbenen aussuchen kämen.

Georg staunte. Es wäre ihm im Traum nicht eingefallen, dass es für Grabsteine Vorschriften geben könnte. Doch Uschi wurde ganz eifrig, ganz ernsthaft. Natürlich müsse es genaue Anweisungen geben, wie hoch, wie breit ein Grabmal sein dürfe. Und selbstverständlich müsse man auch penibel beachten, wo und wie man ein Grab aufstelle.

«Und wenn man dann ein Grabmal aufstellen will», ereiferte sich Uschi noch mehr, «und es gäbe keine Vorschriften, da würde doch mindestens die Hälfte wieder umfallen oder in ein paar Tagen schief stehen. Und wie würde das denn aussehen? Wie bei Hempels unterm Sofa. Aber doch nicht auf dem Friedhof, bitte!»

«Und damit das nicht passiert, sind Sie dann da?» Ein ganz klein wenig Spott konnte Georg nicht unterdrücken.

Doch Uschi schien es zu überhören. «Sicher. Das fängt schon damit an, dass wir die Rüttelprobe machen.»

Jetzt ließ sich Georgs Lachen doch nicht mehr beherrschen. «Die Rüttelprobe? Sie rütteln den Friedhof durch?»

Sein Lachen steckte sie an. Ja, doch, da gäbe es eine ganz spezielle Vorschrift. Und die besage, dass einmal im Jahr jeder der einundvierzig Friedhöfe der Stadt mit der Rüttelmaschine durchgerüttelt werden müsse. Das sei eigentlich gar nicht witzig, sondern eine ernsthafte Angelegenheit und ziemlich wichtig, weil sonst der Boden nicht genügend verfestigt wäre und alle Gräber absacken würden.

Hätte Georg gewusst, was ihn in absehbarer Zeit in punkto Vorschriften erwartete und von Grund auf durchrütteln würde, wäre ihm das Lachen an diesem schönen Abend vergangen. Doch stattdessen lauerte Amor im Gebüsch und legte schussbereit einen Pfeil auf den Bogen.

Als Uschi eine Atempause machte, ergriff Georg die Gelegenheit beim Schopf, das Thema zu wechseln. Für seinen Geschmack war an diesem Abend genug von Friedhof, Tod und Trauer geredet worden. Ihm gegenüber saß schließlich das pralle Leben.

Voller Begeisterung berichtete er von der alten Werkstatt und seinem neuen Atelier. Uschis Blicke hingen an ihm und spornten ihn an, ihr immer neue Impressionen zu malen. Ihr Lachen, wenn er Anekdötchen über sein Junggesellenleben neben der Äpfel-Birnen-Zwetschen-Destille von Opa Lutz erzählte. Ihr mädchenhaftes Staunen über seine Kunst und sein loses Leben als Freischaffender zwischen Ausstellungen in aller Welt. Es gefiel ihm, den Glanz in ihren Augen und dieselbe Bewunderung darin gespiegelt zu sehen, mit der er sie betrachtete.

«Sie sind doch auch Künstlerin», sagte er. «Hatten Sie nie Lust, mehr daraus zu machen als einen Bürojob?»

Uschi lachte kurz auf. «Lust, was heißt das schon? Natürlich hätte ich schon manchmal gern so richtig kreativ gearbeitet. Aber freiberuflich, nein, das ist nichts für mich. Das kann ich nicht.»

«Nicht können?» Georg hätte am liebsten ihre Hände ergriffen. «Das können Sie, garantiert. Das merke ich. Sie müssen sich das nur zutrauen. Einfach mal loslegen. Bei mir in der Werkstatt, wenn Sie wollen. Noch habe ich sie ja. Da ist Platz. Kommen Sie, versuchen Sie es einfach mal.»

«Meinen Sie?» Uschi legte den Kopf schief, sodass er die Ader an ihrem sanft geschwungenen Hals pulsieren sehen konnte. «Wirklich?»

«Ja, natürlich, wenn ich es doch sage!»

«Na ja, vielleicht, mal sehen, irgendwann, wenn ich mal Zeit habe. Wir kennen uns ja noch gar nicht.»

Wie eine kalte Dusche ging Uschis Vernunft auf Georgs Begeisterung nieder. Trotzdem gefiel es ihm. Diese Frau war keine, die sofort zu haben war. «Sie haben schon Recht, eine gewisse Ordnung muss sein», grinste er doppeldeutig und registrierte zufrieden, dass sie die Anspielung verstand. «Wenn ich das mit der Rüttelmaschine höre und dass sogar der Tod nicht ohne gewisse Prinzipien auskommt, wird es ja wohl höchste Zeit für mich, dass ich etwas gegen mein Chaos unternehme.»

«Am besten fangen Sie gleich damit an», gab Uschi zurück. «So ein Umzug ist immer eine Supergelegenheit dazu.»

Dieser funkelnde Blick, das spitzbübische Lächeln. Das Geplänkel mit ihr machte Spaß.

Gut oder nicht gut, dass Hans sich plötzlich einmischte? Er sei müde, würde ganz gern gehen, ob Georg mitkäme.

«Ja, genau!» Uschi griff das Stichwort auf. Etwas zu hastig, fast, als sei sie erleichtert, richtete sie sich aus der Georg leicht zugeneigten Haltung auf und stieß die Freundin an. «Wir gehen auch, oder?»

«Sie können mich ja mal besuchen», schob Georg dem so unvermittelt abgebrochenen Tête à Tête einen letzten Rettungsanker hinterher. «Wenn alles fertig ist. Ich werde auch garantiert nur die allernotwendigsten Möbel und Küchenutensilien aufstellen. Weniger Besitz, mehr Zeit für die Kunst ...»

«Und für das Leben», ergänzte Uschi.

Sie zögerte, als Georg ihr einen Bierdeckel und seinen Kugelschreiber hinschob. «Kriege ich Ihre Telefonnummer?»

Ein kurzes Lachen. «Ja, warum nicht?»

«Sehe ich Sie wieder?», fragte er und unterdrückte den Reiz, seine plötzlich trockene Kehle freizuräuspern.

Erneut dieses kaum merkliche Zögern. Dann ein Nicken, ein rascher Händedruck, erstaunlich fest. Nein, nicht erstaunlich. Schließlich ging sie mit Hammer und Meißel um.

Ehe sie die Hand wegziehen konnte, griff Georg stärker zu. «Sehe ich Sie?»

Sie lachte, gab den Händedruck so schnell und fest und kurz zurück, dass Georg sich später fragte, ob er es sich nicht doch eingebildet hatte.

«Sind Sie immer so hartnäckig?» Da war er wieder, dieser Zwischenton, der die Luft um sie herum in Flammen zu setzen schien.

«Wenn's sich lohnt!»

«Woher wollen Sie das wissen?»

«Woher wollen Sie wissen, dass nicht?»

«Also gut, von mir aus.» Zufrieden sah sie zu, wie er den Bierdeckel mit ihrer Telefonnummer in die Hosentasche schob. «Sie rufen mich an, dann machen wir was aus?»

«Ja, klar.» Georg nickte. Strahlte.

«Ganz unverbindlich», sagte Uschi.

Georg machte seine Ankündigung wahr. Flüchtig dachte er sogar an Uschi, als er nur drei Teile aus der alten Werkstatt in sein neues Atelier mitnahm: Schreibtisch, Esstisch und Bett – alles andere kam unter den Hammer. Schon früher hatte sich in Zeiten der Geldnot das eine oder andere seiner antiken Möbelstücke vom Sperrmüll leichter verkaufen lassen als ein Bild. Auch diesmal kam einiges Geld zusammen. Genug jedenfalls, um Arbeitstische und was sonst noch dringend erforderlich war, neu anzuschaffen. Streng funktional.

«Ich muss sagen, dein neues Atelier hat Stil», feixte Hans anerkennend, als alles an seinem Platz stand. «Man sieht's doch immer wieder, weniger ist mehr.»

Doch Georg hatte zurzeit keinen rechten Sinn für Späße. Innerlich unruhig, ließ er in den letzten Tagen immer wieder die Jahre Revue passieren. Die Beziehungspleiten, die er selbst erlebt hatte. Die Trennungsdramen, die in seinem großen Freundes- und Bekanntenkreis wie Epidemien umgingen. Paare, die jahrelang miteinander gelebt hatten, waren von einem Tag auf den anderen getrennte Leute. Die Harmonie, die sie immer ausgestrahlt hatten, verwandelte sich in eine Kakophonie. In diesem ganzen Liebesbrimborium steckte doch der Wurm drin.

«Also Vorsicht, Georg! Im reifen Schwabenalter von über vierzig sollte dir so ein Schwachsinn nicht mehr passieren.» Er nahm es sich ernsthaft vor.

Dennoch ließen sich die Grübeleien nicht verdrängen. Im Grunde konnte er sich etwas Schöneres vorstellen als ein Single-Dasein. Und dass er es genau so gewollt hätte, wäre gelogen gewesen. Eine eigene Familie fand er stark. Er hätte gern eine gehabt. Es war ihm eigentlich immer ohne sein Zutun gelungen, nicht unter die Haube zu kommen. Welche Frau sollte es wohl mit einem aushalten, der als Künstler alles durfte, bloß nicht bequem werden? Doch höchstens eine, die auch etwas mit Kunst zu tun hatte.

Eine wie Uschi?

Spot on – tauchte ihr junges Gesicht mit diesem unbekümmerten, sonnigen Lachen vor ihm auf. Würde sie sein unstetes Leben aushalten können?

«Womöglich wird sie dann eine richtige Dorfpomeranze, die mir die Socken stopft, von einer zwanghaften Putzmanie besessen ist, einmal in der Woche ein Betthupferl, damit es erledigt ist, nein danke», redete er laut vor sich hin und ließ die Augen über die roten Dächer der Stadt schweifen. «Gib's auf, Georg! Du und eine Frau unter einem Dach, vergiss es. Womöglich bist du sogar beziehungsunfähig?»

Obwohl es in den Tagen des heraufziehenden Herbstes alles andere als zu warm war, riss er die Fenster auf. Der Wind, der im dritten Stock allen Autoabgasballast abgeworfen hatte, strich frisch herein. Wirbelnd flogen ein paar Zeitungsblätter auf.

Ein paar Tage bot der Umzug Georg noch Gelegenheit, sich vor den eigenen Wünschen zu verstecken und sich einzureden, er vermisse nichts. Dann rief er sie an.

Das erste Rendezvous mit Uschi. Als freie Künstlernaturen probten sie beide die Unordnung. Georg genoss es ungemein, gegen den Strom des normalen, bürgerlichen Lebens mit ihr in der Innenstadt zu sitzen, unbekümmert in den Tag hineinzustaunen, *la dolce vita* zu genießen, etwas zu trinken, eine Kleinigkeit zu essen.

Später die Stunden in der kleinen Bar. Sorglosigkeit, Lachen.

Georg fühlte sich an der Seite dieser Frau übermütig und beflügelt wie lange nicht. Wie ein Wirbelwind war sie in sein Leben getreten und schien darin das Unterste zuoberst zu kehren.

Was war Zeit an diesem Tag? Gab es so etwas wie Ordnung und Regeln? Was war los mit ihm, dass er sich Whisky bestellt hatte, den er überhaupt nicht mochte? Aber was war schon normal an diesem Tag?

Alles ging unter in dem Bewusstsein, dass sie nicht genug voneinander bekamen.

Uschi erzählte und erzählte. Dass sie in die Stadt gekommen sei, um eine zehnjährige Beziehung abzuhaken. Extra deswegen sei sie Hunderte von Kilometern weit weggezogen. Sie wolle diesen Mann um keinen Preis wiedersehen. Nichts mehr von ihm hören. Es sei aus zwischen ihnen, aber es schmerze noch. Es sei eine große Liebe gewesen. Früher. Eine Jugendliebe. In gewisser Weise wären sie zusammen erwachsen geworden. Als die Beziehung zerbrach, war es ein Schock. Sie brauche ihre Ruhe, um wieder zu sich selbst zu finden, und vor allem Abstand. So viel wie möglich. Der sei am wichtigsten. Deshalb wolle sie demnächst Urlaub in Washington machen, bei einer Freundin, die sie eingeladen habe. Ob er das verstehen könne?

Georg nickte. Er hätte alles verstanden, wenn sie ihn so ansah. So gar nicht mit dem Abstand, den sie beschwor. Und so gar nicht mit der Ruhe, die sie zu brauchen behauptete.

Es überraschte ihn nicht, dass Uschi kein unbeschriebenes Blatt war. Sie war jung, aber nicht zu jung. Sie war attraktiv. Charmant. Selbstbewusst. Das sprühende Leben. Logisch, dass sie begehrt wurde und sich verliebt hatte. Wenn er nicht aufpasste, würde er der Nächste sein, der sich verliebte.

Fast erschrocken zuckten Georgs Gedanken zurück. Er und Uschi? Die Verlockung war nicht zu verleugnen. Aber nein, dazu würde es nicht kommen. Schließlich hatte er sich alles gründlich überlegt. Und er war ganz zufrieden mit seinem guten Vorsatz, diesmal garantiert nichts zu provozieren und schon gar nichts zu überstürzen.

Uschi sah ihn immer noch fragend an. Er hatte ihr nicht geantwortet, fiel ihm ein. Von Washington hatte sie gesprochen. Ein gutes, unverbindliches Thema.

Als Kosmopolit, der die halbe Welt kannte, hatte er einige Tipps für Washington parat. Und konnte ihr einen Abstecher nach New York schmackhaft machen und allerlei Sightseeing-Punkte vorschlagen. Ihre Augen hingen an ihm. Und sein Herz schlug zu schnell.

Mittags zum Essen hatten sie sich getroffen. Es war weit nach Mitternacht, als sie sich endlich verabschiedeten. Mit Abstand, viel Abstand. Jeder zu sich nach Hause. Ohne eine dieser Fragen, ob man noch Lust auf einen Kaffee habe oder auf ein Glas Wein mit hinaufkommen wolle.

Oben, im Atelier, schoss es Georg flüchtig durch den Kopf, ob er trotz seiner strengen Vorsätze wohl die Disziplin zu diesem distanzierten Abschied gehabt hätte, wäre da nicht das Techtelmechtel mit der Sekretärin gewesen. Er wusste es nicht. Wollte es auch nicht wissen. Er war zwar nicht der Typ, der mehrere Eisen gleichzeitig im Feuer hielt, zumindest nicht in der Liebe. Aber seine Hand würde er trotzdem nicht für sich ins Feuer legen. Nicht diesmal.

Irgendwann traf Post aus den USA ein. Uschi hatte ein Geschenk geschickt, ein Plakat. Georg kannte das Original: «Nachtschwärmer» von Edward Hopper aus dem Jahr 1942. Eines seiner Lieblingsbilder.

Hatte Uschi dies gewusst? Wohl kaum.

Eher schien es eine Anspielung auf ihr Rendezvous zu sein,

denn das Bild zeigte eine Bar in der Nacht, irgendwo in Amerika, an der drei windschiefe Gestalten und ein Barmann herumhingen.

Uschis Plakat war eine Persiflage auf das Original, stark verfremdet. Helnwein nannte seine Version «Boulevard of broken dreams», Prachtstraße der gescheiterten Träume. Humphrey Bogard mit Marilyn Monroe an der Bar. Elvis Presley als Barmann. Nicht weit von ihnen James Dean mit einer Tasse Kaffee vor sich.

Wie Georg fand, ein geniales Bild, dessen bedrückende Stimmung umso intensiver aus den dunklen Ecken aufstieg, je trübsinniger der Betrachter es anschaute. Kaum ein anderes Bild spiegelte die Illusion der immer währenden, über alle Maßen beglückenden Berühmtheit so eindrucksvoll makaber an der Wirklichkeit. Kaum eines erfasste eindringlicher, mahnender die trotz aller Publicity triste Verlassenheit und Einsamkeit des Menschen inmitten des prachtvollsten, teuersten Großstadttrubels.

Doch Georg war weder einsam noch trübsinnig. Er dachte auch nicht weiter darüber nach, welche Aussage sich hinter der Tatsache verbarg, dass Uschi ihm ausgerechnet dieses Plakat geschenkt hatte. Es genügte ihm, dass sie an ihn gedacht und ihren gemeinsamen Tag erinnert hatte. Erst viel später fiel ihm ein, dass sie ihm mit diesem Plakat einen frühen und tiefen Einblick hinter die fröhliche Fassade ihrer Persönlichkeit gestattet hatte und er vieles vielleicht hätte vorausahnen können, wenn er das Menetekel an der Wand wahrgenommen hätte.

Aber er nahm es nicht wahr. Er arbeitete. Traf sich mit seinen Freunden und Bekannten. Eher unterschwellig schlich sich die pochende Ungeduld ein, dass Uschi endlich zurückkehren möge.

Die Tage des Abstands hatten Georgs Herzflattern ein wenig beruhigt. Uschi schien es ebenso zu ergehen. Zwar waren sie nun per Du, trafen sich hin und wieder, gingen zusammen ins Kino, ins Konzert, gelegentlich auch zum Essen oder bummelten ein wenig durch die Stadt. Sie waren gern zusammen. Es wurde nie langweilig. Trotzdem war es eine eher unverbindliche Beziehung. Ganz wie Uschi es bei ihrem ersten Abend vorausgesagt hatte. Sie waren sich sympathisch. Sie mochten sich. Und wenn es doch mehr war, so hielten sie beide die Flamme unter Kontrolle und achteten sorgfältig auf Distanz.

Trotzdem ertappte Georg sich dabei, dass ihm sein Techtelmechtel mit der Sekretärin zusehends lästiger wurde.

Eines Abends, als er mit ihr in seinem Atelier saß und mühsam eine ihrer «Du-liebst-mich-nicht-mehr»-Tiraden ertrug, klingelte es an der Tür: Uschi, ein freches Hütchen auf den dunklen Haaren, in der Hand drei Flaschen Kölsch, voller Tatendrang.

Der Sekretärin schwammen die Felle davon. Die zwanzig Jahre Altersunterschied zwischen den Frauen waren selbst in Georgs abendlich schummriger Beleuchtung nicht zu verkennen.

Mit einem Blick die Situation erfassend, begrüßte Uschi Georg mit Küsschen links, Küsschen rechts, die Sekretärin mit Handschlag. «Pardon, wenn ich störe. Wollte bloß mal kurz bei Georg vorbeischauen. Hätte ja sein können, dass er gerade Zeit und nichts Besseres vorhat.»

Georg wusste kaum, wie er ihr begegnen sollte. Küsschen links, Küsschen rechts, ihr Parfüm in seiner Nase – es fiel ihm plötzlich schwer, seine Gedanken zu sammeln. «Tut mir Leid, aber heut geht's wirklich nicht. Ich hab Besuch. Siehst du ja. Geht wirklich nicht.» Stotternd versuchte er, seiner Verlegenheit

Herr zu werden, indem er unter den irritierten Blicken der Sekretärin wie ein Wasserfall Entschuldigungen hervorstieß und Uschi zur Tür hinauskomplimentierte.

«O weh, da hab ich dir ja was Schönes eingebrockt!», kicherte diese. «Wenn du gleich den Notarzt brauchst?»

Sie war frech, und sie war süß. Und es war zu spät, einen kühlen Kopf behalten zu wollen. «Ich ruf dich an!» Georg hielt sie mit den Augen fest.

«Bald?»

«Bald!»

Als sie verschwunden war, lehnte er sich mit dem Rücken gegen die Tür. Eine Sekunde, bis er der Sekretärin wieder gegenübertreten könnte. Aber es war nicht mehr nötig. Sie stand schon, das Handtäschchen an die Brust gedrückt, dieses Schmollen gekränkter Unschuld im Gesicht, in seinem Wohnzimmer. «Das hast du ja sauber eingefädelt! Danke, das reicht. Das konnte ja ein Blinder mit Krückstock sehen, was zwischen euch beiden ist. Für wie dumm hältst du mich eigentlich?»

Georg zuckte mit den Schultern. Was sollte er darauf sagen? Die Wahrheit wäre wenig schmeichelhaft gewesen.

«Ich gehe. Für immer. Adieu!»

Sie ging, und Georg sah sie nie wieder. Es war an der Zeit.

Als hätte jemand von einem lange verhüllten Bildnis das schützende Tuch weggerissen, sah Georg Uschi vor sich. Ihre lachenden Augen, dieser kesse Blick, mit dem sie der Anderen das Banner der Jugend gezeigt hatte. Die Verflossene hatte Recht gehabt, es war nicht zu übersehen gewesen. Uschi hatte Besitzrechte an ihn angemeldet. Wie ein Tornado fuhr es über ihn, dass sie ihn haben wollte.

Was sollten da seine Bedenken wegen des Altersunterschieds?

Dass sie so alt wie seine Tochter war, die er kaum kannte? Dass er nicht nach den Sternen greifen sollte, weil man dabei leicht in ein schwarzes Loch gerissen werden könne?

Die Zeit der vornehmen Zurückhaltung war vorbei. Distanz, gute Vorsätze, kluge Vorsicht – fort damit! Es war vorbei, das Spielen. Es war Ernst.

Als er Uschi das nächste Mal traf, erschien er mit Anzug und Blumen vor ihrer putzigen Dachkammerwohnung. Danach übernachtete sie meistens bei ihm. Georg hatte nicht gewusst, dass man so glücklich sein kann.

Manchmal, wenn sie zusammen auf seinem Hochbett unter dem Dachfirst lagen, versuchte er, sie in seinen Traum von der kleinen Galerie auf der Mittelmeerinsel zu locken. Das Meer malte er ihr aus, den Wind, den Anblick der weißen Hauswände im Leuchten dieses ganz unbeschreiblichen Malerlichts. Er würde malen und seine Bilder und Obelisken an Touristen verkaufen.

«Und du, du könntest wieder mit Hammer und Meißel arbeiten. Stell dir das doch mal vor, du, vor dem blauen Meer und bosselst an einem Marmorblock aus weißem Carrara. Wie Michelangelo. Nur anders, eben wie du selbst. Und wenn du fertig bist, wenn du genug hast für den Tag, dann zupf ich dir die Marmorstäubchen aus dem Haar und lass mich zusammen mit dir ins Meer fallen. Wäre das nicht wunderbar? Lass es uns versuchen!»

Aber immer sagte sie Nein. «Ich kann das nicht. Was ist, wenn mal ein Kind kommt? Wenn wir Sicherheit brauchen? Du bist hier renommiert. Du kannst überall ausstellen. Es ist verrückt, das einfach so aufzugeben. Du bist ein Träumer. Mein Träumer.»

Ihre Zärtlichkeit versöhnte ihn, wenn die Enttäuschung

bohrte. Und die Hoffnung blieb, dass sie es sich vielleicht doch noch überlegen würde. Sie war so jung. Er musste ihr Zeit lassen. Sie hing an ihrem Land, hatte oft Heimweh nach der Mutter. Vielleicht kannte sie ihn noch zu wenig. Vielleicht hatte sie Angst, er ließe sie eines Tages im Stich.

Ein Innehalten der Gedanken. War das so falsch? Wusste er denn, was er wollte? Dachte er diesmal über die eigene Nasenspitze hinaus?

Uschi hatte Recht, sie brauchte Zeit, sie beide brauchten Zeit. Zeit zu prüfen, einer den anderen und jeder sich selbst.

Einstweilen konnte er es in seiner Stadt gut aushalten. An Freunden, Abwechslung und Aufgaben mangelte es ihm nicht.

Nach und nach führte Georg seine neue Liebe in den Freundeskreis ein. Oft besuchten sie Antonis im «Astoria». Das Lokal war trendy. Künstlerinnen und Künstler mit oder ohne Anhang gingen ein und aus. Fernsehleute, Rundfunkmacher, Galeristen, Schauspieler, das auch im Alltag sofort zu erkennende Ballettvölkchen, – alle saßen dort ebenso zwanglos zusammen wie die Laufkundschaft, denen Bretter nicht die Welt, sondern ein festes Dach über dem Kopf bedeuteten. Regelmäßig organisierte Antonis Lesungen, Ausstellungen, Kabarett, Bauchtanz und Live-Musik von Klassik-Matinéen bis Rock.

Aber am meisten liebte Georg die «Griechischen Abende», zu denen Antonis in mehr oder weniger regelmäßigen Abständen seine Freunde einlud. Jedes Mal ging es hoch her. Verwöhnt mit köstlichen Ofengerichten, die der Chef persönlich für sie zubereitete, sprachen alle kräftig dem Wein zu und ließen es sich wohl sein.

Uschi gehörte schnell dazu. Vor allem die Paare aus zwei verschiedenen Herkunftsländern kamen ihr und Georg schnell näher, dessen tschechisch-griechische Herkunft ihn und Uschi mit den Bi-Nationalen in dasselbe Boot setzte. Doch sie freundeten sich auch deshalb so bereitwillig mit ihr an, weil sie selten erlebten, dass ihnen eine Deutsche so offen und selbstverständlich entgegenkam. Uschi lebte auf, weil sie sich als stolze Rheinländerin in Baden-Württemberg wie eine Ausländerin fühlte und sich endlich einmal wieder in Gesellschaft befand, zu der eher weniger Schwaben gehörten. Eine Zeit lang wurden sogar ihre bissigen Sprüche über alle, die in ihren Augen nicht karnevalsfähig, daher hausbacken und «typisch schwäbisch» waren, gern belacht. Peinlich wurde es erst nach und nach, weil der eine oder andere waschechte Schwabe am Tisch es weniger gelungen fand, von Uschi in einem abendfüllenden Programm zur ewig «bruddligen» Witzfigur abgestempelt zu werden.

«Kannst du das nicht lassen?», fuhr Georg sie nach einem solchen Abend an und brach damit den ersten Streit vom Zaun. «Meinst du denn, du bist die Crème de la Crème, nur weil du aus dem Rheinland kommst?»

«Aber du?», schimpfte sie zurück. «Was bildest du dir ein, wer du bist, dass du mir den Mund verbieten kannst?»

Eine kurze Eiszeit trat ein. Uschi blieb schmollend in ihrer eigenen Bude. Georg vergrub sich in die Arbeit. Doch lange hielten sie diese Distanz nicht aus.

Der Sommer zog herauf. Alle sprachen vom Urlaub. Für Georg als freischaffender Künstler eigentlich kein Thema. Er nahm sich Urlaub, wenn ihm danach war und das Geld reichte. Und für einen Sommer voller Genießertage in der Provence reichte es immer.

Wer wie Gott in Frankreich leben will, braucht nicht viel. Ein paar Francs für Baguette, Käse und Wein. Für Croissants, Café au lait, frische Salzbutter und, Luxus pur, ein Glas Aprikosenkonfitüre. Wer zudem Freunde hat, ist auch dann fein raus, wenn die eigene Küche mal geschlossen bleibt. Und Freunde hatte Georg überall. Wie der Rattenfänger zu Hameln zog er mit seiner Kunst die Menschen an und band sie mit dem Charme seiner Persönlichkeit an sich.

«In meinem Dorf kennt wirklich jeder jeden. Wenn da ein Brief für mich ankommt, bringt der Postbote ihn mir persönlich und schreit schon von weitem, wer mir geschrieben hat», schwärmte er Uschi vor und blätterte seine Fotos vor ihr auf. «Schau, das ist es. Gefällt es dir?»

Man hätte taub sein müssen, um den liebevollen Stolz in seiner Stimme zu überhören.

«Schön!», sagte Uschi. Und sie meinte es ehrlich.

Anfang der siebziger Jahre hatte Georg mitten im lavendelblauen Herzen Frankreichs eine Ruine für kleines Geld erworben. Auf einer Grundfläche von zwanzig Quadratmetern drei Räume, turmartig übereinander, zwischen Nachbarhäusern eingezwängt. Unten eine Küche und ein alter Kamin, der zum Herzstück der Gemütlichkeit avancierte. Ganz oben unter dem Dach ein kleines Atelier mit einem Rundblick über das malerische Dorf in der Vaucluse, welches für Georg der liebste Platz auf Erden geworden war.

«Mein Elfenbeinturm», nannte er sein Häuschen liebevoll. Im Laufe der Jahre waren seine besten Bilder dort entstanden.

Die Fassade aus Natursteinen hatte er nach und nach selbst restauriert, die Fensterläden bunt und kunstvoll bemalt. Ein kleines Schmuckstück war daraus geworden, vor dem die gelegentlich auftauchenden Touristen neugierig staunend stehen blieben.

«Wegen der Fensterläden hab ich dann später angefangen, auf

Holz zu malen», sagte Georg. «Ein Freund bringt mir Treibholz mit, aus dem Meer. Richtige Bretter oder Bohlen oder manchmal eine alte Tür. Die Holzteile präpariere ich, dass sie richtig glatt werden, und lasse sie durchtrocknen, bis sie sich nicht mehr verziehen oder verbiegen. Und dann bemale ich sie.»

Eine Sonne hatte er auf diese Art gemalt. Sie stand in seinem Studio in der Stadt. Leuchtend in einer Kraft, als hätte sie das Licht für einen langen Winter in sich gespeichert.

«Das ist auch eins von diesen Brettern. Sie lassen sich wirklich wunderbar bearbeiten. In die Farben mische ich manchmal Erde und farbigen Sand aus dem Colorado-Steinbruch hinein, der nicht weit von dem Haus auf meinem Spazierweg liegt. Das macht dann diese besonderen erdigen Töne, die man nicht kaufen kann. Ein Stückchen Provence und Malerlicht, wie eine Mücke im Bernstein, eingefangen für immer.»

Uschi lächelte.

«Willst du mitkommen?», fragte er. «Ich lade dich ein. Für zwei ist locker Platz.»

In der unkomplizierten, tatkräftigen Art, die er so sehr an ihr liebte, stimmte sie zu und begann sofort Pläne zu schmieden. Sie musste wie jeder Mensch mit festem Job ordnungsgemäß ihre Urlaubstage bewilligen lassen. Also hieß es warten.

Doch endlich war es so weit.

Drei volle Wochen Zweisamkeit auf engstem Raum. Sie waren noch nie so lange ununterbrochen zusammen gewesen. Aber es klappte. Und sie ergänzten sich wunderbar.

Zaghaft zuerst, dann immer selbstsicherer hatte Uschi Hammer und Meißel hervorgeholt und sich den Büromief aus den Haaren geschüttelt. Sie hatte einen Stein entdeckt, in dessen Umriss sie auf den ersten Blick einen sitzenden Gnom erkannt hatte. Ihre Freude, ihn aus dem Stein zu befreien, steckte an. Jedes Mal, wenn Georg in seinem Dachstübchen das Klingen von Eisen auf Stein hörte, den Pinsel beiseite legte und bei einem Blick aus dem Fenster das Stieben der Steinbrocken beobachtete, die sich unter den gleichermaßen sanften und festen Schlägen seiner Liebsten lösten, zog sich ihm das Herz zusammen. Waren sie nicht ein ideales Paar? Künstler beide, einander seelenverwandt?

Wann immer sich die Gelegenheit dazu ergab, stellte er die Frau, die er liebte, auch hier seinen Freunden vor. Wie in der Stadt, nahmen sie Uschi herzlich auf. Die Sprachbarriere, die sie ein wenig gefürchtet hatte, war scheinbar doch kein Problem. Mit dem Zuhören dämmerte die Erinnerung an den in Schultagen gelernten französischen Grundwortschatz herauf. Grammatische Strukturen entwirrten sich allmählich, und mit der Gastfreundlichkeit der Menschen schwand die Scheu vor Fehlern.

Schwimmen, Ausflüge in die nähere Umgebung, lange Spaziergänge in der malerischen Landschaft – die Sonne färbte Uschis Haut südlich braun. Mit ihrem schwarzen Haar und der schmiegsamen Gestalt unterschied sie sich nicht von den Einheimischen. Georg konnte sich gut vorstellen, hier, in seinem Refugium, mit ihr alt zu werden. Und Uschi schien ähnlich zu empfinden. Immer öfter ließ sie kleine Bemerkungen fallen, wie gern sie eine eigene Familie hätte, Kinder.

Es waren Bemerkungen, die keiner von beiden aufgriff oder kommentierte. Sie fielen wie Wassertropfen in Sand, versickerten, scheinbar unwiederbringlich verloren, und stiegen doch mit dem Tau der nächsten Nacht aus dem Boden auf, um erneut zu fallen.

Sie wusste, dass er es gehört hatte. Er wusste, dass sie es gesagt hatte. Klang und Echo, schlug das Wissen darum eine Saite in ihnen beiden an, die nur darauf gewartet zu haben schien, endlich zu schwingen.

In der Stadt zurück, unternahmen sie immer öfter etwas gemeinsam. Ob es «ein Zug durch die Gemeinde war», wie Uschi es zu nennen pflegte, ob sie Vernissagen besuchten oder sich bei Antonis mit den anderen trafen, – ihr Auftritt im Doppelpack hatte inzwischen etwas so Selbstverständliches, dass die Freunde erwartungsvoll zur Tür schauten, ob Uschi nachkäme, wenn Georg tatsächlich einmal wieder allein unterwegs war.

Da die alte Werkstatt noch immer nicht dem Erdboden gleich gemacht war, entstanden dort weiterhin Georgs Metallskulpturen. Uschi begleitete ihn oft zur Arbeit. Sie hatte ein Faible für die Kunst des Schweißens entwickelt und versuchte sich bei jeder Gelegenheit darin. Nicht ungeschickt, gelang es ihr nach und nach immer besser, kleine Gebrauchsgegenstände wie Kerzenhalter oder Kleiderständer anzufertigen.

Wie sie mit dem schweren Gerät hantierte und ihren üppigen Körper zu Bestleistungen spannte, begeisterte Georg immer wieder. In scherzendem Ton, aber durchaus ernst gemeint, kam er auf seine Lieblingsidee zurück. «Immer noch nicht reif für die Insel?» Doch mehr als ein Kopfschütteln und ein Lachen mit geschwärztem Gesicht bekam er nicht zur Antwort.

Als würde ihnen beiden ein Stück aus dem eigenen Fleisch gerissen, erlebten sie wenig später die Arbeit der Abrissbirne und Bagger mit, die kurzen Prozess mit der Schlosserei und den Tagen des Kunstschweißens machten.

Ein Abschnitt seines Lebens war unwiederbringlich zu Ende. Und als hätte es diese plötzliche Erkenntnis gebraucht, drückte ihm eine andere jäh das Blut in einem Schwall zum Herzen:

«Uschi ...»

«Ja?»

«Ich bin bis über beide Ohren in dich verknallt!»

Eines Tages beschloss Uschi, ein Zeitseminar zu besuchen. Einladend legte sie Georg die Anmeldebogen vor. «Willst du nicht mitkommen? Was hältst du davon?»

«Ein Zeitseminar?», fragte er verwundert. «Was ist denn das?»

«Da lernst du, deine Zeit mit den Leuten im Büro richtig einzuteilen und kannst das dann auch im Privatleben sinnvoll anwenden», erklärte sie.

«Wäre für dich garantiert nicht schlecht. Du würdest weit effektiver arbeiten und auch größere Verkaufserfolge haben, wenn du deine Zeit klüger verwalten und überflüssige Pausen vermeiden würdest.»

«Wenn ich das richtig verstehe, ist das also eine Normierung des Tagesablaufs?», stellte Georg fest.

Uschi nickte, wiegte aber zugleich den Kopf dabei. «So ungefähr jedenfalls. Ich würde das nicht so negativ ausdrücken. Du normierst deinen Tagesablauf dadurch ja nicht, sondern ordnest ihn sinnvoll und schaffst eine effektivere Zeitnutzung. Das ist sehr positiv.»

Georg wollte nicht unhöflich sein oder sie kränken, aber er hatte keine Lust, sich dieses gelehrte Geschwätz anzuhören, für das er unter Männern lediglich ein Wort – «Bullshit» – gehabt hätte. «Also, wenn du das meinst», sagte er bewusst freundlich, «Nein, danke, du, das ist nichts für mich. Das kann für mich als Künstler nicht gelten und in meinem Privatleben sowieso nicht.»

«Aber warum denn nicht?» Uschi war völlig verblüfft.

«Ach, komm, Kleines», versuchte Georg das heraufziehende Unwetter ihrer manchmal rasch umschlagenden Stimmungen zu beruhigen. «Wir hatten es bisher doch super zusammen. Ganz ohne Plan. Gerade das war doch immer das Wunderbare, diese Leichtigkeit und Unbeschwertheit, mit der wir alles angehen. Es gibt doch schon genug Zwänge, die einem von außen aufgedrückt werden. Lass uns doch nicht freiwillig noch welche dazumachen.»

Zu spät. Auf diesem Ohr hörte Uschi nicht. Die gefürchtete Grundsatzdebatte war nicht mehr zu stoppen.

Mit Staunen und wachsendem Unbehagen nahm Georg zur Kenntnis, dass seine Liebste eine absolute, ja, kritiklose Anhängerin eines streng reglementierten, geordneten Tagesablaufs war. Was immer er gegen ein verplantes, stramm geführtes, jederzeit überschaubares und seiner Meinung nach total langweiliges Leben einwandte – sie entkräftete es. Nicht einmal der Vergleich mit einem kanalisierten Fluss, dessen Wasser bei jedem Regenguss über die Ufer tritt, konnte sie von der Mangelhaftigkeit eines Lebens vom Reißbrett überzeugen.

«Wenn du schon nicht mitkommen und selbst etwas Sinnvolles für dein Leben und deine Karriere als Künstler lernen willst, ja, dann werde ich eben Ordnung in dein Leben bringen», versprach sie zuletzt und ließ sich in eine Umarmung ziehen, welche Georgs Unbehagen in Wohlgefallen auflöste.

Als sie später nochmals von dem Seminar zu reden begann, war er bereit, sich die Sache zumindest wohlwollend durch den Kopf gehen zu lassen. Es hatte ja durchaus etwas für sich, jemanden an der Seite zu haben, der hobbymäßig und mit viel Genuss Übersicht in seine Steuern-Versicherung-Ausstellung-Rente-Garantieschein-und-Kontoauszug-Kisten brachte. Kein tagelanges Suchen mehr nach irgendwelchen Papieren für irgendeine blöde Behörde, alles sofort und proper zur Hand. Dank Uschis geschulter Ordentlichkeit. Das war's doch!

«Ja, von mir aus, dann bring halt Ordnung in mein Leben», flüsterte er in ihr Ohr. «Wenn's weiter nichts ist, ich hab da so einen Haufen Papierkram, seit Jahren in Schuhkartons, da hast du genug zu tun, bis du das alles eingeordnet hast.»

«Schuft!», raunte sie zurück und zeigte dabei einen absolut niedlichen Hang zur Unordnung, der Georgs Gefühlsleben endgültig ins Chaos katapultierte.

Für Ende 1991 hatte Georg vorgesehen, nach Costa Rica zu reisen. Freddy, der ehemalige Besitzer des nunmehr im Flugzeug-Museum eingesperrten «Himmelsflohs», lebte dort. Zehn Jahre älter als Georg, hatte er die Nase voll von Konkurrenzkampf und Kollegenneid gehabt, sein gut gehendes Reisebüro im Schwäbischen verkauft und Deutschland verlassen, um sich in wärmeren Gefilden zur Ruhe zu setzen. Beide freuten sich auf ein Wiedersehen.

Außerdem hatte Georg Sehnsucht nach seiner Schwester, die mit ihrer Familie in Kalifornien ansässig war. Seit ihrer Hochzeit hatte er sie nicht mehr gesehen, und ihren Mann kannte er auch noch nicht. Gründe genug also für einen ausgiebigen Besuch.

Zusätzlich wollte er Guatemala und Mexiko bereisen, denn auch dort warteten gute Freunde. Ganz zu schweigen von der unerschöpflichen Quelle der mit einer solchen Reise quer durch Kulturen und völkisches Anderssein verbundenen Impressionen, die seinen künstlerischen Werdegang anschieben und neue Impulse bringen würden.

«Gib's doch zu», stichelte Uschi, die vielleicht nicht wirklich neidisch, aber auch nicht gerade begeistert über Georgs monatelange Reise war, der sie sich schon wegen ihres Jobs nicht anschließen konnte, «du willst ja bloß aus der Stadt raus und diesen kalten, ungemütlichen schwäbischen Winter gegen die Tropen und karibische Wellen eintauschen. Stimmt's?»

Es stimmte. Sie hatte den Nagel auf den Kopf getroffen. Georg gestand es mit breitem Grinsen ein.

Was er nicht einräumte, denn er hatte das dumpfe Gefühl, es sei besser, dies für sich zu behalten, war, dass er einfach mal eine Auszeit von der Liebe brauchte. Er musste sich in aller Ruhe darüber klar werden, wie er sich sein weiteres Leben vorstellte. Egal, ob Uschis Zeitseminar auf ihn abgefärbt hatte oder nicht, – es war an der Zeit, zu wissen, was er wollte. Weiterhin Single oder Familie, das war die Frage.

Er wollte die Zeit für sich arbeiten und seinen Entschluss wie eine Frucht reifen lassen. Unbeeinflusst von Uschis unmittelbarer Nähe, stattdessen allen Versuchungen des Lebens ausgesetzt, die sich einem Reisenden bieten, war er sicher, dass sich aus der Ferne einiges relativieren und er den wahren Wert ihrer Liebesbeziehung erkennen werde.

«Wenn du dich jetzt schon so lange verdrückst, könntest du heute wenigstens nochmal die Brötchen holen», schmeichelte sich Uschi in Georgs Gedanken hinein. «Du weißt doch, wie gern ich Frühstück mit dir zelebriere. Und wenn du erst weg bist …»

Georg ließ sich nicht lange bitten. Der Bäcker war gleich um die Ecke. Ein Katzensprung nur, bis er wieder zurück wäre. «Aber du kochst Kaffee.»

Eine Art Schnurren war die Antwort.

Und als er mit der knisternden Tüte zur Tür hereinkam? Kein Kaffee, Madame lag im Bett, und ihr tiefes Atmen verriet, dass sie es sich in Morpheus' Armen bequem gemacht hatte.

Georg schmunzelte. Er wusste schon, wie er sie schnellstens

aus den Federn scheuchen würde. Mit Anlauf ging's die alte Obstleiter hinauf, die dreieinhalb Meter hoch zu der Schlaf-Ebene aus einfachen Bohlen unters Dach führte. Und mit Anlauf ging's auch wieder runter, und zwar im Steilflug von der wegrutschenden Leiter zu Boden. Nur gebremst von einem einzigen Armgelenk.

Aus der Traum vom Frühstück im Bett. Aus der Traum vom starken Mann. Dass ein gebrochener Arm so tierisch schmerzen könnte, wer hätte das gedacht?

«Wenn ich die Reise absagen muss, ist alles zu spät!» Georg war ein jämmerlicher Patient. «Wie soll ich mit dem Arm denn Koffer schleppen und überhaupt?»

«Keine Bange, das kriegen wir schon hin.» Aufmunternd blinzelte Uschi ihm zu. «Lass mich nur machen. Verlass dich ganz auf mich.»

Wenn er ehrlich war, musste Georg zugeben, dass er ihr nie zugetraut hätte, die Sache zu meistern. Aber sie schaffte es. Ohne die geringsten Probleme. Nicht nur, dass sein Gepäck optimal versorgt wurde, die Reisepapiere vorbildlich in Ordnung waren. Auch Georg selbst wurde gehegt und gepflegt, dass er fast schon bedauerte, keinen Reiserücktrittsgrund zu haben, um Uschis Fürsorge noch länger genießen zu können.

Der Flug nach Costa Rica wurde Georg lang. Wegen der Anschwellungsgefahr im Knochenbruchbereich waren die Stunden des Stillsitzens nur mit erhobener Hand zu überstehen. Als er endlich wieder festen Boden unter den Füßen hatte, litt er nicht nur mörderische Schmerzen im Handgelenk, sondern hatte obendrein Muskelkater. Seine Laune war entsprechend im Keller. Doch Freddy empfing ihn wie einen Bruder, und manche hielten sie auch dafür. Den Freund vor Augen, kam Georg sein gebrochenes Handgelenk plötzlich geradezu lächerlich vor. Da jammerte er wegen der Schmerzen in einem einzigen Knochen, und Freddy wäre zu Beginn des Jahres fast verbrannt. Eine Gasexplosion hätte ihn beinahe ins Jenseits befördert. Ohne die Kunst eines einheimischen Arztes, der die schweren Verbrennungen seines Patienten täglich nach einer uralten Indio-Methode mit der Planzenta Neugeborener einrieb, hätte Freddy wohl kaum überlebt.

«Schwein gehabt, altes Haus!», brummte Georg gerührt, während sie zusammen nach Alajjuela fuhren, nahe Costa Ricas Hauptstadt San José, wo Haus und Swimmingpool auf Hochglanz gebracht und das Personal instruiert war, den Freund wie den Hausherrn selbst zu behandeln.

In den nächsten Wochen eroberte Georg das Land. An der engsten Stelle einhundertzwanzig Kilometer breit, zwischen Pazifik und Karibik gelegen, machte Costa Rica seinem Namen alle Ehre und breitete seinen Reichtum an Urwäldern voller exotischer Früchte und Tierarten, Palmen und aktiven Vulkanen vor ihm aus. An langen einsamen Sandstränden der zauberisch schönen Küste hatte er Gelegenheit, über Uschi, die Liebe und die Zukunft nachzudenken. Ganz allmählich begann sich ein Ziel vor seinen inneren Augen abzuzeichnen.

Als ihm ein Rastafari zum Weihnachtsfest das Handgelenk mit der Machete von dem Gips befreite und die Christnacht am Fuße eines grollenden Vulkans in einem natürlichen Feuerwerk den Himmel in Flammen setzte, schien Georg das Leben verlockend und viel versprechend wie nie. Ausgelassen feierte er mit Freddy bei neunzig Prozent Luftfeuchtigkeit und fünfunddreißig Grad Celsius ins neue Jahr hinein. Tanz zu heißen Rhythmen, Caipirinha, Daiquiri, Pina Colada und anderen exotischen Getränken. Und immer wieder der Sprung direkt von der Bar ins

Meer. Die Zukunft konnte nur, ja, sie musste ganz einfach wunderbar werden.

Gleich am ersten Januar rief er Uschi an.

«Hallo, hier ist Georg aus Costa Rica. Uschi, Kleines, bist du es?», schrie er ins Telefon, weil die Verbindung knackte und rauschte. «Wie geht's dir? Alles Gute im neuen Jahr. Hallo! Hallo, bist du noch da?»

«Ja.» Leise kam es zurück, sehr weit weg. Aber freudig. «Dir auch alles Gute im neuen Jahr, Georg. Schön, dass du anrufst.»

Er schöpfte Atem. Jetzt! Das erste Mal im Leben.

«Uschi, eine Frage an dich: Willst du mich heiraten?»

Keine Antwort.

Herzrasen.

«Hörst du? Uschi? Du, dies ist ein Heiratsantrag!»

Schweigen in der Leitung.

«Uschi! Bist du noch da?»

Keine Antwort.

Plötzlich ein Geräusch wie von berstendem Holz in der Leitung. Ein «Ja!» Lautstark, fast gebrüllt.

«Also, du willst meine Frau werden?»

«Ja!»

Jetzt war er auf einmal sprachlos. Der erste Heiratsantrag seines Lebens, mit Mitte vierzig. Nicht aus Torschlusspanik, nicht aus Leichtsinn. Nein, voll bewusst, überzeugt und aus Liebe. Er wollte diese Frau, nur diese. Es zählte kein Geld, kein Drumherum. Allein die Sprache seines Herzens. In den Tagen und Wochen an Costa Ricas zauberhafter Küste hatte er sie klar vernommen.

«Wann kommst du?», fragte sie am anderen Ende der Leitung.

Georg räusperte sich. «Um Ostern herum, wenn der Frühling

in Deutschland Einzug hält.» Er grinste über seine plötzlich hochgestochene Sprache. Wenn man gerade den ersten Heiratsantrag seines Lebens hinter sich und ein «Ja» erreicht hatte, musste man vermutlich ein bisschen geschwollen daherreden.

Von Costa Rica nach Guatemala, Spanischunterricht in Antiqua. Weiter nach Kalifornien, San Francisco, und Besuch bei der Schwester, die jung verheiratet und mit ihrem Mann, einem in Amerika aufgewachsenen Griechen, sehr glücklich war. Vorfeier der eigenen Hochzeit, die Georg stolz verkündete. Und von allen Seiten geschäftliche Angebote für ihn als Künstler und Einladungen, nach der Hochzeit nach Kalifornien zu ziehen.

Abwegig erschien es Georg nicht. Im Gegenteil, eher verlockend. Die ganze Familie mütterlicherseits lebte schon dort. Doch eingedenk der beharrlichen Absage Uschis, Deutschland zu verlassen und in der Ägäis seinen Traum von der Galerie am Meer zu teilen, versprach er lieber nichts.

«Mal sehen», war alles, was er seiner Schwester zum Abschied zurückließ, als sie ihm noch einmal unter Tränen die Arme um den Hals legte, ehe sein Flug ging.

Die letzten Tage bei Freddy in Costa Rica wurden ihm lang.

Immer wieder begutachtete er die Geschenke für seine zukünftige Frau, die einen ganzen Koffer füllten. Ob sie sich freuen würde? Ob sie ihr Versprechen halten und ihn tatsächlich heiraten würde?

Der Strauß aus leuchtenden Paradiesblumen war fast zu groß für Georgs Hand, als er in München aus dem Flugzeug stieg. Der Himmel war so bayerisch-blau wie eh und je. Und ein Duft nach Frühling lag in der Luft. Schön, zurück zu sein.

Das Herz schlug ihm bis zum Hals, während er sich die Augen nach ihr ausschaute und die Hände feucht werden fühlte, wie bei einem Pennäler vor dem ersten Rendezvous. Sie hatte versprochen, ihn am Flughafen abzuholen.

Aber sie war nicht da. Keine Spur von ihr.

«Sie kommt nicht, du Idiot!», schalt er sich selbst. «Sie ist neunundzwanzig und du siebzehn Jahre älter. Was denkst du dir eigentlich?» Aber seine Füße standen wie angewurzelt. Sie gehorchten dem Kopf nicht, der den Befehl zum Losgehen gab, sich selbst bespiegelte und bald verhöhnte, bald verzweifelt durchdrehen wollte.

Als sie eine Stunde später, atemlos, zerzaust, mit ausgebreiteten Armen auf ihn zustürmte, waren seine Knie so weich, dass er die Frau seines Lebens nicht nur in die Arme schloss, weil er sie liebte, sondern auch, weil er sonst vielleicht wie ein Betrunkener geschwankt hätte.

«Ich hab mich total verfahren», stammelte sie. «Ich hab dich einfach nicht gefunden.»

«Kann passieren, Hauptsache, du bist da!», murmelte er, und es war ihm egal, was die Leute von ihnen dachten, wie sie da standen und sich aneinander klammerten wie zwei Ertrinkende.

Die ersten dunklen Wolken am Glückssternhimmel tauchten auf, als Uschi ihre Zeitbudgetierungskünste an einer gemeinsamen Lebensplanung erprobte. Sie wollte wissen, wie Georg sich die Ehe mit ihr vorstelle.

«Wir können doch nicht bloß einfach so heiraten und weitermachen wie bisher», stellte sie fest. «Schließlich ist eine Ehe eine ernste Sache, die soll ein Leben lang halten, und das muss geplant werden. Da ist nichts mehr mit Hoppla, da bin ich.»

Georg seufzte. «Wieso nimmst du das bloß so dramatisch, Kleines?»

«Weil ich für meine Familie eine gewisse Sicherheit haben will und wissen will, wohin wir gehören und was aus uns wird», erklärte sie.

Das leuchtete ihm ein.

«Also wenn du mich fragst, dann sage ich dir, dass ich immer noch auf die Insel will, immer noch eine eigene kleine Galerie aufmachen, Bilder malen und verkaufen will. Du bildhauerst, und ich male. Was könnte schöner sein?»

Er sah ihrem Gesicht an, was sie dachte.

«Es wird schon für uns beide reichen!» Eilig schob er es nach, hätte sich ohrfeigen mögen, dass er nicht zuerst vom Geld und dann von der Schönheit und dem Spaß geredet hatte, den er sich erhoffte. Inzwischen wusste er doch, worauf es ihr ankam, wenn sie von Sicherheit sprach.

Wie erwartet, hakte sie prompt nach: «Ja, gut, aber wie willst du unseren Lebensunterhalt verdienen?»

«Du? Unseren?» Flüchtig stieß ihm die Formulierung auf. Wollte sie keinen eigenen Beitrag zu diesem Lebensunterhalt leisten? Aber er wollte nicht mit ihr streiten, wollte keine Wortklaubereien anfangen. Was bedeutete es schon, ob sie nun von «du» oder von «wir» sprach?

«Sagte ich doch gerade eben», versuchte er einzulenken. «Du bildhauerst, ich male. Genügt das denn nicht?»

«Nein!» Entschieden schüttelte sie den Kopf. Streng konnte sie schauen. «Das ist mir zu unsicher.»

Georg wusste nicht, was er dazu sagen sollte. Er hatte ihr keinen Mann mit festem Job zu bieten. Das hatte sie immer gewusst, auch als sie ihr Ja in den Telefonhörer geschrien hatte. Was sollte das also? «Wenn du einen sicheren Job mit festem Vertrag und monatlichem Regeleinkommen brauchst, ja, dann musst du schon selbst dafür sorgen und eben arbeiten gehen», meinte er.

Uschi atmete scharf ein. Sie legte den Kopf schief und flocht ihre Finger so sorgfältig wie ein Kunstwerk ineinander. «Wenn ich verheiratet bin und Kinder habe, will ich aufhören zu malochen und will für meine Kinder da sein. Verstehst du? Dann will ich keinen Job und schuften müssen und die Kinder sich selbst überlassen. Maloche, der Job, das ist dann Männersache. Geht das nicht in deinen Kopf?»

Natürlich ging es in Georgs Kopf. Aber eine künstlerische Arbeit war anders. Das war keine Maloche, kein Bürokratenjob wie ihrer, den sie jetzt machte. Er war ja bereit, seinen Teil zu leisten. Auch mehr als bisher. Aber wie viel mehr unter dem Strich dabei herauskäme, hing nicht allein von ihm ab. War es denn nicht selbstverständlich, dass Uschi, die genau wie er Kunst Schaffende war, dazu beitrug, das Familienbudget zu steigern?

Als Bildhauerin konnte sie mit oder ohne Kinder arbeiten. Da war sie ihre eigene Chefin. Sie bestimmte selbst, wann sie was tat. Und das galt auch für ihn als Maler. Zusammen konnten sie rund um die Uhr für Kinder da sein und trotzdem als Künstler schaffen. Wo lag das Problem?

«Liebes», sagte er und gab sich alle Mühe, nicht wie ein Vater zu klingen, der seiner pubertierenden Tochter den Kopf zurechtrückt, «Liebes, mach dir doch nicht so viele Sorgen um ungelegte Eier. Noch sind wir nur zwei. Und ob da mal ein Kindchen dazukommt, wissen wir doch jetzt beide noch nicht. Das hat Zeit. In ein paar Jahren vielleicht oder so, wie es eben kommt.»

«Aber nicht in meinem Leben!», verschanzte Uschi sich trotzig.

«Dann vertrau mir doch ganz einfach», bat er. «Schau mal, ich lebe jetzt schon seit fast fünfundzwanzig Jahren von meiner Kunst und meistens nicht schlecht. Und zu zweit, wenn wir beide arbeiten, wird es noch besser gehen. Hast du denn dein großartiges Talent vergessen? Deine Steinarbeiten sind Meisterwerke. Die Leute werden sie dir aus den Händen reißen. Es ist beneidenswert, wie du das machst. Die vielen Zeichnungen, richtig strategisch und perfekt. Erinnere dich doch! Du hast früher am Kölner Dom mitrestauriert. Du bist Meisterin in deinem Fach, mit einem echten Meisterbrief.»

Ein flüchtiger Stolz huschte über Uschis Züge. Aber sie mied Georgs Blick, schwieg.

Einmal am Zug, wollte jetzt auch das noch aus ihm heraus, was er in all den Monaten, die sie sich kannten, stets tunlichst verschwiegen hatte. Rasch, ehe er es sich um des lieben Friedens willen wieder anders überlegte. «Kleines, es ist schade, absolut und jammerschade, dass du deine Zeit und deine Fähigkeiten als Grabmalberaterin bei der Stadt verplemperst. Diese Leute muss es auch geben. Klar. Aber eine schöne, superbegabte Frau wie du, die Skulpturen meißelt, und das in Griechenland, – da kann nichts schief gehen. Du wirst hundertprozentig erfolgreich sein. So glaub mir doch!»

Ihr Blick, beharrlich auf ihre Hände gesenkt, hob sich. «Ich», sagte sie langsam und betont, «ich will aber nicht mehr malochen!»

Georg starrte sie mit einem Gesichtsausdruck an, den er unmittelbar in den Muskeln spüren konnte. Das konnte sie nicht wirklich gemeint haben. Sie verarschte ihn.

«Du bist noch nicht mal dreißig, meine allerteuerste, liebste Braut! Und da willst du schon in Rente gehen?»

Wie sich später herausstellte, hatte Uschi es ernst gemeint.

Das Monstrum Bürokratie schlich sich auf leisen Pfoten in Georgs Alltag. Mit den Heiratspapieren fing es an. Er benötigte ein so genanntes «Ehefähigkeitszeugnis.»

«Ja, wie soll das denn aussehen?», fragte er die Standesbeamtin und konnte sich des aufsteigenden Schmunzelns kaum erwehren. «Soll ich zu einem Arzt gehen, der meine Zeugungskraft testet?»

Erschrockenes Zurückweichen. «Nein, nein, Sie müssen sich lediglich von Ihrer griechischen Heimatgemeinde bestätigen lassen, dass Sie unverheiratet sind.»

«Aha!» Georgs Grinsen wurde breiter. «Sie wollen also ein Junggesellenzeugnis. Sagen Sie das doch gleich. Aber wieso aus Griechenland? Meine Heimatgemeinde ist hier. Auch mein erster Wohnsitz ist seit fünfunddreißig Jahren hier. Das Zeugnis müsste eigentlich hier ausgestellt werden.»

Die Standesbeamtin zeigte erste Spuren der Ungeduld. «Außerdem brauchen Sie eine griechische Geburtsurkunde von Ihrem Geburtsort. Die deutsche Übersetzung davon muss von der Deutschen Botschaft in Athen abgestempelt werden. Und dann nochmals vom Griechischen Konsulat hier in der Stadt, weil hier Ihr Pass ausgestellt wurde.»

Eine derartige Umstandskrämerei war mehr, als Georg stillschweigend hinnehmen konnte. «Liebe Frau», wandte er ein, «ich bin aber in Tschechien geboren und nicht in Griechenland.»

«Nennen Sie mich nicht ‹liebe Frau›, Sie Flegel! Was fällt Ihnen ein?», erboste sich die Standesbeamtin.

«Entschuldigung, Madame!»

«Ich bin auch nicht Ihre Madame, merken Sie sich das!»

Aufspringen, die Hacken zusammenschlagen, waren für Georg eins. «Sehr geehrte Standesbeamtin, ich möchte Sie hiermit bitten, mir die notwendigen Schritte zu erklären, um eine deutsche Staatsbürgerin ehelichen zu dürfen. Ist das jetzt korrekt?»

Die Standesbeamtin ging nicht darauf ein. Nur ihr Hals färbte sich mit aufsteigender Röte. «Sie brauchen noch eine Aufenthaltserlaubnis und eine Anmeldebestätigung über Ihren Wohnsitz.»

«Ist das alles?»

Ein Nicken, bestätigend ein nachgeschobenes «Ja!»

«Na, dann auf Wiedersehen, Madame!»

Uschi hatte es einfacher. Sie brauchte lediglich eine Geburtsurkunde und einen Auszug aus dem Standesamtregister ihrer Heimatstadt, aus dem hervorging, dass sie ledig war.

«Die machen das doch bloß, damit sich möglichst wenig Deutsche einen Ausländer anlachen», schimpfte Georg. Allein die Vorstellung, welche Anstrengungen und Aufwände er betreiben sollte, um diese Papiere zu beschaffen, machte ihn wahnsinnig. «Das kostet einen Haufen Geld und jede Menge Zeit. Meine Arbeit leidet darunter. Und wofür? Bloß, damit diese verdammten Bürokraten ihre Ordnung haben.»

Uschi lachte. «Du spinnst.»

Georg atmet tief durch. «Komm, Kleines, wir fliegen nach Amerika und lassen uns in Vegas trauen. Das ist ganz einfach und ohne großes Brimborium und verheiratet sind wir dann auch.»

Es war ein Vorschlag zur Güte. Doch Uschi explodierte. «Du bist wohl verrückt geworden? Wenn ich heirate, dann ordentlich und normal. In Weiß und in der Kirche und mit einer Riesenfeier und Musik und nicht wie deine durchgeknallten Künstlertypen. Verstehst du? Wenn ich heirate, dann muss das seine Ordnung haben. Dann will ich meine Mutter dabei haben und meine Freunde …»

«Jetzt reg dich doch nicht so auf, Kleines!» Georg hatte das Gefühl, dringend einen Schnaps zu brauchen. «Ist doch kein Problem, die Leute kommen zu ihrem Spaß und wir beide auch.

Meine Freunde möchte ich ja schließlich auch dabeihaben. Wir können hinterher eine Riesenfete steigen lassen und alle einladen.»

Aber Uschi war nicht bereit, ihm ernsthaft zuzuhören. «Ich will eine geregelte Hochzeit vor einem deutschen Standesamt in meiner Heimat, und ich will diesen ganzen Schwachsinn nicht, bloß, damit du deiner Verantwortung nicht nachkommen und diese Papiere nicht besorgen musst. Wenn ich dir so wenig wert bin, dann lassen wir es am besten gleich!»

Der Hieb saß.

Vorsichtig legte Georg den Arm um seine erzürnte Braut, der die Tränen locker saßen. Ob Tränen des Zorns oder des Schmerzes, musste jetzt nicht ergründet werden. Die ganze Bürokratie war weder die einen noch die anderen wert, wie Georg fand. «Also gut», lenkte er ein. «Besorge ich die vermaledeiten Papiere eben. Aber wie wäre es, wenn du mitkommst? Dann könnten wir doch wenigstens das Angenehme mit dem Nützlichen verbinden.»

Zu Georgs Überraschung hatte Uschi nichts dagegen. Im Gegenteil, sie fand die Idee ganz hervorragend und freute sich mit der blitzschnell vom Weinen zum Lachen wechselnden Stimmung eines Kleinkindes auf den Sommer in Griechenland.

Zu Georgs Erleichterung machte sie nicht einmal Anstalten zu der Frage, warum sie nicht gleich fahren würden. Pfingsten stand vor der Tür. Es wäre also leicht möglich gewesen, die Reise sofort zu buchen. Aber Pfingsten stand für Georg als Synonym für die Provence. Aus freien Stücken würde er dies nicht ändern. Und er hatte keineswegs die Absicht, Uschi konkret zu fragen, ob sie seine Pfingstwünsche bei ihrer Terminkalkulation berücksichtigt oder schlicht nicht gewusst hatte, dass eine Reise in die Ägäis zur Pfingstzeit erholsamer sein konnte als in der Hitze des Sommers.

Außerdem hatte er seit einiger Zeit ein ungutes Gefühl, wenn er an die Kombination Uschi und Provence dachte. Wenn ihn jemand gefragt hätte, ob Uschi gern dort wäre, hätte er keine Antwort gewusst. Das heißt, er glaubte sie zu wissen und wollte sie nicht wissen, und wenn er sich dazu durchrang, seine Ahnung ernst zu nehmen, kam er sich lächerlich wie ein selbst ernanntes Orakel vor.

Doch die Zweifel waren nicht von der Hand zu weisen. Uschi führte Tagebuch. Und eines Tages hatte sie Georg eine ihrer letzten Eintragungen gezeigt: «Georgs Freunde sind zwar nett, aber nicht meine Altersstufe. Sie sind einfach zu alt. Immer steht Georg im Mittelpunkt. Für sie und für ihn bin ich nur ein schönes, junges Anhängsel.»

Es hatte ihn wie ein Schlag getroffen. So sah sie das?

«Das ist doch völliger Quatsch!» Er war versucht, sie zu rütteln, um ihren Verstand zu wecken. «Du glaubst doch nicht im Ernst, was du da schreibst. Oder?»

Doch wenn er darüber nachdachte, wusste er die Antwort. Er merkte ja schon seit einiger Zeit, dass Uschi sich von seinen Freunden abkapselte. Hatte es nur nicht ernst genommen. Hatte sich damit beruhigt, dass sie über die Hochzeit nachdenke und den Kopf voll davon habe, dass sie nun endgültig erwachsen und eine eigene Familie gründen werde.

«Du kannst dir gar nicht vorstellen, wie sehr meine Mutter sich freuen wird, dich endlich kennen zu lernen», murmelte er, des Grübelns müde, und bog Uschis Kopf zärtlich zu sich empor. «Ich bin sicher, du gefällst ihr. Sie hat sich immer eine Schwiegertochter gewünscht, die so schön ist wie du.»

«Und meine Mutter ist auch schon total gespannt auf dich», gab Uschi mit einem schnellen Kuss zurück. «Überraschung! Ich hab sie eingeladen. Sie kommt, wenn ich Geburtstag hab.»

Außerhalb der Stadt hatten Freunde ein ehemaliges Bahnwärterhäuschen gekauft und mit viel Arbeit und Liebe zu einer kleinen, feinen Kneipe umfunktioniert. In Anlehnung an die schwarzen Krabbeltiere, die es zu Arbeitsbeginn zuhauf in dem alten Gemäuer gegeben hatte, wurde das fertige Schmuckstück «Die Spinne» genannt. Einen idyllischeren Platz für Uschis Geburtstagsfeier konnte Georg sich nicht vorstellen.

Heimlich lud er die Freundinnen und Freunde dazu ein. Heimlich wurde der Biergarten mit Lampions geschmückt, eine Band engagiert, die Rock-Oldies im Repertoire hatte. Rund zwanzig Leute kamen zusammen. Bewusst hatte Georg auf seine eigenen besonders engen Freunde verzichtet und stattdessen die jüngeren aus dem Bekanntenkreis ausgewählt, die im Alter zu Uschi passten und mit denen sie allmählich engere Beziehungen geknüpft hatte. Sie sollte sich schließlich wohl fühlen.

«Sie kommt mir irgendwie traurig vor», bekannte er Elke, der Spinnen-Wirtin, in einer ruhigeren Minute der Vorbereitungen. «Stiller als früher. Und du weißt, wie sehr ich gerade das Sonnige an ihr liebe. Ich bekomme allmählich wirklich Angst, dass ich zu alt für sie bin, dass es einfach nicht gut mit uns gehen kann.»

Die Freundin nickte. «Sie müsste selbst etwas aus ihrem Leben machen und eigene Freunde gewinnen. Bisher profitiert sie von dir und deinem Freundeskreis. Aber das ist auf Dauer nichts für sie.»

Georg lachte sarkastisch auf. «Es ist ja kein Geheimnis, wie blöd sie die Schwaben findet. Alles Langweiler. Halbkretins. Unter denen sucht sie sich doch keine Freunde. Ich weiß gar nicht, warum sie damals ausgerechnet hier einen Job angenommen hat.»

«Aber ich!» Elke lachte. «Im Rheinland gibt's zwar mehr Karneval und Kneipen, aber hier mehr Jobs und Geld. Das hat dein Bräutle schon verstanden. Von Geld musst du ihr nichts erzählen.»

Die befreiende Wirkung gemeinsamen Lachens verscheuchte die düsteren Vorahnungen. Außerdem war die Gartenbeleuchtung fertig und die Tischdekoration an der Reihe. Keine Zeit mehr für eine weitere Zigarettenpause.

Uschis Mutter und ihre beste Freundin aus dem Rheinland waren tatsächlich gekommen. Beide wussten natürlich von ihren Heiratsplänen und sparten nicht mit Bemerkungen.

«Dass deine Mutter über unsere Hochzeit frohlocken würde, kann man ja wirklich nicht behaupten», meinte Georg eines Abends, nachdem sie zu viert einen «Zug durch die Gemeinde» hinter sich gebracht und die nötige Bettschwere hatten.

«Sie hat eben so ihre Erfahrungen mit Ehemännern», murmelte Uschi.

«Na, das interessiert mich jetzt aber!» Hellhörig geworden, stützte Georg sich auf den Ellenbogen und wandte ihr das Gesicht zu. «Wie meinst du das?»

«Ich hab dir doch gesagt, dass mein Vater einen Herzschlag bekam, als ich noch in der siebten Klasse war, und dass meine Mutter auf einmal allein mit mir dastand.»

Uschi schien wenig begeistert, ihre Kindheitserinnerungen aufzurollen, doch Georgs Neugier war geweckt. «Du hast das mal angedeutet. Aber Genaues hast du nicht erzählt. Als dein zukünftiger Ehemann sollte ich da vielleicht ein bisschen mehr wissen? Oder?»

Ein Seufzen. Dann rückte sie näher, kuschelte sich auf seinem Bizeps zurecht. «Ich weiß nicht mehr, was ich dir erzählt hab. Aber garantiert hab ich dir gesagt, dass mein Vater gestorben ist, als er nicht viel älter war als du jetzt. Es passierte total plötzlich. Jahrelang hat meine Mutter seinen Tod nicht verkraftet. Sie war völlig fertig, konnte irgendwie nichts allein, nicht mal Anträge ausfüllen. Mein Vater hatte alles gemacht.»

«Und dann hast du dir vorgenommen, dass du nie so wirst wie deine Mutter», schlussfolgerte Georg halb im Scherz.

«Genau!» Mit einem festen Griff zwickte Uschi in seinen Arm.

«Frechdachs!» Georg lachte. «In einem Punkt hast du's geschafft: Schöner als sie bist du allemal.»

Uschi lächelte geschmeichelt. «Na ja, als der Vati dann weg war, musste eine von uns ja den Mann im Haus abgeben», fuhr sie fort. «Also hab ich das übernommen. Ich hab mich schon früher, als der Vati noch lebte, immer für handwerkliche Sachen interessiert und viel mit ihm im Haus gemacht und kam auch ganz gut mit dem ganzen Bürozeugs zurecht.»

«Deshalb also der Beruf!»

Uschi zuckte mit den Schultern. «Kann sein, kann nicht sein. Hab ich so nicht drüber nachgedacht. Ich wollte einfach keinen typischen Frauenberuf. Meine Mutter hatte immer die Idee, ich sollte was lernen, was ich dann auch noch tun kann, wenn ich Kinder habe. Aber ich nicht. Ich wollte keins von diesen Weibchen sein, die für alles einen Kerl im Haus brauchen. Meine Mutter war mir da leuchtendes Beispiel genug. Was mein Vater gesagt hatte, war bei uns Gesetz. Da gab's keine Widerworte und kein langes Fragen. Und die Quittung hatte sie dann, als er tot war. Sie musste erst mühsam lernen, dass sie auch ein eigener Mensch ist und eigene Sachen machen kann. Dass sie einen eigenen Willen hat und dass der auch etwas zählt. Nee, du, so was wollte ich für mich nie.»

«Sondern?», fragte Georg in ihre Gedankenpause hinein.

«Ich wollte das alles von Anfang an selbst können. Selbst über mich bestimmen. Selbst wer sein. Nicht bloß das Anhängsel oder das Aushängeschild von einem Mann. So ein Niemand, wenn der Mann weg ist. Ich wollte immer tun können, was ich will. Und mir nichts von einem sagen lassen müssen, bloß, weil ich seine Frau bin. Ich bin keine, die einem Anderen gehört und einem Anderen gehorchen muss. Ich wollte frei sein, verstehst du. Und ich wollte das beweisen. Frauen können alles das, was Männer können, wenn nicht noch mehr, und zwar schon lange.»

Ihre Worte hallten in Georg nach. Sie erklärten ihm ihre Angst, als Frau an seiner Seite nicht ernst und nicht wirklich wahrgenommen zu werden. Sie erklärten ihm, warum sie sich von seinen Freunden distanzierte. Sie erklärten ihm sogar, warum sie sich an seinen schweren Werkzeugen versuchte und vor Stolz glühte, dass sie mit dem Schweißbrenner umgehen und eigene Sachen zusammenschweißen konnte.

Georg war stolz auf sie. Vielleicht hätte sie nicht unbedingt lernen müssen, Steine zu klopfen, um ihre Emanzipation zu beweisen. Aber er liebte emanzipierte Frauen, die zupackten und auf eigenen Füßen standen. «Und dann hast du dir ausgerechnet einen wie mich ausgesucht?»

«Gerade einen wie dich», lachte sie halblaut und bohrte ihren Kopf beinahe in seine Brust.

«Hey!» Er hatte Mühe, sie mit beiden Armen ein Stück von sich weg zu schieben und auf Abstand zu halten. «Was heißt das denn schon wieder?»

«Dass man dir aber auch alles erklären muss!» Sie kicherte. «Bist du ein Mann oder bist du keiner? In den Augen meiner Mutter bist du sogar ein Macho und zwar ein waschechter. Dämmert es dir jetzt?»

Immer noch verständnislos schüttelte er den Kopf.

«Herr, lass Hirn regnen!» Uschi schlug beide Arme um ihn

und flüsterte es ihm ins Ohr. «Eine, die einen wie dich zähmen kann, ist eine starke Frau. Und ich bin eine starke Frau. Capito, amore?»

Amore war ein gutes Stichwort für diesen Augenblick, fand Georg. Und genau richtig für die Nacht, in der seine Braut dreißig wurde.

Der August stand im Zeichen Griechenlands. Bei Marathon, mit Blick aufs Meer, bewohnten Georgs Eltern ein Sommerhaus mit Garten.

Weiß leuchteten die Hauswände zwischen dem zarten Aubergine der üppig blühenden Bougainvilleen und dem leuchtenden Orangerot der Trompetenblumen. Trotz der flirrenden Sonne ließ der Wind, der den Duft von Kaktusfeigen-Blüten und Meersalz mit sich trug, die Hitze erträglich sein.

Fast schüchtern trat Uschi ihrer künftigen Schwiegermutter gegenüber. Georg schmunzelte bei dem Gedanken, wie viele seiner Verflossenen er ihr schon vorgestellt hatte. Aber keine war dabei gewesen, die er je hatte heiraten wollen. Er wusste, dass seine Mutter sich freute, eine Schwiegertochter zu bekommen. Und er sah sofort, dass seine Wahl ihr gefiel.

«Endlich hast du die richtige Frau gefunden», flüsterte sie ihm zu, nachdem sie Uschi aus seltsam jungen Augen gemustert und scheinbar bis in die hintersten Winkel der Seele erforscht hatte.

Auch wenn ihre Abneigung nichts an seinen Heiratsplänen geändert hätte, atmete Georg auf. Unfrieden zwischen Schwiegermutter und Schwiegertochter hatte auf lange Sicht schon so manche Beziehung zerstört. Gut, wenn dieser Kelch an ihnen vorbeiging.

Lange hielt es sie freilich nicht in Marathon. Auf der Insel Ikaria erwartete Georgs Freund Kostas das Brautpaar schon mit Ungeduld. Sein Haus, allein auf einem Hügel über dem Hafen von Eudilos, mit Blick über die Weite des Pelagos, war ein architektonisches Kleinod. Georg konnte es kaum erwarten, seine Liebste über die Schwelle zu führen. Wie würde sie staunen und begeistert sein!

Doch als sie endlich dort waren, stimmte irgendetwas nicht. Georg kannte die Anzeichen inzwischen nur zu gut. Kaum hatte Kostas sie ein paar Minuten allein gelassen, damit sie sich vor dem Essen ein wenig erfrischen konnten, ging das Nörgeln los.

Bereits in Athen hatte Uschi über die unerträgliche Hitze geklagt. Zu Recht, wie Georg fand. Doch auf Ikaria war es nicht zu heiß. Der Meerwind ging immer mit einer frischen Brise. Uschi beschwerte sich trotzdem.

Die luxuriöse Villa des Freundes nahm sie hin, als sei sie selbst mit dem goldenen Löffel im Mund groß geworden. Auf Georgs erwartungsvolle Frage, wie es ihr gefiele, antwortete sie mit einem Schulterzucken: «Ganz nett.»

Kostas Gastfreundschaft schien ihr eher lästig. Jedenfalls bereitete es ihr sichtlich Mühe, liebenswürdig zu bleiben. Was immer sie unternahmen, wohin immer sie gingen, an allem nahm sie Anstoß. Mal war es das Essen. Es sei nur lauwarm und ungenießbar, zu ölig oder zu trocken. Ein andermal war ihr das Lokal nicht vornehm genug, saßen zu viele alte Männer in zu ungepflegten Klamotten darin herum oder seilten sich Spinnen aus dem Weinlaub ab, das die Tavernen an Pergolabögen überspannte.

«Dir ist ja gar nichts recht zu machen!», fuhr Georg schließlich auf. «Alles ist dir zu viel. Mit nichts bist du zufrieden. Du benimmst dich wie die Prinzessin auf der Erbse.»

«Ja und?» Uschi giftete zurück. «Schau dir das Chaos doch

mal an. Dieser Krach überall, dieses Durcheinander, die Kinder, die viel zu spät ins Bett kommen, das ganze Gezeter und Gewühle. Wer soll das denn aushalten?»

Georg musste wider Willen lachen. «Aber bei deinem Karneval geht es anders zu, wie? Da gibt es keinen Krach und kein Getümmel? Kleines, du musst einfach immer an den Karneval am Rhein denken, den du so liebst. Warum gefällt dir das Chaos dort und hier nicht? Die Griechen haben halt das ganze Jahr Karneval.»

Jetzt war sie erst recht aufgebracht. «Kannst du mich nie ernst nehmen oder willst du es nicht? Wenn es dir hier gefällt, ist das deine Sache. Aber mir gefällt es nicht. Und Karneval ist Karneval. Es ist toll, weil es geplant ist, weil man sich innerlich darauf einstellen kann und weiß, wann es anfängt und was man dann macht und wann es wieder aufhört. Und dann ist es auch wieder vorbei für zwölf Monate. Aber hier?»

«So ist das eben, andere Länder, andere Sitten», gab Georg zurück. «Lass dich doch innerlich einfach fallen, Liebes. Du kannst hier nicht mit preußischer Gründlichkeit anfangen. Hier ticken die Uhren anders als in Deutschland. Wenn du das verstehst und den anderen Takt übernimmst, ist es schön. Versuch's doch wenigstens.»

«Du immer mit deinem Belehren und deinem Alleswissen!»

Der Zorn stand ihr gut. Doch für diesmal wäre es Georg lieber gewesen, sie hätte die Krallen in den Katzenpfötchen gelassen, er hatte sich so auf diese Tage gefreut und ihr so vieles von dem zeigen wollen, woran sein Herz hing.

Er merkte selbst, wie mühsam er sich zur Ruhe zwang. Lediglich die Einsicht kam ihm zur Hilfe, dass er ihr seinen Lebensstil nicht überstülpen könne und wolle. Wenn sie den Unterschied zwischen Nord und Süd nicht akzeptierte und in ihrer heiß geliebten rheinländischen Natur voller Vorurteile und bis zur Intoleranz festgeschweißt war, hatte es keinen Zweck, Aufklärungsarbeit zu betreiben. Entweder sie mochte Griechenland, oder sie mochte es nicht.

«Man kann niemanden zum Glück zwingen», sagte er und bemühte sich, möglichst gelassen zu sprechen. «Ich hätte mir nur gewünscht, dass du die Dinge etwas unkomplizierter sehen und einfach mal auf dich zukommen lassen würdest.»

«So, du hättest dir das gewünscht!» Wie so oft, wenn an ihre Kompromissbereitschaft oder Einsichtsfähigkeit appelliert wurde, brach auch diesmal das bockige Kind in ihr durch. «Ich will aber nicht! Verstehst du? Und wenn ich nicht will, dann ist es das. Dann hast du das zu akzeptieren.»

Es hätte dieses wilden Ausbruchs nicht mehr gebraucht, um Georg auf ihren Willen aufmerksam zu machen. Seine Pläne mit der Galerie auf der griechischen Insel rückten in weite Ferne.

«Beim nächsten Besuch müssen wir uns eben etwas besser auf die Umstellung vorbereiten.» Er lächelte ihr aufmunternd zu, hütete sich aber, sie anzurühren. In Momenten wie diesem konnte sie wie eine Viper zurückzucken.

Uschis verkrampfte Züge glätteten sich, und das Wilde in ihren Augen löste sich auf, lauerte nur noch im Hintergrund. Georg konnte es an dem Schwanken ihrer Stimme hören, als sie meinte: «Gut, dass deine Hochzeitspapiere übermorgen fertig sind.»

Bis die Landebahn freigegeben wurde, drehten sie eine letzte Anflugrunde. Schon das Kommando «Fasten seat belt» hatte Uschi mit freudiger Aufregung erfüllt. Jetzt, als sie auf die weite Krautebene hinunterblickten, hatte sie zum ersten Mal das Gefühl, zu Hause angekommen zu sein. Trotz ihrer Abneigung gegen Schwaben und Spätzle und andere «le-les».

Anders als nach dem ersten Frankreichurlaub, der sie und Georg vereint und jede noch so kurze Trennung zu einem Verlust gemacht hatte, suchte sie nun das Alleinsein in ihrer Dachkammer. Sie hatte genug vom Ausland und von Ausländern, von ihrem eigenen Radebrechen mit englischen und französischen Brocken, die nichts daran änderten, dass sie einer griechisch geführten Unterhaltung nicht folgen konnte. Und mehr als genug hatte sie von dem Gefühl, persönlich völlig unwichtig zu sein, eigentlich nicht dazuzugehören, sondern lediglich als Georgs Gast bei Freunden, die nur seine waren, willkommen zu sein.

Es war, als könne sie nicht einmal mehr die großzügige Weite von Georgs Studio ertragen, sondern brauche eng zusammengerückte Wände, um wieder sicher zu werden. Schon um halb zehn legte sie sich schlafen, für niemanden erreichbar, auch nicht für Georg.

Sie brauche ihre ganze Kraft für den Job, erklärte sie ihm am Telefon. Sie müsse nach dem langen Urlaub vollen Einsatz bringen, habe jede Menge aufzuarbeiten. Mahnte, als er ungeduldig war, auf ein Wiedersehen drängte: «Akzeptier das jetzt einfach mal! Nimm's einfach so hin, wie es ist, und bedräng mich nicht. Das hat sowieso keinen Zweck. Ich bin schließlich immer noch ich selbst. Auch wenn ich dir versprochen habe, deine Frau zu werden. Wir leben nicht mehr im Mittelalter, als eine Frau ihrem Mann richtig gehört hat, und auch nicht in Griechenland, wo das vielleicht noch immer so ist.»

Es dauerte Wochen, bis Uschi an einem Samstag bereit war, wieder bei ihm zu bleiben. «Ich hab nachgedacht», meinte sie. «Da ist so viel, was noch unklar ist.»

«Und was?» Georg fragte, ohne auf Antwort erpicht zu sein.

«Zum Beispiel weiß ich nicht, wie verlässlich du als Mann bist.»

Mit einem Stoßseufzer ließ er sich platt auf die Bettdecke zurückfallen. Mit wem hatte diese Frau denn die ganzen Monate gelebt? Wem hatte sie denn die Ehe versprochen, wenn sie ihm jetzt eine solche Frage stellte?

Uschi schien in ihrem Element. «Ich hab doch überhaupt keine Ahnung, wie du so bist und wie du dich benehmen wirst, wenn wir verheiratet sind. Wie soll ich das rauskriegen? Ich kann dich doch nicht probeheiraten.»

Widerwillig richtete Georg sich wieder auf. «Ist das mit uns nicht die ganze Zeit schon wie eine Probe-Ehe? Was willst du denn überhaupt wissen?»

«Wegen dem Kind», sagte Uschi.

Georg versuchte, nicht mit einem Satz aufzuspringen. «Wegen dem Kind? Bist du schwanger?»

Uschi schüttelte den Kopf. «Nein. Aber ich muss planen können, wie viel Verlass auf dich ist.»

Wieder dieses Planen. Es war zum Verrücktwerden. Gab es irgendetwas, was sie nicht verplante? Womöglich zählte sie die Atemzüge, die sie in der Minute machte und maß dabei auch noch die Luftmenge in Relation zur Atemluft weltweit unter Berücksichtigung der allgemeinen und speziellen von ihr verursachten Umweltverschmutzung?

«Aber halt, Ruhe!», mahnte Georg sich selbst. Er wollte diese Frau heiraten. Das hieß, ein ganzes Leben lang mit ihr zu leben. Mindestens zwanzig, dreißig Jahre jedenfalls. Eher noch mehr. So alt wurden die Leute in seiner Familie. Achtzig Jahre durfte er sich getrost auf den Buckel laden. Also durchatmen, Haltung bewahren, langsam reden. «Und wie willst du das planen, Kleines?»

«Ich brauch Antworten von dir. Zusagen. Verbindlichkeiten. Termine. Wie du dir unsere Versorgung vorstellst, zum Beispiel.

Wie viel wirst du arbeiten? Wie viele Bilder kannst du im Monat malen und verkaufen? Mindestens, damit ich das kalkulieren kann. Es muss doch schließlich ein Grundeinkommen da sein, mit dem man rechnen kann. Wir können doch nicht von der Hand in den Mund leben.»

«Und was noch?»

«Wie stellst du dir deine Rolle als Vater vor?»

Georg wusste, sie wünschte sich Kinder. Er hatte zwar grundsätzlich nichts gegen Kinder, aber für den Moment auch absolut nichts dafür. Irgendwann, ja, sicher. Uschi war dreißig. Er verstand, dass ihre biologische Uhr tickte. Aber heutzutage wurden sogar Frauen im Oma-Alter Mutter. Was sollte die Torschlusspanik? Irgendwann würde sie ein Kind haben. Gut. Aber doch nicht jetzt, wo sie sich noch immer kaum kannten und erst mal versuchen sollten, ein gutes Leben miteinander hinzukriegen.

Nur wie sollte er Uschi all das sagen? Sie würde ausrasten. Davonrennen.

Irgendwie saß ihm auch die Geschichte mit seiner längst erwachsenen Tochter immer noch im Nacken. Ein halbwüchsiger Bengel war er damals gewesen. Mit einer Freundin, die ein paar Jahre älter war. Komischerweise auch eine Rheinländerin. Von Verhütung hatte er keine Ahnung gehabt. Wenn überhaupt, hatte er sich eingebildet, dass die Frau dafür zuständig sei.

Eines Tages war sie Hals über Kopf verschwunden. Erst kurz vor der Niederkunft hatte sie ihn darüber informiert, dass er Vater würde. Ihn hatte fast der Schlag getroffen. Trotzdem hatte er sich nicht drücken wollen. Wenn er sie geschwängert hatte, war es auch sein Kind. Er wusste zwar nicht wie, aber er wollte für das Kind sorgen.

Kurz nach abgelegter Schlosserlehre hatte er das unwahrscheinliche Glück gehabt, einem Kunstprofessor aufzufallen, der ihn als Student annahm. Seitdem hatte Georg nur ein Ziel vor Augen, nämlich Maler zu werden. Ein berühmter, wenn möglich. Zumindest aber einer, der von seiner Kunst leben konnte.

Für seinen eigenen Lebensunterhalt brauchte er nicht viel. Doch für das Kind hatte er geschuftet und Geld beigeschafft. Ein richtiger Vater wurde er deshalb trotzdem nicht. Er wusste, dass er eine Tochter hatte. Aber er durfte sie nicht sehen. Für einen Taugenichts ohne anständigen Beruf gäbe es keine Vaterrechte, hatte die Kindesmutter gemeint. Und die Großmutter hatte noch viel mehr gemeint. Wenig Schmeichelhaftes. Trotz der vielen Jahre, die dazwischenlagen, hatte er die Sache noch immer nicht verkraftet, nicht wirklich verdaut. Georg wollte sich nicht mehr daran erinnern. Nicht jetzt. Nicht mit Uschi.

Wie er sich eine Vaterrolle vorstellte? Er hätte ihr so viel darüber sagen können. Er kannte diese Gefühle. Uschi war etwa genauso alt wie seine Tochter. Was, wenn er abermals Vater würde und dann dasselbe wie beim ersten Mal passierte? Wenn Uschi nicht anders reagieren würde als die Mutter seiner erwachsenen Tochter? Wenn auch sie nur das Kind und die Versorgung durch den Kindesvater wollte und keinen Vater dazu?

Lebensplanung war wirklich nicht Georgs Stärke, aber eines wusste er hundertprozentig: Er wollte nicht noch einmal so wie damals erniedrigt werden und betteln müssen, um sein Kind zu sehen.

Nur, wie konnte er so etwas zu Uschi sagen? Zu der Frau, die er heiraten wollte? Die sich ein Kind von ihm wünschte?

«Warum sagst du denn nichts?», fragte sie. «Hast du überhaupt keine Vorstellung, wie du als Vater sein sollst? Willst du etwa kein Kind?»

«Nur wenn's unbedingt sein muss», dachte er und antwortete diplomatisch mit einer Gegenfrage, wie sie es sich denn vorstelle mit einem Kind von ihm. Schließlich sei er nicht mehr der Jüngste.

Irgendwie war es der Ton, der ihr Herz traf. Sie lächelte. Zärtlich wie lange nicht. «Mach dir darüber keine Sorgen. Das Einzige, was mir schon jetzt Kummer bereitet, Lieber, ist die Tatsache, dass du früher als ich sterben wirst.»

Irgendetwas Aufmüpfiges in ihm drängte Georg zu der ketzerischen Frage, was sie da so sicher mache? Hatte sie etwa einen Überlebensgarantieschein vorzuweisen? Schließlich könnte sie einen Unfall haben oder schwer krank werden und trotz ihrer Jugend vor ihm an der Reihe sein. Aber er schwieg. Ihre Zärtlichkeit, mit der sie ihm die Haare aus der Stirn strich und seinen Mund mit winzigen Küssen bedeckte, rührte ihn.

Er würde ihr ein andermal von seinen Bedenken erzählen, nahm er sich vor. Sie hatten Zeit. Uschi war dreißig. Sie hatte noch über zehn Jahre Zeit, ein Kind zu bekommen. Wozu also die Eile?

Ein andermal würde er ihr sagen, dass er nie mehr zulassen würde, ein Kind zu haben, ohne wirklich Vater zu sein. Und dass er nicht sicher wäre, ob ihr klar sei, dass sie zumindest in den ersten Jahren hauptsächlich mit dem Kind beschäftigt sein würde.

Ein andermal auch würde er ihr eingestehen, dass er seine Probleme mit der Vorstellung hatte, Windeln wechseln zu müssen. Und eine gar nicht so kleine Angst, ob er überhaupt noch arbeiten könnte, wenn ein Kind in der Wohnung wäre. Er hatte kein zweites Atelier. Und wenn ein Kind da wäre, würde er vermutlich kein Geld haben, um sich notfalls ein zweites Studio einzurichten.

Sie hat Recht, dachte er, wir müssen das bereden. Es muss von vornherein zwischen uns klar sein, welche Konsequenzen ein

Kind für beide hat. Eine Abmachung muss her. Etwas, was uns beide absichert und das Kind natürlich auch. Ein andermal würde er es ihr sagen. Er nahm es sich in diesem Moment vor.

Doch Uschi ließ nicht locker. «Wie sieht es dann mit einer Wohnung aus? Am besten wäre ein neues Haus.»

In Georgs Kopf pochte es.

«Und die Arbeitsteilung, wenn ein Kind da ist? Was denkst du darüber? Du kannst doch nicht annehmen, dass ich das allein mache, oder?»

Dic Fragen prasselten auf ihn herab. Sah er so unzuverlässig aus? War er so ein Penner, dass sie ihm keinen Fingerbreit traute? Merkte sie nicht, dass ihre Fragerei ihn verletzte?

«Kannst du deine Fragen bitte einzeln stellen?», rang er sich schließlich ab. «Das ist zu viel auf einmal. Oder willst du eine Pauschalanwort?»

«Lass diese dummen rhetorischen Fragen!» Uschi rückte empört von Georgs Brust ab. «Ich muss planen können. Und ich will mit einem Kind einfach nicht mehr malochen müssen.»

Georg setzte sich auf, lehnte sich mit dem Rücken an die kühle Wand. Wie er diese Grundsatzdiskussionen hasste! Aber egal, wenn hinterher endlich Ruhe wäre?

«Kleines, das mit dem Planen funktioniert so nicht bei mir. Jeder Plan ist doch eh für die Katz, wenn das Schicksal in Form eines Dachziegels auf dem Kopf landet.»

«Du immer mit deinen Nicht-Denker-Sprüchen», fauchte Uschi ihn an. «Und wenn das tausendmal nicht in deinen Kopf will, aber ich muss das planen und ich will das planen und zwar mit dir. Also, wie ist das: Wie stellst du es dir mit einem Kind vor?»

«Lass es doch erst mal so weit kommen», wand Georg sich weiter. «Ich hab keine Ahnung, wie es sein wird. Aber wenn du es unbedingt wissen willst und in Zahlen noch dazu, dann bitte: Du bist zu achtzig Prozent Mutter und ich zu zwanzig Prozent Vater.»

Uschi schnitt ein Gesicht wie die Gorgo Medusa. «So einen blöden Super-Macho-Spruch habe ich ja im ganzen Leben noch nicht gehört. Und das will der Mann sein, den ich heiraten soll? Du spinnst doch, du, du ...» Sie wusste kein Wort, das schrecklich genug für ihn gewesen wäre. Ihm fiel auch keines ein.

«Bitte, Kleines ...»

«Ich bin kein Kleines, verdammt! Ich bin eine erwachsene Frau, die weiß, was sie will. Nenn mich also nicht immerzu Kleines.»

Hatte er so etwas Ähnliches nicht schon mal gehört in der letzten Zeit?

Jetzt konnte er nur nicht die Hacken zusammenschlagen. Aber salutieren, das konnte er, auch im Bett. «Jawohl, Frau Oberst, zu Befehl, Frau General!»

Hätte er sie nicht im letzten Moment festgehalten, wäre sie vermutlich vom Bett gesprungen. «Du gemeiner Kerl, du Schuft!»

Konnte man sich so brennend nach einem Bierchen im «Astoria» sehnen, wie er es tat? Sein bestes Bild hätte er in diesem Moment für einen einzigen kühlen Schluck gegeben. Stattdessen hielt er Uschi mit beiden Armen fest und redete ihr zu wie einem Maulesel.

«In den ersten drei Jahren hast du Mutterschutz wie jede Frau, Kleines. In der Zeit brauchst du sowieso nicht malochen zu gehen. Und vielleicht bist du hinterher froh, wenn du es wieder darfst. Und das mit den Prozenten eben, das war doch bloß Spaß. Wir beide sind natürlich hundert Prozent Mutter und Vater. Es ist von mir etwas abstrakt formuliert, gebe ich ja zu. Aber wenn du nie mehr malochen willst, dann muss ich es ja tun. Oder wovon sollen wir sonst leben? Und dann kannst du von mir nicht zusätzlich verlangen, dass ich mich genauso intensiv um das Kind kümmere wie du. Das ist dann deine Aufgabe, wenn ich ganz allein die Kohle verdienen muss. So war das gemeint.»

Uschi war jetzt außer sich. Sie wand sich heftig in Georgs Armen, mit denen er sie sanft aber fest von hinten an seine Brust gedrückt hielt.

«Jetzt sieh das doch mal normal, Kleines», versuchte er es erneut und widerstand der Verlockung, ihren Nacken zu streicheln. «Du bist dann halt eben eine Weile Mutter von Beruf. Was ist daran denn so schlimm, wenn du doch so gern ein Kindchen haben willst?»

«Du bist ja so was von erzkonservativ! Mir dir kann ich nicht diskutieren!», sagte sie und schob seine Arme endgültig von sich.

Der feuchte Schimmer in ihren Augen war nicht zu übersehen.

«Höchste Zeit also, die Diskussion endlich abzubrechen», dachte Georg. «Also, konservativ bin ich für sie? Ich, ausgerechnet? Der mit Regeln nichts am Hut hat? Verkehrte Welt! Wenn sie Ordnung, Pläne, Sicherheit will, soll das etwa progressiv sein? Vertauscht sie da nicht etwas?»

Müde betrachtete er ihren gesenkten Kopf, mit fast angehaltenem Atem hoffend, dass sie endlich einlenken, endlich Ruhe geben würde.

Doch sie schwieg sich aus, wandte ihm schmollend den Rücken zu. Demonstrativ mit zuckenden Schultern schluchzend.

Da rieselte sie plötzlich herunter, die Frage, ob das gut gehen könne mit der Heirat. Fast erschrocken schob er sie weg.

«Sie hat mein Wort. Wie stehe ich denn vor ihr da, wenn ich mich jetzt aus dem Staub mache?»

Es ist eine Krise, redete er sich ein, eine ganz normale, dämliche Meinungsverschiedenheit, wie es sie immer mal zwischen Paaren gab. So etwas ging vorbei. Waren Konflikte nicht dazu da, angenommen zu werden? Als Herausforderung verstanden und gelöst zu werden?

Er musste sich nur eine bessere Strategie zurechtlegen als bisher, dann würde sich das alles schon beilegen lassen.

Zärtlich streichelte er Uschis Rücken. «Nun wein doch nicht, Kleines. Ich hab das nicht böse gemeint. Bin halt manchmal ein alter Brummbär. Komm schon, wir kriegen das irgendwie hin.»

Uschi schniefte noch einmal. Dann wandte sie sich zu ihm um. «Du hast einfach zu lange allein gelebt, Georg!», hörte er sie sagen. «Du musst halt lernen, mit einer Frau zu leben – mit mir zu leben.»

In seiner augenblicklichen Verfassung klangen ihm ihre Worte wie eine Drohung. Aber natürlich war das völliger Quatsch. Sie drohte nicht, sie suchte nach einer Lösung. Und sie glaubte, wenn sie alle Schwierigkeiten auf sein Junggesellenleben schob und verlangte, dass er sein Leben dem ihren anpasste, wäre alles klar. Er hätte ihr sagen können, dass das die falsche Lösung war. Er konnte mit einer Frau zusammenleben, hatte über zehn Jahre mit einer gelebt, sogar in einer gemeinsamen Wohnung. Aber er schwieg. Es war genug. Diese Debatte ging schon viel zu lange. Und sie hinterließ ein Trümmerfeld.

Uschis anhaltende Will-Allein-Sein-Phase in ihrem Zimmer und die Einladung zu einer Ausstellung in New York trugen Georg einige Solo-Wochen in der Provence ein. Zeit zum Arbeiten. Zeit zum Nachdenken. Zeit für Fragen: «Wer bin ich?»

Alles, was er anfing, schien falsch zu laufen. Selbst der Pinsel auf der Leinwand spielte verrückt. Es fiel ihm schwer, kreative Kraft in neue Bilder zu versenken, die in New York gutes Geld bringen sollten.

Sicher, seine letzten drei Beziehungen waren in die Brüche gegangen. Ob Chauvi, Softie, Macho, es war alles falsch. Aber wie war es richtig? Was wollten Frauen von einem Mann? Was wollte Uschi von ihm? Wie sollte er sein, dass er richtig für sie wäre? Und wollte er dann auch so sein?

Uschi war die Alpha-Wölfin. Wie oft hatte sie gesagt, dass sie nicht gern Frau sei! Nein, nicht in dem Sinne, dass sie sich zu Frauen hingezogen fühlte und lesbische Neigungen hatte. Sie wollte keine Frau sein, weil sie Frauen als das unterlegene Geschlecht bewertete. Sie wollte nicht einmal eine Frau sein, die als gleichberechtigte Partnerin neben einem Mann stand. Uschi wollte herrschen. Wenn sie schon Frau sein musste, dann eine Amazone. Und wenn eine Amazone, dann Penthesilea, die Königin, die einem Mann nur dann beilag, wenn er ein Held war und zugleich der Sklave ihrer Lust.

Gleichzeitig aber hatte Uschi Angst davor, Anführerin zu sein, Verantwortung zu übernehmen und für sich selbst gerade zustehen.

Aus dieser Angst heraus schrie sie nach festen Regeln und Ordnungen, mit denen sie das in jedem Menschenleben vorhandene Chaos unterdrücken wollte. Aus dieser Angst heraus schrie sie nach dem Mann, dem Helden, der die Königin der Amazonen als ihr Sklave beschützen und sein Leben für sie hingeben würde. Erst wenn ihr Schuh auf seinem Nacken stünde, erst wenn er den Fuß küsste, der ihn trat, erst wenn er Wachs in ihren Händen wäre, könnte sie ihrer Macht über ihn und sich selbst vertrauen.

Von Psychologie hatte Georg eher wenig Ahnung. Aber seine

Beobachtungsgabe war scharf. Und er speicherte Gesehenes in den Zellen seines Erinnerungsvermögens wie Bienen Honig in den Waben. Das künstlerische Bearbeiten und Verquicken erinnerter Szenen zu neuen logischen Konstrukten führte notwendigerweise zu einer Tiefenperspektive, die auch hinter Uschis Verhaltensweisen bestimmte Muster und deren Ursprünge erkannte. Georg war klar, dass der Schlüssel zu Uschis Kampf gegen und zugleich um die eigene Weiblichkeit in ihrer Kindheit liegen musste.

Möglichst genau rief er sich ins Gedächtnis zurück, was sie ihm erzählt hatte. Als Kind war ihr geordnetes Leben in einer traditionellen Mutter-Vater-Kind-Familie plötzlich zerbrochen. Sie hatte erleben müssen, wie alles zusammenbrach, was ihr Sicherheit gegeben hatte. Mit dem unerwarteten Tod des Vaters, der sich als Alleinverdiener in einem Niedriglohn-Job für den Lebensunterhalt seiner Lieben aufgerieben hatte, war Uschis Kindheit vorbei. Auf einen Schlag, völlig unvorbereitet. Plötzlich musste sie, minderjährige Unterstufenschülerin, die Rolle der Erwachsenen übernehmen und die gänzlich lebensuntüchtige Mutter beschützen, das Haus versorgen, die Familie zusammenhalten.

«Jetzt müssen wir allein zurechtkommen!», hatte die Mutter immer wieder unter Tränen geklagt. «Jetzt musst du mein großes Mädchen sein. Jetzt musst du brav sein und immer schön folgen, was ich dir sage. Hörst du? Wir müssen jetzt fest zusammenhalten. Müssen jetzt selbst der Mann im Haus sein.»

«Das bin dann aber ich!», hatte Uschi gerufen und sich in die Kleinmädchenbrust geworfen. «Hab keine Angst, Mutti, das schaffen wir schon. Ich bin ja bei dir.»

Aber hinter der tapferen Fassade vom großen Mädchen hatte das kleine Mädchen Angst gehabt. Angst zu versagen, Angst, es nicht zu schaffen. Angst, auch die Mutter zu verlieren. Plötzlich, weil auch ihr Herz stehen bliebe. Ohne Krankheit, ohne Warnung. Angst über allem.

«Sieh dir das an!», hatte die Mutter damals gesagt und auf die Kontoauszüge gezeigt und das Sparbuch geschüttelt. «Nichts ist da! Dein Vater hat uns völlig unversorgt gelassen. Aber so war er immer, ohne Verantwortung. Alles musste ich alleine im Haushalt und mit deiner Erziehung machen. Ich hatte überhaupt keine Hilfe an ihm.»

Uschi hatte ihre dünnen Kinderarme um die Mutter geschlungen. Die Angst vor dem Leben ohne den Vater und sein Geld verschlug ihr die Sprache. Doch die Mutter erwartete keine Antwort. Sie brauchte jemanden, dem sie ihr Herz ausschütten konnte. Dass die kleine Tochter dafür nicht die Richtige war, kam ihr gar nicht in den Sinn.

«Warum ist er auch nicht zum Arzt gegangen?», rief sie. «Typisch starker Mann! Und dann fällt er einfach um und ist weg. Lässt uns beide hier im Stich. Ohne einen Pfennig!»

Hier lag die Wurzel von Uschis Kontrollsucht. Aus der Saat der Angst war sie entsprungen. Starre Regeln, enge Ordnungen teilten das Bedrohliche des Unbekannten in überschaubare Parzellen. Lieferten Rezepte und Patentlösungen für wiederkehrende Situationen. Innerhalb ihrer Gesetzmäßigkeiten bewegte sich das Leben in kontrollierbaren Schemata. Ihre zuverlässige Abwicklung gab Selbstvertrauen und Sicherheit.

Hinzu kam der Wille, nicht zu versagen. Kampfgeist, die Zähne zusammenbeißen, es der Mutter und aller Welt zeigen. Hart sein, erfolgreich, stark, wie ein Mann. Nein, besser als ein Mann. Nie eine Frau wie die Mutter sein, niemals schwach, abhängig, gefangen in einer Liebe, die am Ende nur Schrecken brachte, nur Angst und Tränen. Im übertragenen Sinne brannte

Uschi sich einen Teil ihrer Weiblichkeit heraus, opferte wie alle Amazonen die Brust, um den Kampfbogen weiter spannen zu können.

Es musste eine schlimme Kindheit für Uschi gewesen ein, verstand Georg über dem gedankenschweren Malen an seinen Bildern und in der Stille des Kamins, wenn er allein mit einem Glas Rotwein den Flammen zusah und Revue passieren ließ, was er von seiner Liebsten erfahren hatte.

Er begriff plötzlich, warum der Auslöser aller Not für Uschi der Vater war, der unzuverlässige, plötzlich verschwundene, der – dem Kind unbewusst – in Wahrheit alles andere als unzuverlässig gewesen war, sondern sich für Frau und Kind zu Tode gerackert hatte. Sie hatte ihn sehr geliebt. Und sie musste sich inmitten des Chaos, das über sie hereingebrochen war, so verzweifelt und so oft nach ihm gesehnt haben, bis sie die Trauer um ihn nur noch verkapseln und innerlich auf Abstand zu ihm gehen konnte.

Wenn sie es bei der ständig jammernden, klagenden Mutter aushalten sollte, musste sie in dasselbe Horn stoßen. Sie musste vergessen, wie der Vater wirklich gewesen war. Ihre eigenen Wahrnehmungen, die ihn anders erinnerten, konnten nicht stimmen, weil sie nicht stimmen durften. Die Mutter hatte Recht. Der Vater war wie alle Männer gewesen, nämlich unzuverlässig, ein richtiger Unterdrücker. Er hatte sie im Stich gelassen. Auch seine kleine Tochter Uschi.

Eine Freundin, mit der Georg darüber sprach, stimmte ihm zu. Kinder, die sich nach einem Menschen übersehnen, also zu lange und zu schmerzhaft auf ihn gehofft und gewartet haben, schützen ihre Seele instinktiv, indem sie behaupten, sie brauchten und wollten denjenigen nicht mehr, nach dem sie sich in Wahrheit immer weiter sehnen. Sie spielen Theater. Vor anderen und vor sich selbst. Und sie werden nicht wirklich erwachsen.

Uschis Mutter hatte Recht, wenn sie ihre starke Tochter lobte und sagte, dass sie es ohne Mann doch tausendmal besser hätten als früher. Endlich könnten sie machen, was sie wollten, wären jetzt viel glücklicher dran.

Später, als Heranwachsende, die sich kritischer mit der Mutter und ihrem Leben auseinander setzte, kam Uschi zu der Überzeugung, dass die Mutter nie so jämmerlich unselbständig geworden wäre, hätte sie keinen Mann gehabt. Ja, dass sie selbst als Kind tatsächlich glücklicher gewesen wäre, hätte sie von Anfang an keinen Vater gehabt.

Ein nie vorhandener Vater enttäuschte nicht.

Doch ganz hinten im verborgensten Seelenwinkel blieb die Sehnsucht nach einem, der beschützte und versorgte und die Angst beendete und die Verantwortung übernahm. Der das traurige kleine Mädchen, das auch in der Seele der heranwachsenden Frau noch immer zitterte, tröstend in den Arm schloss und sagte: «Komm, ich mach das schon. Ich bin da. Hab keine Angst mehr.»

Bedrückt kam Georg zu der Erkenntnis, dass sich der gordische Knoten in Uschis Persönlichkeit mit seinem geistigen Schwert kaum zerschlagen lassen würde. Der Widersinn ihres Wesens lag offen vor ihm. Er hatte begriffen, dass sie sowohl das eigene Leben selbst bestimmen und nicht abhängig von einem Mann werden wollte, gleichzeitig aber den dringenden Wunsch hatte, von einem Mann versorgt zu werden. Er verstand nun auch, warum sie ein Kind als Alibi für ihre Arbeitsmüdigkeit haben wollte, gleichzeitig verlangte, dass er als Vater jederzeit für das Kind da sei, während sie als Mutter ihre Freiheit auslebte. Warum sie sich einen Mann und Vater erträumte, der ihr eine Garantie dafür gab, dass er rund um die Uhr verantwortlich sei, nie abtauchen, nie verschwinden, sie selbst und das Kind nie im Stich lassen werde.

Doch wie sollte er damit umgehen?

Freunde, mit denen er sich beriet, setzten auf Zeit. «Ihr kennt euch noch zu wenig. Wenn sie erst sieht, wie du bist, und merkt, dass sie sich auf dich verlassen kann, wird sie schon Vertrauen fassen. Sie ist jung. Vergiss nicht, Georg, du hast einen riesigen Vorsprung an Lebenserfahrung. Sie könnte deine Tochter sein. Wie weit warst du denn in ihrem Alter?»

Mit dieser Frage konnte er etwas anfangen. Es stimmte, mit dreißig Jahren war er ein wilder Kerl mit tausend Flausen im Kopf gewesen. Besah man es recht, waren die ewigen Kontrolliereien wohl so etwas wie Uschis Flausen.

«Reiß dich zusammen, Kerl!», sagte er sich und versuchte ein Grinsen. «Entweder liebst du sie mit ihren Macken, oder du schießt sie in den Wind. Was willst du?»

Wenn alle zwei Tage Postkarten oder Briefe von ihr eintrafen, wusste er es genau. Bei jedem Wort, mit dem sie ihm ganz genau ihren Tagesablauf schilderte und ihn an ihrem Leben teilhaben ließ, fiel die Sehnsucht nach ihr wie ein Rudel Wölfe über Georg her.

Je länger die Trennung währte, desto stärker beflügelte ihn die Hoffnung, dass die Trennung ihnen gut tun und die Krise ihrer Beziehung auflösen werde. Und das Wiedersehen mit Uschi gab ihm schließlich Recht. Sie liebte ihn. Er liebte sie. In froher Eintracht reichten sie die Dokumente für die Hochzeit beim Standesamt ein und bestellten das Aufgebot.

Es war an einem dieser lauen Tage im Oktober, die das Wetter im schwäbischen Ländle kennzeichnen. Der Herbst hatte die Kastanien in der Stadt mit Gold und Ocker überschüttet. Wie auf

Hochglanz polierte Schokoküsse sprangen die Früchte aus der Schale, in den Rinnstein oder in die Taschen der Kinder, die sie johlend aus den stacheligen Igelschalen schlugen.

Auch der Wein war reif. In allen Kneipen hingen die Reisigbesen aus zum Zeichen, dass «Neuer» ausgeschenkt wurde.

«Federweißer», nannte Uschi ihn und schwärmte von den jungen Weinen an Rhein, Mosel und Nahe, die ihr vertrauter waren und selbstverständlich ungleich besser schmeckten als der rote Trollinger, den die Württemberger liebten.

Trotzdem saßen sie und Georg gern in einem der Straßencafés oder bei Antonis und «schlotzten» vom «Neuen» ein «Viertele» oder auch mehr.

Auch an diesem Abend hatten sie den goldenen Herbst in seiner lieblichsten Gestalt genossen. Oben unterm Dach des alten Jugendstilhauses trug der Wind die letzten Laute des abklingenden Tages zu den Fenstern hinein. Während Uschi sich im Bad zum Schlafengehen fertig machte, legte Georg Musik auf.

Als sie kam, hielt er die Augen geschlossen. Er sog ihren Duft ein, streckte die Arme nach ihr aus. «Komm!»

«Wenn du mit mir schlafen willst», sagte sie in einem Ton, der selbst einen ausgehungerten Vampir vor dem Todeskuss abgeschreckt hätte, «dann möchte ich dich in Zukunft bitten, es vor halb zehn zu tun. Am besten wäre es, wenn du es mir einige Zeit vorher ankündigst.»

Erst Minuten später fand Georg die Sprache wieder. «Das kann doch wohl nicht dein Ernst sein?»

«Doch, ich muss planen können!»

In Georgs Kopf tanzten die Gedanken Polka und Tango brasil. «Das kann nicht wahr sein! Die Frau braucht einen Psychiater. Die hat nicht alle Tassen im Schrank! Soll ich jetzt einen förmlichen Antrag stellen mit siebenfachem Durchschlag: Möchte morgen in acht Tagen um neunzehn Uhr dreißig eine Runde Sex mit dir schieben. So kann doch keine Liebe gedeihen!»

«Du willst mich doch bloß abstrafen, weil ich wieder irgendwas gemacht habe, was dir nicht passt!», schrie er. «Wenn ich nur nach Plan mit dir ins Bett gehen darf oder muss, wenn's denn schon mal im Plan steht, vergeht mir schon alles.»

«So ist das nicht gemeint», sagte sie und setzte sich auf eine der untersten Leitersprossen zum Bett. «Ich möchte nur, dass du weißt, dass ich nach halb zehn nicht mehr aufnahmefähig bin. Und jetzt will ich darüber auch nicht mehr reden. Es ist spät und ich bin müde.»

Georg versuchte vergeblich, seinen galligen Ton zu mäßigen. «Ist dir überhaupt klar, was du da sagst?»

«Ja», nickte sie, mit einem Gesichtsausdruck zwischen Lächeln und Arroganz. «So ist es eben mit mir. Das musst du akzeptieren.»

«Dann hast du dich aber in den letzten Monaten ganz schön verstellt», knurrte er bitter. «Die spontanen Sex-Überfälle waren da wohl ziemlich anstrengend für dich.»

«Ach, lass mich doch mit deiner beleidigten Macho-Tour in Ruhe!», biss sie zurück. «Ich will jetzt schlafen.»

Wenn er später darüber nachdachte, wusste er nie, wie er es geschafft hatte, sich in aller Ruhe neben sie zu legen, sich ein Buch vor die Nase zu halten und tatsächlich darin zu lesen; seine Braut, die wie ein Embryo eingerollt dalag, einfach zu ignorieren.

Jedenfalls ziemlich genau drei Minuten lang. Danach fuhr sie hoch und schrie ihn an: «Das machst du doch bloß, um mich vom Schlafen abzuhalten. Musst du mich ständig provozieren?»

Georg konnte kaum umhin, das Gesicht zu verziehen. Sie kam ihm so unglaublich kindisch vor. Da legte er sich friedlich schon um halb zehn in sein Bett, damit sie morgens früh ausgeruht ihre blödsinnigen Rüttelproben auf dem Friedhof durchführen konnte, und nun wurde ihm auch noch das Lesen verboten?

«Meine liebe Uschi», sagte er leise, aber mit Nachdruck. «Ich würde dir empfehlen, nicht noch einmal so mit mir zu reden. Und im Übrigen hast du ja Gott sei Dank deine eigene Wohnung. Dort kannst du mir das Lesen verbieten, wenn du willst. Aber nicht bei mir. Ist das klar?»

Türen schlagend, hysterisch heulend, das Gesicht verzerrt, verließ Uschi wenige Augenblicke später sein Atelier.

Als hätte sie Zentnerlasten von seiner Brust mitgenommen, atmete Georg auf. Die Buchseiten zitterten ein wenig zwischen seinen Fingern, als er sich in seinem Bett zurücklehnte, die Breite genießend, die ihm ganz allein gehörte. Und nichts war ihm an diesem Abend so klar wie der Vorsatz, mit dieser Frau Schluss zu machen. Er hatte keine Lust, mit einer Durchgeknallten verheiratet zu sein und sein Leben zu ruinieren.

«Faire l'amour nach Plan, schlafen nach Plan, lesen nach Plan, essen nach Plan, an- und ausziehen nach Plan, das ganze Leben nach Plan, non, non, non chérie, – nicht mit mir. Dafür musst du dir schon einen anderen Dummen suchen.»

Warum, zum Teufel, konnte er nicht die Kurve kratzen? Warum schaffte er es einfach nicht, sich dieses lebende Kalendarium aus dem Kopf zu schlagen?

Sooft Georg darüber nachgrübelte, es half nichts. Es standen jeden Morgen viele Dumme auf, und er war einer davon. Anders konnte es nicht sein. Oder wieso strich er wie der Kater um den heißen Brei ums Telefon und wollte sie anrufen?

Er mochte sich drehen und winden, wie er wollte, aber er hatte ein schlechtes Gewissen. Vielleicht war er ja doch zu weit gegangen? Was fiel ihm ein, sie zur Räson zu rufen und ihr zu sagen, wo es lang ging? Schließlich hatte sie ein Recht darauf, ihm deutlich zu erklären, wie sie sich das Zusammenleben vorstellte und wie sie es in punkto Sex gern hätte. Wenn er sich in die umgekehrte Lage versetzte, würde er ihr nicht auch sagen, wann er keine Lust hatte? Falls es das überhaupt gäbe.

Eine Vorstellung, bei der sich das Kopfschütteln ganz automatisch und gegen seinen Willen einstellte. «Männer!», konnte er Uschi förmlich zischen hören. Er hätte den Klang ihrer Stimme malen können, so nah, so lebhaft schien ihm das Wort im Raum zu stehen. Eilig rief er sich selbst und seine Phantasie zur Ordnung.

Irgendwann fiel ihm ein, dass sie ja vielleicht ihre Tage gehabt hatte. Wenn sie ihn nun lediglich so radikal abgewiesen hatte, weil es ihr peinlich war, wenn er sie in diesem Zustand überraschte? Vielleicht war sie ein bisschen verklemmt und genierte sich?

Und wenn er ehrlich war, hätte er es auch nicht so toll gefunden, wenn sie nichts gesagt und er es dann selbst begriffen hätte. Dumme Situation. Da war es wirklich besser, sie schob rechtzeitig den Riegel vor.

Na ja, etwas freundlicher hätte sie es schon vorbringen können. Aber war er immer freundlich? Wie er sich verhielt, wenn ihm etwas gegen den Strich ging, hatte er ihr ja gleich postwendend bewiesen.

Georg seufzte reumütig auf.

Sie hatte ihn zwar falsch verstanden, denn er hatte sich das Buch nicht geschnappt und gelesen, um sie zu ärgern. Sondern um seinen Frust zu kanalisieren und sich abzulenken. Weil er keiner von diesen Spießern sein wollte, die ihren Ärger in der Kneipe abreagierten. Aber er war natürlich beleidigt gewesen. Und man konnte seine Reaktion durchaus so verstehen, wie

Uschi sie interpretiert hatte. Ja, wenn er ganz ehrlich war, musste er sogar zugeben, dass er von dem Moment an, wo sie mit ihrer Blödsinnsidee gekommen war, bloß darauf gewartet hatte, sie rausschmeißen zu können. Sie mit ihrer weiblichen Intuition hatte das natürlich gleich erfasst. Ein feines Bild hatte er da von sich selbst abgegeben.

«Verflixt!» Jetzt hatte er zu allem Überfluss auch noch das Kaffeepulver verschüttet und durfte den Fußboden fegen, weil dieses schwarze Krümelzeug sich sonst in jede Ritze des Dielenbodens verdrückte.

Aber wie hatte seine Mutter schon gesagt, die ein wahrer Putzteufel sein konnte? «Putz deine Wohnung, und du putzt deine Seele.»

«Salut, Mama!» Mit einem Augenzwinkern machte er sich daran, den Besen zu holen.

Später, eine Tasse Kaffee vor sich, eingehüllt in Musik und bereit, ein paar Striche an seinem neusten Bild zu malen, kam ihm der Gedanke, dass Uschi alle diese verrückten Ideen über Lebenszeitbudgetierung wahrscheinlich gar nicht hätte, wenn sie nicht so einsam wäre. Im Grunde war sie doch vollkommen verlassen in dieser fremden Stadt. So ganz allein bei all den Schwaben, die ihr unendlich auf den Keks gingen. Ohne echte Freundin. Keinen, mit dem sie reden konnte. Nur ihn.

Und dann kam er daher wie die Axt im Walde und schmiss sie raus, bloß weil sie gewagt hatte, ihm zu sagen, wie sie's mit dem Sex gern hätte. Ja, war er denn von allen guten Geistern verlassen gewesen? Hatte er wirklich geglaubt, eine Vollblutfrau wie sie würde sich das bieten lassen und zu Kreuze kriechen?

«So viel zum Thema Macho, meine Liebe», sagte er laut und knirschte aus Reue, beschämter Wut, Mitleid und Hoffnung mit den Zähnen und griff schließlich zum Telefon.

«Hey, hallo, Kleines, können wir uns heute sehen?»

Er hörte, wie sie die Luft anhielt, damit ihre Stimme nicht zittern sollte. Inzwischen kannte er ihre Tricks. «Nein. Das geht nicht. Tut mir Leid.»

Damit hatte er gerechnet. Doch so schnell war er nicht bereit aufzugeben. Sie war vielleicht ein Dickschädel, er aber auch. «Wie ist es mit morgen? Wir könnten ins Kino gehen, etwas essen?»

Ein unbestimmter Laut aus dem Hörer. Nicht Zustimmung, nicht Absage. Dann ein gedehntes: «Jaaa, von mir aus.»

Begeistert klang es nicht. Trotzdem, es war kein Nein. Man würde sehen.

«Ich hole dich ab», gab er zurück. «Gegen neunzehn Uhr?»

«Okay!» Sie legte auf.

Dass es kühl zwischen ihnen zugehen würde, hatte er einkalkuliert. Auch er war nicht bereit, den Katastrophenabend wie nie geschehen zu übergehen. Zum Totschweigen der Sache hatte es einfach zu arg geknallt.

Doch dass Uschi sich verhalten würde, als wäre nie mehr als eine eher flüchtige Bekanntschaft zwischen ihnen gewesen, damit hatte Georg nicht gerechnet. Einsilbig, distanziert, wachsam, schien die Frau, in die er sich verliebt hatte, nur mehr eine Ausgeburt seiner Phantasie.

Sie wisse nicht, ob sie ihm noch vertrauen könne, meinte sie zwischen Salat und Hauptspeise. Es sei zu viel zwischen ihnen vorgefallen. Und sie könne nicht mit einem Menschen leben, der nicht bereit sei, die mindeste Ordnung in sein Leben zu bringen.

Ein Salatblatt sperrte sich auf der Gabel. Ein Tropfen Salatsoße perlte herunter und ploppte in den Teller zurück. Als Uschi das Blatt mit Hilfe des Messers zu einem säuberlichen Paket faltete und es endlich doch in den Mund schob, bildete sich eine steile Falte auf ihrer Stirn. Auch ein Salatblatt hatte zu gehorchen.

Sie müsse schließlich die Verantwortung für ein Kind übernehmen, wenn sie heiraten wolle, nuschelte sie über das Salatblatt hinweg, das sich im Mund zu entpacken trachtete. Sie brauche Sicherheit. Keinen Mann, der unzuverlässig sei. Schluck! Das Salatblatt war besiegt.

Georg senkte den Kopf, während sie mit dem nächsten Salatblatt kämpfte und ihre Statements mit harter Stimme auf ihn niederprasselten.

Entgegnungen brannten ihm auf der Zunge. Widersprüche, Rückfragen, die Frage vor allem, ob ihr gar nichts Leid tue, sie kein Wort von den vielen bedauere, die gefallen waren.

Er behielt alles für sich. Ebenso wie seine heimliche Erwartung, dass sie sich in Frieden und mit viel gutem Willen aussprechen würden. Dass sie beide ihre jeweilige Meinung und Eindrücke zu diesem grauenhaften Abend mitteilen, einander offen und verständnisbereit zuhören und einen Kompromiss finden würden, auf dem ein Neuanfang zu einer wirklichen Partnerschaft möglich wäre. Seine ganze Harmoniebedürftigkeit schob er in den hintersten Winkel seiner Seele und beschränkte sich darauf, ganz Ohr zu sein.

«Du sagst ja gar nichts», fiel ihr auf.

«Lass uns Zeit», meinte er und spürte, wie müde er war.

Seltsamerweise waren sie nach diesem Abend wieder zusammen. Nicht so nah wie zuvor. Auch wurde nie mehr über den Hochzeitstermin gesprochen. Doch ein feucht-fröhlicher Nikolausabend endete mit der offiziellen Versöhnung und erstmals wieder in Georgs Bett. Einige Tage später fuhren sie zusammen in die Provence.

Uschi fieberte ihrem ersten gemeinsamen Weihnachtsfest entgegen und plante meisterhaft. Ein Weihnachtsbaum musste aufgestellt werden. Fast mit dem Maßband galt es Lametta, Weihnachtskugeln und anderen Weihnachtsschmuck daran zu befestigen. Schön ordentlich und akkurat die dicksten Kugeln nach unten, die kleinsten Teile nach oben. Geschenke waren einzukaufen. Für jeden etwas, mit Akribie ausgewählt, säuberlich auf dem Einkaufszettel abgehakt. Eine heillose Rennerei. Und für Georg die reinste Tortur.

Weihnachten in der Provence bedeutete für ihn Flucht aus dem Konsumrausch. Den Heiligen Geist verspürte er, wenn das Prasseln des Feuers im Kamin den Mistral übertönte, der fauchend um Hauswände und Schornsteine heulte. Ein gutes Buch, eine noble Flasche roten Gigondas, Kerzenlicht. Mehr brauchte es nicht für ihn zum Gipfel der Zufriedenheit.

Uschi hingegen wuselte herum, putzte, wienerte und ließ den Staubsauger erst kurz vor dem Zubettgehen aus der Hand. Dort noch etwas einkaufen, hier noch etwas besorgen, immer schnell, immer atemlos jagend. Hektik zum Aus-der-Haut-Fahren.

Stundenlang flüchtete Georg sich zu seinem Holzvorrat, der in kamingerechte Stücke gesägt und gehackt werden musste. Es tat ihm gut, sich den Frust abzurackern. Und noch besser, das dünne Licht des Winters in seinem Atelier zu nutzen, um wenigstens die eine oder andere Idee in ein Bild umzusetzen.

«Lass doch den Stress, Kleines!», bat er oft, wenn Uschi auch abends noch nicht zur Ruhe kam.

Sie lachte nur, fuhr ihm über den Kopf. «Du hast einfach zu lange allein gelebt und keine Weihnachtskultur!»

Er hätte ihr gern gesagt, dass ihm die Weihnachtstage seiner Kinderzeit in Tschechien unvergesslich waren. Mit Tannenbaum, echtem Kerzenlicht, dem Duft von Pfeffernüssen, Mutters Mohnkuchen und viel, viel Schnee. Doch er schwieg. Wie er immer öfter etwas verschwieg, was er ihr lieber mitgeteilt hätte. Das Eis über den Strudeln ihrer Beziehung war dünn. Brüchig, wie er nur zu oft spürte. Er wagte nicht mehr so recht, es zu belasten.

«Du hast mir doch selbst gesagt, dass du seit deinem vierzehnten Lebensjahr Weihnachten fast immer solo warst», fuhr Uschi fort und nahm nun tatsächlich neben ihm Platz.

«Stimmt.» Georg gab es bereitwillig zu. «Kann schon sein, Kleines, dass ich ein bisschen abgehartet bin.»

«Macht nichts, ich weich dich schon wieder auf!» Wenn sie wollte, konnte sie schnurren und schmiegsam wie ein Kätzchen sein. Es gehörte wohl dazu, dass sie gelegentlich die Krallen ausfuhr.

«Solange es nicht zu oft ist», dachte Georg hoffnungsfroh.

Uschi ließ es sich nicht nehmen, am Heiligen Abend Gastgeberin zu sein. Ein Ehepaar war eingeladen, welches Georg seit über zehn Jahren kannte. Aus Saarbrücken stammend, hatten sie in seinem Dorf ein großzügiges Anwesen erworben, auf dem sie eine «Werkstatt für schöpferisches Gestalten» führten und alljährlich zahlreiche Kurse in Fotographie, Kalligraphie, Malerei und sogar Kochkunst anboten. «La Castellane» war für Georg wie ein zweites Zuhause und das gemeinsame Weihnachtsessen schon fast Tradition.

«Treib bloß keinen Aufwand», hatte Klaus gemahnt, als Uschi die Einladung zu einem echt deutschen Weihnachtsessen verkündete. «Mach was Schnelles, bitte.»

Georg hatte den Eindruck, dass sie am liebsten auf dem Absatz kehrt gemacht hätten, als sie sein wohl bekanntes Junggesellenidyll betraten. Nichts war mehr wie früher. «La belle france» war vollkommen in deutscher Hand. Uschi hatte an alles gedacht. Vier Dutzend Kerzen erhellten die kleine Küche vor dem gemütlich knisternden Kamin. Der Tisch war aufwendig gedeckt. Sogar ein farblich passendes Tafelservice war eigens für diesen Anlass angeschafft worden. Und der Weihnachtsbaum glänzte im vollen Ornat. Von der verspiegelten Glasspitze über die bolzengeraden Kerzen bis zum feinsten Engelshaarlöckchen strahlte er die Noblesse perfektionierten Ordnungssinns aus.

Einen Tag hatte Uschi damit verbracht, einen Stapel Geschenke festlich einzupacken und unter dem Weihnachtsbaum zu dekorieren. Im Backofen brutzelte eine Lammkeule. Die verschiedensten Vor- und Nachspeisen belegten sämtliche Kühlschrankfächer. Vermutlich hätte man alle fünfunddreißig Dorfeinwohner damit verköstigen können und immer noch etwas übrig gehabt. Es war genau das Festessen, das sich Georgs Freunde nicht gewünscht hatten.

Tag für Tag und Jahr um Jahr verpflichtet, ihre zahlenden Hausgäste mit dem luxuriösen Service und dem Können eines Drei-Sterne-Restaurants zu bekochen und zu verwöhnen, sehnten sie sich in ihrer Freizeit eher nach dem Luxus des Einfachen. Also genau danach, was Georg normalerweise reichlich zu bieten hatte. An diesem Abend würde daraus nichts werden.

Hanna erfasste die Situation sofort. Aus der Not eine Tugend machend, umarmte sie Uschi vielleicht etwas zu überschwänglich. «Du lieber Himmel, hast du dir Arbeit gemacht! Das können wir ja nie wieder gut machen!» Und traf damit genau den Ton, den die eifrige Gastgeberin hören wollte.

Mit Wehmut dachte Georg zwischen all den Leckerbissen an die vergangenen Weihnachtsmahlzeiten, wenn lautes Lachen seine Bude erfüllt hatte und die Korken knallten. Aber wirklich Leid tat ihm seine Liebste.

Uschi hatte so unendlich viel Kraft, Geld und Energie in dieses Essen und die Feier investiert. Zur Belohnung hätte ein rauschendes Fest der Sinne daraus werden müssen. Stattdessen saßen alle steif und sorgsam genießend an ihren Plätzen. Smalltalk plätscherte. Gelacht wurde eher dezent. Man nahm Rücksicht auf die neue Dame des Hauses, deren zartes Seelengleichgewicht man ja bereits kannte. Und in scheinbar unbeobachteten Momenten bestaunten die Gäste die absonderliche Mutation des wilden Georg Drachentöters zum bieder-braven Bräutigam.

Waren als hochwillkommene und ausdrücklich eingeladene Unterbrechung nicht Georgs Patenkinder zur Bescherung hereingestürmt, womöglich wäre die Unterhaltung dank übervoller Bäuche noch vor Mitternacht ganz erstorben. Doch die Kinder mischten die Stimmung fröhlich auf.

Zu Uschis Entsetzen feuerte Georg drei Schüsse aus einem alten Schrotgewehr gen Himmel, worauf ein Kinderfahrrad und diverse Päckchen aus dem Kamin purzelten. Selbst der lautstarke Jubel der Kinder über die Gaben des Père Noel, des Weihnachtsmannes, die dieser offenkundig just in diesem Augenblick vom Himmel durch den Schornstein hatte fallen lassen, schien ihr irgendwie unpassend.

Natürlich musste alles auf der Stelle ausgepackt und ausprobiert werden. Und zum guten Schluss fanden endlich auch Uschis köstliche Desserts dankbare Abnehmer.

Voll Mitgefühl für seine Liebste stellte Georg fest, dass die Freunde trotzdem erleichtert waren, das gastliche Haus zu vorgerückter Stunde verlassen zu dürfen.

«Ihr wisst ja, um's mit den alten Latrinern zu sagen, plenus venter non studet libenter», meinte Klaus zum Abschied und schlug sich auf den wohlgerundeten Leib. «Ich hab die nötige Bettschwere, ihr Lieben. Vielen Dank für Speis und Trank und den wunderbaren deutschen Weihnachtsabend. Auf, Hanna, sattel die Hühner, wir reiten nach Texas. Will sagen, ich muss ins Bett, oder ich platze.»

Küsschen links, Küsschen rechts, ein Winken noch unterm sternklaren Himmel. Heiligabend, adieu.

In den folgenden Tagen war Uschi etwas bleich und empfindlicher als sonst. Georg schrieb es dem Weihnachtsvorbereitungsmarathon zu.

«Komm, lass das jetzt!», mahnte er liebevoll und nahm ihr den Staubsauger aus der Hand, mit dem sie schon wieder auf Spinnwebjagd gehen wollte. «Wollen wir nicht lieber einen Spaziergang machen?»

Widerstrebend gab Uschi nach. Wohin sie gehen würden, konnte sie sich denken.

Ein aus der Römerzeit stammender Sandsteinbruch in der nächsten Umgebung des Dorfes war Georgs Lieblingsziel. Wegen ihrer Ähnlichkeit mit dem Grand Canyon in Arizona und der Farbenpracht der Sandsteinschichten hatte Georg die provenzalische Miniaturausgabe dieses Naturwunders «Colorado» genannt. Phallusähnliche Skulpturen mit unzugänglichen Vegetationsbüscheln auf den Spitzen ragten gen Himmel. Manche waren zwanzig und dreißig Meter hoch. Ringsum in den Hängen und Niederungen des Steinbruchs wucherte es verkrüppelt, doch immergrün, von großen und kleinen Mittelmeerpinien. Prächtig kontrastierte zu ihren satten Farben das von Ockerrot bis Weiß in horizontalen Farbschichten durchzogene bizarre Gestein.

«Wusstest du, Kleines, dass hier noch in den fünfziger Jahren feine Farbpigmente abgebaut und in alle Welt exportiert wurden?» Georgs Begeisterung für den Colorado kannte keine

Grenzen. Es wäre ihm nie in den Sinn gekommen, dass eine an Kunst interessierte Steinmetzmeisterin sich nicht die Bohne daraus machen könnte.

«Und wusstest du, dass Roussillion – das kleine Malerdorf, das mit den roten Hausfassaden – bis heute eine Art Wallfahrtsort für viele Maler ist? Aber nicht nur Roussillion! In Gordes lebte Vassarely, in Menerbes Picasso und de Stael, in St. Rémy Vincent van Gogh, in Lumarin der Nobelpreisträger Albert Camus. Die Namen würden ein ganzes Lexikon füllen. Alles um uns herum ist voller Magie. Und ein Augenschmaus für einen Kunst Schaffenden. Und wir sind mitten drin.»

«Und du mit deinem ganzen Augenschmaus siehst nicht mal, dass du mich hier wohl zur Pfadfinderin ausbilden willst!» Uschi schrie, als sei ihr eine Sicherung durchgebrannt. «Du kennst ja vielleicht Kunstlexika auswendig und kannst sämtliche Franzosenmaler rückwärts im Schlaf aufsagen, aber von Frauen hast du absolut keinen blassen Schimmer. Mir so einen Scheißweg zuzumuten! Nichts als Steine und Matsch und blödes Stachelzeugs, dass man sich die Schuhe ruiniert. Und dann auch noch dein blödes, stinklangeweiliges Uralt-Gelaber und dieses bescheuerte ‹Wusstest du dies, Kleines? Wusstest du das, Kleines?› Als ob ich gerade mal wieder die Schulbank drücken müsste. Das hält man doch im Kopf nicht aus. Eine Schweinerei ist das, aber doch kein Spaziergang!»

Georg stand wie erstarrt. Die Röte schoss ihm ins Gesicht. Wortlos drehte er sich um, stapfte, ihr voran, den Weg zurück, den sie gekommen waren. «Siebzehn Jahre», dachte er und hörte das Blut in den Adern rauschen. «Sie ist siebzehn Jahre jünger als ich. Das ist fast eine Generation. Georg, was tust du? Bist du wahnsinnig geworden?»

Erst kurz vor dem Haus fühlte er sich wieder stark genug,

Uschi am Arm zu sich herumzudrehen. «Was ist los mit dir? Es kann nicht dieser Weg oder der Spaziergang sein. Du bist ihn schon oft mit mir gegangen, auch in den letzten Tagen, und hast dich nie beschwert. Wieso jetzt auf einmal?»

Wütend riss sie den Arm los. Rannte ins Haus. Knallte die Tür hinter sich zu. War unansprechbar.

Schweigend verzog er sich in sein Atelier. Doch an Malen war nicht zu denken.

Als Georg Stunden später unten in der Küche auftauchte, war sie völlig aufgelöst. Verweint, die Nase dick und rot, schluchzend, schnupfend, die Haare zerzaust, immer wieder neu in wilde, hemmungslose Tränen ausbrechend.

«Was ist los?», fragte er, während eine unsichtbare Faust ihm den Hals zuzudrücken begann.

«Nichts! Alles!» Klumpig, knotig kam es heraus. Aus roten Augen starrte sie ihn an. Hatte sie ihn überhaupt jemals richtig angesehen? «Mir ist es zu dunkel hier. Und außerdem ist es in dieser elenden Bruchbude schon wieder dreckig. Ich halt das nicht mehr aus! Ich will nicht mehr! Ich will hier weg!»

Er war sich nicht sicher, ob sie auf ihn zu oder von ihm weg stürzen wollte, als er sich einen Schritt näherte. Steif hielt er inne. «Komm, wir fahren ins nächste Dorf und trinken ein Pastis.» Etwas Besseres fiel ihm nicht ein.

«Ach, Scheiße, damit du wieder mit deinen Franzosen labern kannst und ich die Doofe bin! Hau doch ab, wenn du willst. Fahr doch hin zu diesen eingebildeten Idioten, die sich noch zu fein sind, Englisch zu reden. Fahr doch, aber ohne mich! Verstehst du? Ohne mich!»

Georg atmete tief durch, machte auf dem Absatz kehrt und ging.

Die Tage zwischen den Jahren sind in der Provence wie eine Uhr mit angehaltenem Perpendikel. Meist scheint tagsüber die Sonne. Sie taucht die Landschaft in ein unwirkliches, immer ein wenig müdes Licht. An den Bäumen raschelt noch das bunte Herbstlaub im Wind. Dazwischen recken sich die Schirmkronen und Spitzen der immergrünen Bäume. In manchen Weinreben hängen noch einzelne Trauben. Und von den ungepflügten Feldern steigt der Nebel auf.

Alles ruht. Die Bauern haben Muße für einen Schwatz. Wohl wissend, dass die Ernte eingefahren und der Tisch gedeckt ist, genießen sie den Stillstand im Rad der Zeit. Nur die armen Wildschweine haben allerhand zu tun, den Jägern zu entwischen, um Kochtopf und Bratspieß zu entgehen.

Und ausgerechnet in dieser Zeit der Stille, des Atemschöpfens und Innehaltens sollte er seiner hoch kapriziösen Liebsten die Grillen fangen? Georg konnte sich eines Lachens nicht erwehren, obwohl die Tränen verdächtig locker saßen. Wie hatte Uschi doch in ihrem rheinischen Slang so oft und gern mit einer ihrer Lieblingskarnevalsbands gesungen? «Denn die Tränen, die du lachst, musst du nicht weinen.»

«Stimmt», dachte Georg und schritt aus, um allein eine Runde im Colorado zu drehen, ehe das Licht endgültig hinter den Bäumen versank. Auch wenn Uschi noch so oft die wilde Sau mit ihm machte, am Spieß würde er sich nicht von ihr grillen lassen.

Silvester in Jean-Maries Bistro war unübertrefflich. Eine Salsa-Band spielte im Gewölbekeller. Im oberen Stockwerk war das Silvestermenü serviert. Lachen, Gläserklingen, Tanzen. Georg war sicher, dass nicht einmal Uschis Trübsinn der Bombenstimmung standhalten könnte.

Er hatte beschlossen, ihre Launen einfach nicht mehr ernst zu nehmen. Wenn sie ein Kind sein wollte und einen Papa brauchte, der sie erzieht – dann aber nicht ihn.

Klaus und Hanna saßen mit ihnen am Tisch, damit Uschi in ihrer eigenen Sprache mitreden konnte. Ihre Aversion gegen alles Fremdartige, Unbekannte, ihre Weltordnung Störende hatte dazu geführt, dass ihre anfänglichen Spracherfolge rasch wieder nachgelassen hatten. Dies wiederum steigerte ihre Abneigung gegen das Französische. Ein endloser Kreislauf, der zum Selbstläufer geworden war.

Als um Mitternacht die Champuskorken knallten, um das Jahr 1993 zu begrüßen und die bösen Geister zu verscheuchen, als alles ausgelassen lachte, sich küsste, jubelte und zu den Salsa-Rhythmen der Band tanzte, saß nur eine am Tisch und tat, als gehöre sie nicht dazu. Jeder Versuch, Uschi auf die Tanzfläche zu ziehen, scheiterte. Jeder Kuss schien an ihrer Wange abzuprallen. Jedes Lachen erstarb beim Anblick ihres kalkweißen Gesichts.

«Ein frohes, glückliches und gesundes neues Jahr, Kleines!» Georg drückte sie entschlossen an sich. «Was meinst du, wollen wir uns vornehmen, dass wir im neuen Jahr besser miteinander umgehen?»

Wortlos stand Uschi von ihrem Stuhl auf. Wortlos schob sie ihn und seine Arme von sich. Stolzierte hinaus ins Freie.

Erst nach einer Weile konnte er sich überwinden, ihr zu folgen. Sie stand an einer Platane, hatte den Kopf daran gelehnt und war so bleich wie der Mond.

Erschrocken lief Georg über den Rasen zu ihr. «Uschi, Liebes, was ist denn bloß los mir dir? Bist du krank?»

«Nein.» Sie schüttelte den Kopf. «Ein bisschen schwindlig. Es ist so laut dort drinnen. Die Leute öden mich an. Das Essen war zu fett. Und sei doch mal ehrlich, was bin ich denn für dich?

Doch weiter nichts als ein Potenzbeweis, dass du noch so eine Junge, Hübsche wie mich abgeschleppt hast. In Wirklichkeit bin ich dir doch völlig Wurst. Wenn du bloß deine Freunde hast!»

Georg öffnete den Mund, schloss ihn wieder. Konnte man völlige Hirnleere spüren?

«Ich wollte, ich wäre bei meiner Mutter», setzte Uschi hinzu. «Wäre ich doch nur mit ihr auf die Kanaren geflogen! Da hätte ich wenigstens nicht lauter wildfremde Halbidioten um mich herum!»

Das war zu viel auf einmal. Hier wurde dringend ein Seelendoktor gebraucht. Er, Georg, war damit überfordert. «Komm, trink ein Glas Sekt», meinte er und zog die Widerstrebende am Ellenbogen mit sich zum Bistro zurück. «Es möbelt deinen Kreislauf wieder auf. Dann geht's dir besser. Und in ein paar Minuten verdünnisieren wir uns.»

Dankbar blickte sie zu ihm auf. Schmiegte sich sogar ein wenig an seinen Arm. Ihm war, als hätte sich sein Innerstes mit Eis überzogen.

Die Bruchsteine der Hauswand glitzerten im schräg einfallenden Sonnenlicht. Uschi hielt die Augen geschlossen.

«Wie schön sie ist!», dachte Georg und zog in Gedanken die Linie nach, die das Gegenlicht wie einen Silberfaden über die Konturen ihres Gesichtes legte.

«Der Rauch in diesem Haus macht mich noch wahnsinnig!»

Der Silberfaden löste sich auf.

«Okay, ich kann draußen rauchen.»

«Ich wollte, du könntest auch etwas gegen diesen Kamin machen.»

Georg biss die Zähne zusammen.

«Der Kamin zieht gut», murmelte er.

«Aber er qualmt. Schau dir nur die Wände an. Da zieht der Schmauch doch in Schwaden hoch.» Uschis Stimme nahm dieses Vibrato an, das bei Georg jedes Mal eine Gänsehaut unter den kurzen Nackenhaaren bewirkte.

«Und was meinst du, soll ich dagegen tun?»

«Einen Kachelofen aufstellen, eine Zentralheizung einbauen lassen, was weiß ich?» Uschi stand auf. Ihr war übel. Ständig war ihr übel in diesen Tagen.

Im Bad konnte er ihr Würgen hören. War sie krank? Womöglich etwas Ernstes? Sie futterte ja auch alles durcheinander. Und dauernd irgendetwas, das sie normalerweise gar nicht mochte.

Als Uschi ins Zimmer zurückkam, glitzerte eine feine Spur Schweiß auf ihrer Oberlippe. «Hast du vielleicht eine saure Gurke im Haus?»

Georg musste lachen. «Du benimmst dich, als ob du schwanger bist!» Er dachte sich gar nichts dabei. Ein Scherz sollte es sein. Etwas, das sie auf andere Gedanken bringen würde. Mehr nicht.

«Vielleicht!», antwortete sie.

Sekunden des Schrecks. Sekunden, in denen sich ihre Augen trafen, sich fesselten, stummes Zwiegespräch von Angst zu Angst. Er wandte den Blick zuerst ab. Stand auf. Fühlte selbst, wie ungelenk er war, als er die Arme um sie legte, das Kinn auf ihren Scheitel gelehnt. Leise schob sich ihre Hand über seinen Unterarm. Sie lehnte sich zurück an seine Brust. Hielt ihn fest.

Zehn Tage später wussten sie es genau. Ein weiterer Test ließ keinen Zweifel.

«Der Nikolausabend, weißt du noch?» Uschi legte die Hände vor die Augen.

Georg wusste nicht, ob er sich freuen sollte. Auf das Kind freute er sich. Das konnte er mit Gewissheit sagen. Auch wenn er es nicht wissentlich gezeugt hatte. Jetzt, da es geschehen und ihm die Entscheidung abgenommen worden war, nahm er es an. Es war sein Kind.

Aber die Beziehung zwischen Uschi und ihm als werdende Eltern? War nicht schon jetzt abzusehen, dass es nur schief gehen konnte? Dass sie nicht zueinander passten? Dass Uschi zwar reif an Jahren, aber in ihrem Innersten ein Kind geblieben war? Dass er zu alt für sie war? Der Generationsgraben letztlich unüberbrückbar war?

«Was machen wir jetzt?» Hilflos schaute er Uschi an, die ihm gegenüber in der erstbesten Pizzeria saß, die sie nach dem gemeinsamen Frauenarztbesuch gefunden hatten.

«Freust du dich gar nicht?», stellte sie die Gegenfrage.

Eine Antwort war das nicht. Sie schob ihm den schwarzen Peter zu. Zog sich aus der Affäre. Er sollte jetzt Stellung beziehen und ihr damit Gelegenheit geben, unschuldig zu bleiben. Groll keimte in Georg auf. Konnte sie ihm nie, nicht einmal jetzt, vertrauen? Musste sie ihn immer und immer auf die Probe stellen?

«Doch, natürlich, selbstverständlich freu ich mich!» Er beschloss auf der Hut zu sein. Die unschönen Debatten und Vorkommnisse der jüngsten Vergangenheit lasteten tonnenschwer auf ihm.

Sie schwieg abwartend.

«Wir müssen uns als Eltern und auch als Paar gegenseitig mehr respektieren, aufeinander eingehen», wagte er einen Vorstoß zu dem klärenden Gespräch, das er für notwendig hielt und zugleich fürchtete.

«Hast du etwa Beziehungsangst?» Wieder so ein Wurfgeschoss.

Georg schüttelte den Kopf. Einesteils war er überwältigt von der Gewissheit, Vater zu werden. Es drängte ihn zum Zerspringen, sie zu umarmen, zu küssen und ihr zu sagen, wie glücklich sie ihn damit machte. Doch gleichzeitig litt er fast Panik bei dem Gedanken an die Zukunft. Als hätte man ihn lebendigen Leibes in Stein gegossen, saß er auf dem harten Metallrohr des Bistrostuhles in dieser ungemütlichen Pizzeria und konnte um nichts in der Welt auch nur die Hand der Mutter seines ungeborenen Kindes an die Lippen führen.

Uschi zog sich auf die sachliche Ebene zurück. «Wir müssen planen», sagte sie. «Ein Kind braucht Sicherheit.»

Die Worte rauschten an Georg vorbei. Er hatte sie so oft vernommen, dass er sie wie eine Gebetsmühle abspulen konnte.

«Hörst du mir überhaupt zu?» Uschis Stimme nahm an Schärfe zu.

«Wollen sehen, was sich machen lässt», murmelte er lau. Er würde sich hüten, eine schwangere Frau aufzuregen. Es könnte dem Kind schaden. Wenn er alles wollte, das jedenfalls nicht.

«Falls du eine Abtreibung willst ...» Uschi ließ den Satz in der Schwebe hängen.

«Nein!» Diesmal reagierte er rasch. Er wollte sein Kind nicht töten. Es lebte, auch wenn es erst ein winziger Zellklumpen war, der sich teilen und teilen würde, bis er fertig war. Ein perfekter, einmaliger kleiner Mensch.

«Willst du?»

«Nein!» Auch sie sprach entschlossen. «Aber ich muss wissen, wie ich mit dir dran bin. Muss wissen, ob ich auf dich zählen kann. Wo du stehst.»

«Meine Güte, Uschi! Wenn du das immer noch nicht weißt!» Er stützte den Kopf in die Hand. Stand auf. «Komm, ich fahre dich zu dir nach Hause.»

Es drängte ihn plötzlich zu den Freunden. Eine Flasche Champagner köpfen. Die Botschaft: «Ich werde Vater!» Lachen,

Schulterklopfen, Gläserklingen, Freude. Endlich sich loslassen können. Seinem Kind einen Salut ins Land der Ungeborenen schicken.

Warum er diese Freude nicht mit der werdenden Mutter teilen konnte, wollte er sich nicht fragen. Nicht an diesem Abend. Einmal noch wollte er den Kopf in den Sand stecken. Für Fragen und Probleme war später Zeit genug.

Auch Uschi schien den Aufschub weiterer Grundsatzerörterungen zu begrüßen. «Lass mich fahren», bat sie. «Es lenkt mich ab.»

Das Auto stand ein paar Straßen weiter in einer Seitengasse.

«Ausnahmsweise mal kein Knöllchen. Wenn das kein gutes Vorzeichen ist.» Uschi schien auf Smalltalk zu schalten. Sie wusste, dass er die rollenden Laute und den Singsang ihres Rheinischen mochte, wenn sie es darauf anlegte, ihn aufzuheitern. Doch diesmal zog Georg einem Wortgeplänkel mit ihr das neutralere Radio vor. Kaum hatte er auf dem Beifahrersitz Platz genommen und sich angegurtet, drückte er eine der vorprogrammierten Tasten.

Verdi. Das Requiem. Er liebte dieses Stück, es erzeugte Bilder in seinem Kopf, und oft hörte er es beim Malen. Fast sofort tauchte Venedig vor seinen inneren Augen auf. Eine Szene aus «Tod in Venedig». Kapuzenmänner schultern einen Sarg. Eine Prinzessin, ein Kind noch, liegt darin. Nach einem tragischen Unfall wird sie auf einer Insel zu Grabe getragen. Dahingerafft durch den Ratschluss der Götter, dem niemand entgeht. Zypressen, die Bäume des ewigen Lebens, die van Gogh wie manifest gewordenes Licht zwischen Himmel und Erde setzte, durchrauschen die Musik. Leise anschwellend aus dem Hintergrund das «Carpe diem» des Chores: «Nutze den Tag.»

«Jeden Tag leben, als könnte es der letzte sein. Das ist es», dachte Georg. «Nicht planend ein Leben in der Zukunft organisieren und darüber das Heute verlieren.»

Die Musik brach ab. Uschi hatte das Radio ausgestellt. Fast gleichzeitig, ohne nachzudenken, stellte Georg es wieder an.

«Lass das!», schrie Uschi. «Meinst du, ich muss mir diese Totenmusik ausgerechnet jetzt antun? Wo ich schwanger bin? Ich kriege schon reichlich genug im Job mit! Ich habe diesen Scheiß satt!»

«Jetzt sei doch nicht so borniert und lass mich das Stück zu Ende hören», verlegte Georg sich aufs Bitten. «Es strahlt die ewige Harmonie aus.»

«So ein Schwachsinn! Ein Requiem spielt man zur Beerdigung. Wenn du schon so alt bist, dass du ans Sterben denkst – von mir aus. Ich nicht!» Uschi glühte vor Zorn. «Immer soll es nur nach dir gehen. Du unverbesserlicher Egoist! Immer willst du mir deinen perversen Geschmack aufdrängen.»

Wie ein Feuer speiender Drachen! Diese Frau war ein Vulkan. Wenn sie sich weiterhin so echauffierte, würde sie noch das Kind verlieren oder sie alle drei gegen den nächsten Baum fahren.

«Aber Kleines, lass doch den Quatsch. Kein Mensch will dir seinen Geschmack aufzwingen. Das ist ein Stück von Verdi und es ist genial. Und wenn das pervers ist, bin ich gern pervers.»

«Du willst mich nur provozieren, das ist alles!» Uschi schrie weiter.

«Du willst nur meinen Willen brechen. Alle Männer tun das, wenn sie ihre Frauen unterdrücken wollen.»

Mit kreischenden Bremsen brachte sie das Auto vor dem Haus, in dem sie wohnte, zum Stehen. Stieg aus, von Georg dicht gefolgt. «Du willst mich doch bloß fertig machen. Was bin ich denn überhaupt für dich? Eine Gebärmaschine und sonst nichts.»

Das war zu viel für Georg. Mit beiden Füßen trat er auf die Autoverkleidung ein, bis er außer Atem war. «Du verzapfst doch wirklich bloß Bullshit aus der untersten Feministinnenschublade. Du ekelst mich dermaßen an, ich glaub, ich krieg mit dir keinen mehr hoch, so Scheiße ist das. Du hast dich zu einem Drachen entwickelt, dass es nur so raucht. Und da ist auch deine Schwangerschaft keine Entschuldigung mehr.»

«Ja, lass du nur schön die Sau raus!», spöttelte Uschi plötzlich erstaunlich ruhig und mit diesem feinen niederträchtigen Lächeln, das ihre Mundwinkel fast bis zum Kinn hinunterbog.

«Und du lass dir doch deinen Typen backen!», legte Georg nach. «Mich verbiegst du jedenfalls nicht.»

Plötzlich tat es ihm Leid, dass er die Nerven verloren hatte. Uschi trug sein Kind unter dem Herzen, und er hatte sie nicht verletzen wollen. Dass es trotzdem geschehen war, erfüllte ihn mit Scham und Verlegenheit.

«Verzeih mir», bat er. «Ich wollte das nicht.»

«Es ist dein Auto!», sagte sie. «Du bezahlst dafür.»

Er erfuhr nie, ob sie tatsächlich nur das Auto und die Beulen darin gemeint hatte.

Uschis Schwangerschaft verlief generalstabsmäßig. Eine Frauenärztin wurde ausgesucht, eine Kinderärztin ins Visier genommen. Bücher wurden angeschafft, Schwangerschaftsgymnastikangebote ausgekundschaftet. Alles wurde einem Test unterzogen. Erst wenn andere Frauen etwas für gut befanden, ihr eindeutig zurieten, ließ Uschi sich darauf ein. Ihrer eigenen Wahrnehmung, ihrem persönlichen Urteil allein traute sie nicht. Erst die Rückversicherung bei anderen, die damit quasi die Verantwortung für eine mögliche Fehlentscheidung trugen, gab ihr den Mut zu einer Entscheidung.

Alle Krankenhäuser der Stadt und Umgebung wurden nach den dort praktizierten Geburtsmethoden befragt, ob im Sitzen, im Liegen, im Wasser oder mit Periduralanästhesie.

Einzig bei der Frage des Krankenhauses wagte Georg ein Wort mitzureden und überzeugte Uschi in mühsamer Kleinarbeit, das Kind im Diakonissenkrankenhaus, ganz in der Nähe seiner Wohnung, zur Welt zu bringen. Sein wichtigstes Argument, die Fahrtzeit im Auto, stach. Wie sich zeigte, war sein Vorschlag nicht nur subjektiv, sondern auch objektiv gut, denn das Krankenhaus verfügte über alle Einrichtungen, die Uschi unverzichtbar erschienen, und hatte obendrein auch noch ein Hallenbad.

«Schön, dass du endlich einmal mitplanst», lobte Uschi und schenkte ihnen beiden Kaffee ein. «Hast du dir auch schon Gedanken gemacht, was passiert, wenn das Baby da ist?»

«Wieder mal kalt erwischt! Die hat ein Talent, dich kleinzukriegen, das presst dem Stein das Wasser raus», dachte Georg und beschwor sich auf «Ruhig bleiben» zu schalten. Er zählte bis zehn, ehe er antwortete.

«Du bleibst mit dem Kind in deiner Wohnung. Ich bleibe in meinem Atelier. So hat jeder seine Ruhe. So weit auseinander sind wir ja nicht, es sind nur drei Kilometer. Du kannst jederzeit zu mir und ich zu dir. Und wenn das Kind da ist, teilen wir uns die Betreuung. Das hab ich mir schon überlegt.»

«Und wie, bitte, soll ich das finanzieren?»

Georg lehnte sich tiefer in seinen Sessel zurück. «Du hast einen Job bei der Stadt. Da bist du abgesichert für die nächsten Monate, bis du Schwangerschaftsurlaub kriegst. Danach gibt es das Mutter-Kind-Modell der Landesregierung, das sind über drei Mille im Monat für die ersten drei Jahre nach der Geburt. Ich steuere dazu bei, so gut ich kann. Deine Sorgen sind also vollkommen unnötig. Und bis die drei Jahre um sind, haben wir uns ja vermutlich endlich entschieden, ob und wo wir miteinander leben wollen.»

Uschis Augen weiteten sich zu dem entsetztesten Ausdruck, den Georg je bei einem Menschen erblickt hatte. «So ist das also! Du stehst gar nicht zu mir und dem Kind?»

Georg begriff gar nichts mehr. Wieso stand er nicht zu ihr? Sie hatten keinen Hochzeitstermin ausgemacht. Nun gut. Den wollten sie nach dem Riesenkrach von damals beide nicht mehr so schnell. Trotzdem stand die Hochzeit im Raum, und von seiner Seite aus galt auch das Eheversprechen noch. Was er bei ihr nicht mehr sicher wusste.

Es war doch eine wunderbare Lösung mit dem Geld vom Land. Wieso darauf verzichten? Es machte Uschi finanziell unabhängig und ermöglichte ihr ein sorgenfreies Mutterdasein, solange das Kind zu klein für den Kindergarten war. Sie würden sich gemeinsam um das Kind kümmern. Und mit der Zeit würde sich eine Entscheidung herauskristallisieren, was sie wirklich wollten.

«Natürlich steh ich zu dir», bekräftigte er. «Aber ich bin nun mal freischaffend und kann dir kein festes Einkommen bieten. Da ist es doch ideal, dass der Staat dich zusätzlich zu dem, was ich dir geben kann, absichert. Dann hast du doch alles, was du immer wolltest. Ein Kind, null Maloche, mich und die Sicherheit.»

«Du willst also keine Verantwortung für das Kind übernehmen?» Uschis Wangen waren hektisch verfärbt. «Und du willst uns nicht bei dir haben?»

«Kleines!» Georg war am Ende seiner Geduld über Uschis Begriffsstutzigkeit. «Wie oft noch? Ich will Verantwortung übernehmen. Ich übernehme sie. Aber nicht nur ich allein. Es ist unser Kind. Du bist genauso wie ich dazu verpflichtet, jetzt nicht bloß an dich zu denken. Ob du jetzt malochen willst oder nicht mehr malochen willst, ist doch im Moment völlig egal. Denk an das Kind, das wir beide zu versorgen haben. Du hast deinen sicheren Job und dein eigenes Geld, und du hast dein sorgenfreies Leben. Mit dem, was ich beisteuern kann, geht es dir und dem Kind bestens. Und du hast eine eigene Wohnung, in der du mit dem Kind gut leben kannst. Und zwar besser als bei mir, denn hier im Atelier werden wir uns ständig in die Haare kriegen mit deinen tausend Vorschriften und Plänen. Es ist zu eng. Vom Platz her und auch sonst.»

Mit einem lauten Aufschluchzen warf Uschi sich auf die Couch und ließ ein Trommelfeuer auf Kissen und Polster los. «Ich will nicht mehr malochen. Ich will endlich ein richtiges Zuhause haben. Ich will einen Mann mit Verantwortung haben.»

Haben ... haben ... haben ... ich will ... ich will ... ich will ... Etwas anderes war nicht von ihr zu hören.

Jeder Beruhigungsversuch Georgs war zwecklos. Die Prinzessin hatte wieder einmal den Hauch eines Steins unter den hundert weichen Kissen und Decken entdeckt. Und für ihre blauen Flecken auf der Seele gab es keinen Trost.

Der Frühling hielt Einzug in der Stadt. Die Menschen zogen beschwingt durch die Straßen. Wenn Georg die Fenster seines Ateliers öffnete, war die Luft wie Seide und süß vom Duft der frisch gepflügten Felder in der Ebene vor der Stadt.

In der Provence musste es herrlich sein. Kirschblüte, Mandelblüte, um das Dorf herum wilde Narzissen. Bei Windstille verströmten sie einen betörenden Duft. Nachdrücklich schob Georg die Visionen beiseite.

Seine Geschäfte liefen gut. Fast jede Woche wurde ein Bild verkauft. Eine Serie Radierungen machte ihren Weg hinaus in alle Welt. Der Großauftrag einer Ärztezeitschrift aus Köln war unter Dach und Fach. In drei Radierungen sollte die Geschichte der Medizin wiedergegeben werden. Ein anstrengendes Thema, das intensive Vorbereitungen erforderte. Ein Folgeauftrag war in Sicht.

Grund genug, ein wenig auszuspannen und einen Spaziergang zu einem nahen Aussichtspunkt zu wagen, dachte Georg. Uschi hatte soeben Dienstschluss im Amt. Ein bisschen Bewegung würde auch ihr gut bekommen.

Als er ihr Büro betrat, räumte sie noch die Utensilien auf dem Schreibtisch zusammen, um nach Feierabend einen ordentlichen Arbeitsplatz zu hinterlassen. «Ich würde gern auf unseren Hausberg gehen. Hast du Lust mitzukommen?», lud er sie ein.

Uschis schwangerer Bauch war nicht mehr zu übersehen. «Ich weiß nicht», zögerte sie und drückte eine Hand ins Kreuz. «Eigentlich will ich bloß noch die Füße hoch legen und ausruhen.»

«Ach, komm schon!», insistierte er ein wenig. «Hinterher gehen wir schön essen und machen es uns gemütlich.»

«Also gut, meinetwegen», lenkte sie ein.

Der Hausberg der Stadt erhob sich weithin sichtbar, mit einem hohen Holzkreuz auf dem Gipfel, als eines der originellsten Mahnmale gegen den Krieg. Um seinen Fuß im Halbrund aufgetürmt, zeugten unzählige Steinfragmente von den Ruinen der rund vierzigtausend Häuser, die in Luftangriffen der Alliierten dem Erdboden gleich gemacht wurden. Für Georg als griechisch-tschechischen Schwaben, dem das Multikulturelle so selbstverständlich wertvoll wie Ausländerfeindlichkeit verhasst war, hatte dieser Berg seit jeher eine eigene Anziehungskraft.

Der Aufstieg war bequem und nicht allzu steil. Trotzdem

musste Uschi immer wieder innehalten und einige Atemzüge rasten. «Diese verdammten Berge!», stöhnte sie verdrossen. «Am Rhein ist es tausendmal schöner. Wir könnten eine Radtour machen. Von mir aus stundenlang. Und wie gern würde ich jetzt eine Radtour machen. Viel lieber als diese blöde Kletterei.»

Georg ging nicht darauf ein. Sie hatte Heimweh. Natürlich, er verstand sie. Aber es half nichts. Sie lebte jetzt hier. Das hatte sie selbst so gewollt. Er war kein Zauberer, der mit einem Simsalabim die Tafelberge der Schwäbischen Alb in die rheinische Tiefebene verwandeln konnte. Was also sollte er ihr antworten? Jedes Wort würde nur ihren Widerspruch reizen.

Oben angelangt, hatte man einen weiten Blick über die Stadt, die sich erstaunlich harmonisch in die sie umschließenden Hügel schmiegt. Georg liebte diesen Rundblick auf das Schachtelwerk aus Landschaft und Häusern, dessen Formen und Farben ihm ästhetisches Vergnügen bereiteten.

«Sei doch ehrlich, Kleines», bat er mit einer weit ausholenden Geste. «Es ist schön hier. Wenn du dich innerlich nicht so verschließen würdest, könntest du es sehen. Ich stamme auch nicht von hier. Trotzdem ist das hier meine Heimat geworden. Ohne dass ich es wollte.»

Uschi hielt den Kopf schief. Sie sah aus, als müsse sie seine Worte wie zu heiße Kartoffeln im Mund rollen. Georg glaubte zu wissen, was sie dachte.

«Klar, manchmal kann ich die Biederkeit und die Enge hier auch nicht mehr aushalten», räumte er ein. «Dann hau ich ab, möglichst weit weg. Aber es zieht mich jedes Mal zurück. Ich habe gar nicht gemerkt, wie, aber auf einmal sind sie mir ans Herz gewachsen, die bruddligen Schwaben. Bin ja eigentlich selbst schon einer.»

Als hätte sie auf dieses Stichwort gewartet, sagte Uschi:

«Genau. Du bist auch schon einer. Genau so geizig und unflexibel.»

Georg wollte sich nicht provozieren lassen. «Jetzt komm schon, Kleines, Frieden für heute, ja?» Mit einem Kuss auf ihre Nasenspitze versuchte er sie aufzuheitern und schloss Mutter mit Babybauch in die Arme. «Schließlich hab ich als treu sorgender Familienvater gerade einen Superauftrag eingefahren. Also keine Bange vor der Zukunft.»

«Dann kauf uns doch endlich ein Haus!» Die Worte waren kaum zu verstehen, weil sie in Georgs Hemd gesprochen waren. Aber er hörte sie doch.

Als wäre alle Kraft aus seinen Armen gewichen, ließ er Uschi los. «Du mit deinen dreißig Lenzen willst nicht mehr malochen, und ich soll mich mit fast fünfzig hoch verschulden, damit du dich ins gemachte Nest setzen kannst und endlich versorgt bist, ehe ich frühzeitig unter der Erde liege. Weißt du eigentlich, was du von mir verlangst?»

Uschi schwieg. Sie hatte diesen Gesichtsausdruck, den er allmählich zu hassen begann. Als ob die ganze Welt es nur darauf angelegt habe, ihr zu schaden. Nahm dieser Unsinn denn nie ein Ende?

«Kapier das endlich, Frau! Ich bin kein Krösus! Ich kann mir keine Villa für dich leisten. Will es auch nicht. Und wenn du tausendmal ein Kind von mir kriegst.»

Schmollend und mit diesem lautlosen Weinen, das Georg als massiven Erpressungsversuch einordnete, trat Uschi den Rückweg an.

«Geh! Lass mich!» Laut und heftig verwies sie ihn hinter sich.

Grollend und mit dem dringenden Bedürfnis, jeden erreichbaren Stein in die Gegend zu kicken, marschierte er hinter ihr her.

Zum Essen gehen wollte Uschi freilich doch. Und bestellte sich aus reiner Provokationslust das teuerste Menü auf der Speisekarte, obwohl sie von vornherein wusste, dass sie es nicht verspeisen konnte.

Zermürbt von fast täglichem Streit, Tränen und Forderungen, warteten Uschi und auch Georg in den folgenden Tagen nur darauf, in irgendeiner Weise vom anderen gekränkt oder verletzt zu werden. Selten gelang es ihnen, sich in gemeinsamer Vorfreude auf das Kind neu zu finden. An Arbeiten war für Georg trotz der drängenden Auftragstermine kaum noch zu denken.

Nachts, wenn Uschis ruhige Atemzüge an seiner eigenen Schlaflosigkeit zerrten, fuhren seine Gedanken Karussell. Alles schien wie verhext. Obwohl sie einander kaum noch ertrugen und erst in der Entfernung wieder zu neuer Nähe gelangten, blieb Uschi immer öfter über Nacht bei ihm. Vielleicht war es ihr vor ihren Vermietern peinlich, schwanger zu sein und keinen Mann zu haben? Vielleicht war es ihr auch einfach zu unbequem in ihrem kleinen Zimmer, das sich an Luxus und Platz nicht mit seinem Studio vergleichen ließ?

Georg brauchte dringend eine Auszeit. «Es ist besser, sich zu trennen. Für alle Beteiligten und vor allem für meine Arbeit.» Irgendwann stellte Georg es in schlaflosem Grübeln fest.

Er konnte es sich nicht leisten, Aufträge zu verscherzen oder abzulehnen. Nicht allein, weil es für ihn eine Frage des künstlerischen Überlebens und der Karriere war. Es war vor allem eine Frage des Überlebens seiner Familie.

Schon bald würden sie die Grundausstattung für das Kind anschaffen müssen. Geschockt hatte Georg bei den ersten Schaufensterbummeln festgestellt, wie kostspielig Kindersachen waren.

Er beschloss, mit Uschi zu reden. Sie musste einsehen, dass ein paar Wochen Provence das Vernünftigste waren.

«Du lässt mich in der Schwangerschaft im Stich und schiebst einen faulen Lenz bei deinen Franzosen», weinte sie stattdessen. «Alle sind dir wichtiger als ich und das Kind.»

«So ein Blödsinn!» Vorsichtig und auf eine heftige Abfuhr gefasst, versuchte Georg, sie in die Arme zu nehmen und an sich zu ziehen. «Ich hab dich lieb, das weißt du.»

«Lass mich!», kam es prompt. «Du willst mich doch bloß wieder um den Finger wickeln, damit du deinen Willen kriegst. Ich falle nicht mehr auf dich rein.»

«Ja, dann!» Georg zuckte hilflos mit den Schultern und vergrub die Hände in den Hosentaschen. «Ich kann deine Gedanken nicht ändern. Du siehst doch selbst, dass es zwischen uns hier in der Stadt und in der engen Wohnung nicht mehr funktioniert. Ich muss fahren. Es ist besser für uns alle. Ob du das nun einsiehst oder nicht.»

Hatte sie wirklich geglaubt, dass sie ihn mit Vorwürfen von seinem Vorhaben abbringen könnte? Es schien Georg, als hätte sie tatsächlich erst in diesem Augenblick begriffen, dass er seine Fahrt in die Provence diesmal nicht zur Debatte gestellt, sondern Uschi lediglich informiert hatte.

«Typisch Mann, kennt keine Verantwortung», schluchzte sie noch bitterlicher weinend auf.

Georg stand da mit hängenden Armen. Sie tat ihm Leid. Er hätte sie gern getröstet und ihr versichert, dass er sie lieb hatte und zu ihr hielt. Dass sie keine Angst haben musste. Aber er konnte es nicht. Und sie würde es sowieso nicht akzeptieren. Stumm wandte er sich ab. Doch ihr Weinen verfolgte ihn bei jedem Stück, das er in die Reisetasche packte.

«Uschi!» Verzweifelt setzte er sich zu ihr ans Bett. «Denk

doch an das Kind. Wenn du dich so aufregst, schadest du dem kleinen Wesen und auch dir selbst. Nimm Vernunft an, Kleines. Bitte! Ich fahre nicht weg, um mich zu amüsieren und dich hier hängen zu lassen. Begreif doch, ich kann hier nicht arbeiten. Ich krieg die Aufträge nicht hin. Ich brauch Platz und Ruhe. In diesem Zimmer gibt's keinen Moment, wo wirklich Ruhe ist.»

Mit roten Augen wandte sie sich ihm zu. Forschend wanderten ihre Blicke über sein Gesicht, als könnte sie in all den kleinen Fältchen und Linien die Wahrheit lesen, nach der es sie verlangte. «Ach, Georg!» Mit einem Seufzen zog sie ihn zu sich heran. «Wir haben uns verlaufen. Ich hab so Angst, dass wir uns ganz verlieren.»

Ruhig stand sie eine Stunde später am Fenster und sah ihm nach, wie er sich auf den Weg machte. Eine feste kleine Gestalt mit hoch gewölbtem Leib, von der eine so tiefe Traurigkeit ausging, dass Georgs Gewissen wie ein Gong anschlug. Doch mit jedem Kilometer, den er sich von ihr entfernte, schlug es leiser.

Drei Tage in seinem Häuschen, drei Tage intensiven Malens und Nachdenkens, drei lange Spaziergänge im Colorado, und er dachte voll reuiger Zärtlichkeit an Uschi und ihr gemeinsames Kind. Von der einzigen Telefonzelle im Dorf aus rief er bei ihr an.

Uschi war krank. Eine Grippewelle hatte sie erwischt. Aber zu krank für eine Schimpfkanonade war sie nicht.

«Du lässt deinen Arsch in der Sonne braten und mich überlässt du meinem Schicksal. Und das auch noch mit deinem Kind im Bauch.»

Noch ehe die letzten Francs in den Münzschlitz gefallen waren, legte er auf.

Ob ein Brief etwas ändern würde?

Liebe Uschi, Kleines!
Verzeih mir, aber es wird mir wohl immer ein Rätsel bleiben, welche zänkischen Geister dich zu deinen furiosen Vulkanausbrüchen treiben.

Ich faulenze nicht. Und ich lege meinen Arsch nicht in die Sonne.

Du beschwerst dich, dass ich dich bei den Schwaben zurückgelassen habe, und meinst, ich würde eine ruhige Kugel schieben. Was soll das?

Ich habe einige tausend Seiten Anatomie und Medizingeschichte studiert, damit ich diesen Auftrag erledigen kann, der für uns alle drei verdammt wichtig ist. Du willst ja nicht mehr malochen! Also tue ich es, damit genug Kohle in die Familienkasse kommt. Begreif das doch endlich.

Bei dir komme ich nicht mehr zum Arbeiten, weil du dein Gemecker nicht zurückhalten kannst. Jetzt bin ich weg von dir, und auch das gefällt dir nicht. Wie kann ich es dir denn recht machen?

Ich hätte dich natürlich viel lieber hier bei mir – aber nur lieb und nett! – aber auch hier gefällt es dir ja nicht. So wie es dir nirgends gefällt, wo ich es schön finde.

Du fühlst dich von mir vernachlässigt, und dabei bist du es, die mich ununterbrochen angreift. Deine Metamorphose von der Frau, in die ich mich verliebt habe, zum unausstehlichen Drachen macht Fortschritte.

Am Telefon brüllst du nur «Scheiß Schwaben!» und dass du alles allein «brasseln» musst. Du willst, dass ich zur Vernunft komme. Aber was für eine Vernunft meinst du? Deine???

In deinen Augen bin ich ein «Tagedieb». Was meinst du damit? Ist das eine neue Definition des Postfeminismus für einen freischaf-

fenden Künstler wie mich, oder ist es nur dein ganz persönlicher Neid auf das Leben, das ich führe? Willst du aus mir den Finanzbeamten Müller, Maler, Meier machen? Wenn es das ist – der Zug ist schon seit Jahren abgefahren, und mitfahren wollte ich auch nie.

Du musst mein Leben annehmen, wie es ist, sonst haben wir miteinander keine Zukunft. Mein Leben, das war es doch, was dich am Anfang so anzog, oder nicht? Warum also versuchst du jetzt, es zu zerstören? Mich umzufunktionieren?

Kleines, ich appelliere an deinen Verstand und an dein Herz! Ich liebe dich immer noch. Es muss doch möglich sein, einen Modus Vivendi zwischen uns herzustellen.

Und noch etwas: ich bin hier in der Provence, um zu arbeiten – damit es uns besser geht, damit unser Kind und damit du deine Sicherheit kriegst, weil ich eben kein Tagedieb bin – und nicht, um dich zu bestrafen.

Dein Georg

Während er insgeheim auf einen Brief und ein Einlenken zum Frieden wartete, schritt Georgs Arbeit an den Radierungen voran. Das Medizin-Thema war ihm fremd. Disziplin und Geduld hieß die Devise. Rund vierzehn Stunden täglich vergingen mit Studien und Skizzenzeichnen. Immer wieder verworfen, entstanden endlich die Vorlagen für die Umsetzung auf die Kupferplatten.

Anschließend die Übertragung der Muster vom Papier auf die Kupferplatte, bis ihm die Augen brannten und die Hand nicht mehr mitmachte. Eine Arbeit, die wegen der Vielzahl der Details ein ungeheures Maß an Konzentration erforderte. Ein falscher Strich, und die Arbeit von Tagen war vernichtet.

Danach das Ätzen der Platten, um sie druckreif zu machen.

Gleichzeitig die Druckvorbereitungen und schließlich das körperlich anstrengende Drucken der limitierten Bögen von Hand. Jedes fertige Blatt musste zuletzt in einem stundenlangen Prozess mit feinstem Pinsel handcoloriert werden.

Zu Hause hätte er den Auftrag nie erfüllen können.

Einmal mehr hatte sich das kleine Haus in der Provence als Oase der Ruhe und echtes Refugium bewährt.

Uschi hatte sich nicht gemeldet. Kein Anruf, keine Antwortzeile auf seinen Brief. Nichts.

Inzwischen kannte er sie gut genug, um zu wissen, dass von ihr auch nichts mehr kommen würde. Sie hatte es einmal mehr vorgezogen, die Ereignisse zu verdrängen, obwohl sie wusste, dass sie es mal wieder auf die Spitze getrieben und eine miese Show abgezogen hatte. Sie verweigerte sich der Verantwortung für ihr Tun und dem damit verbundenen Eingeständnis eines Fehlers, indem sie die dringend notwendige Aussprache beiseite schob.

Georg rätselte, warum.

Problemlösungen zu finden hieß für Uschi anscheinend, ausschließlich ihren eigenen Willen durchzusetzen und Statuten zu erarbeiten, wie dies für den Partner zu regeln sei. Der bloße Vorschlag eines Kompromisses erzeugte in ihr die Befürchtung des Übervorteiltwerdens.

Im Verdrängen schien Uschi ebenso Meisterin wie darin, einen einmal gefassten Entschluss kompromisslos durchzusetzen.

Auch diesmal schien sie sich in Schweigen hüllen zu wollen, um ihn für seine angebliche Verantwortungslosigkeit durch Liebesentzug und Ignoranz abzustrafen und per erzieherischer Maßnahme nach ihrem Bildnis zu formen. Ob dies für sie ein schöpferischer Akt war? Nach dem Motto: Die Göttin erschafft ihren Adam?

Während Georg noch mit sich zu Rate ging, ob und wie er Uschis Grabenkämpfe unterlaufen könnte, kam ein Anruf: «Hallo, Schatz, ich bin bei dir eingezogen!»

Ein Kanonenschuss hätte keine durchschlagendere Wirkung haben können.

«Wie hast du das denn fertig gebracht?», fragte er und war froh, sich setzen zu können.

«Ich war bei Antonis», rief sie freudestrahlend in die Leitung. «Antonis und deine Freunde haben den Umzug gemacht. Was sagst du dazu?» Er hatte keine Worte.

«Und jetzt richte ich das Atelier richtig gemütlich ein», fügte sie hinzu.

«Merde!» Georg unterdrückte den Fluch gerade noch rechtzeitig. Das konnte ja heiter werden. Am besten, er bliebe für immer in der Provence und ließe sich wie Gérard Depardieu als Winzer nieder.

«Das ist aber toll, wie du das hingebracht hast», sprach er stattdessen ins Telefon. Was sollte er auch schimpfen? Es war sowieso nichts mehr zu ändern. Sollte er etwa die schwangere Geliebte, der er die Ehe versprochen hatte, aus seiner Wohnung verjagen? Sie zwingen, in ihrer eigenen Bude zu bleiben? Womöglich ins Frauenhaus zu ziehen, weil sie ihre Wohnung bereits gekündigt hatte?

Bei Uschis Planungsfreude hatte sie diesen Umzug in keiner Nacht-und-Nebel-Aktion unternommen. Da hatte jeder Ämtergang, jedes Kündigungspapier seine Ordnung. Blödsinn also, Widerspruch zu wagen! Es war zu spät.

Außerdem – es war schließlich nur natürlich, was sie getan hatte. Oder nicht? Sie suchte den Schutz, den jede Frau unter diesen Umständen suchen musste. Und natürlich suchte sie ihn zuallererst bei dem Vater des Kindes.

Da er ihr aber den Umzug nicht freiwillig gestattet hätte, nun ja – Georg konnte sich eines jähen Anflugs von Erheiterung über Uschis listenreiche Notwehr-Aktion nicht erwehren, die sie hinter seinem Rücken durchgezogen hatte. Trotzdem kam ihm fast gleichzeitig die Galle hoch, als er daran dachte, wie sie seine besten Freunde eingespannt hatte, um dieses Trojanische Pferd aufzuzäumen.

Sie war ein so raffiniertes Biest mit ihren hinterlistigen Tricks.

«Du freust dich wohl gar nicht?» Wie zaghaft Uschis Stimme plötzlich klang, die eben noch so stolz drauflosgeplappert hatte.

Georg riss sich zusammen. Er war der Vater dieses Kindes, verdammt noch mal. Und Uschi hatte völlig Recht – ordentliche Familien wohnten nun mal zusammen.

«Doch, natürlich freu ich mich!», log er mit angestrengter Überzeugung. «Es ist halt neu für mich und ziemlich überraschend. Ich kann's einfach noch gar nicht fassen, verstehst du?»

«Du wirst schon sehen, Schatz. Es wird alles gut mit uns», beteuerte Uschi aus tausend Kilometer Entfernung. «Wir müssen uns einfach besser aneinander gewöhnen. Und wie sollte das gehen, wenn wir nicht zusammen wohnen?»

«Ich bin bald bei dir», versprach er nervös. «Mach nicht so viel in der Wohnung. Ich helf dir dann schon.»

Alles war total normal. Er musste es sich nur oft genug wiederholen, dann würde es irgendwann in seinen Kopf gehen. Vielleicht stimmte es, vielleicht mussten sie nur zusammen leben, um besser zu harmonieren? Vielleicht hatte er tatsächlich zu lange allein gelebt und benahm sich wie ein alter verbohrter Platzhirsch?

Nun gut, nahm er sich vor, an ihm sollte es diesmal nicht liegen. Er würde sich zusammenreißen und Rücksicht nehmen.

Wenn, ja, wenn Uschi bloß wieder lieb sein würde! Dann

ließe sich sogar die räumliche Enge im Atelier ertragen. Das hätte er ihr gern gesagt. Aber leider war das wieder einer dieser Tabu-Sätze, die bei werdenden Müttern wie Uschi Fehlgeburtenalarm auslösen.

Als wäre der Umzug der Auftakt zum Glück gewesen, schien Uschis Stimmung zu steigen. Nur noch liebevolle Briefe trafen in der Provence ein. Auch hatte sie sich Familienbesuch eingeladen und fühlte sich prachtvoll dabei. Begeistert demonstrierte sie ihrer Mutter, wie nobel es sich bei einem Künstler in einem echten Atelier wohnen ließ.

Im ersten Moment amüsierte Georg sich köstlich, als er sich ausmalte, wie sie vorführte, welch dicken Fisch sie sich an Land gezogen hatte. Wie sagenhaft die Zukunft war, der sie und ihr Kind an der Seite dieses wohlhabenden, gebildeten und als Maler weltweit bekannten Griechen entgegenblickten.

Doch schon Minuten später schob sich ein leises Unbehagen warnend herauf. Eine innere Stimme sagte ihm, dass Uschi trotz all ihrer taktischen Maßnahmen und peniblen Lebenspläne einem gravierenden Irrtum erlegen war. Dass sie seine Berühmtheit ebenso überschätzt hatte wie sein Einkommen.

Lag hier die Erklärung für ihre wilden Forderungen nach Luxus und ihre Anklagen, er sei geizig wie ein Schwabe, er halte sie finanziell aus Bosheit kurz, er wolle keine Verantwortung für Mutter und Kind übernehmen? Und auch der Schlüssel dafür, dass sie sich ausgerechnet hatte, als Mutter seines Kindes oder seine Frau endgültig nicht mehr arbeiten gehen, nicht mehr malochen zu müssen, sondern reich zu sein?

Seine Ausstellungen in den USA, seine Monate währenden Reisen in alle Welt, sein Domizil in Griechenland, sein Haus in Frankreich, sein Atelier in einer der teuersten Städte Deutschlands, sein persönlicher Lebensstil als kosmopolitischer Bonvivant mit Esprit und Charme – hatte all das sie geblendet?

Womöglich hatte sie sich damals gar nicht in den ganz realen Mann Georg, sondern in den Traum vom mondänen Leben als Frau eines Künstlers verliebt?

Unwillig wischte Georg die Gedanken fort. Fing er jetzt auch schon an, misstrauisch zu werden? Nachtragend zu sein wie ein alter Esel?

Hungrig nach einem Beweis dafür, dass er ein mieser Tatsachenverdreher und Schwarzmaler sei, zog er zum x-ten Male Uschis Brief hervor, der an diesem Tag eingetroffen war.

«My sweatheart», da stand es Schwarz auf Weiß. «My sweatheart, das Wetter hier ist wunderbar. Es ist, glaube ich, das erste Mal, dass ich das Leben in dieser Stadt genieße! Du brauchst dir keine Sorgen um mich zu machen. Ich habe dich doch lieb, und du bist ja auch bald wieder bei mir. Wenn alles gut geht, machen wir noch einen kleinen Urlaub miteinander. Dann können wir alles bereden, wozu wir bis jetzt keine Möglichkeiten hatten. Ich denke an dich. Deine Uschi.»

Georg bekreuzigte sich, sooft er diese Zeilen las. Endlich wieder die Uschi, die er liebte.

Die Vorstellung, was ihn zu Hause erwarten würde, hatte Georg während der letzten Tage in der Provence nicht mehr losgelassen. Bilder von stapelhohen Umzugskartons und jedes freie Stückchen Wand voller Möbelstücke, die nicht zusammenpassten, verfolgten ihn bis in den Schlaf. Und Uschis Versprechen, das Atelier gemütlich zu machen, kicherte wahrhaft teuflisch durch seine Ahnungen.

Es half nichts, er hing an diesem Studio, das er eigenhändig ausgebaut und mit so viel Überlegung eingerichtet hatte. Und er brauchte es nicht nur als Wohnung, sondern auch als Atelier. Würde Uschis Vorstellung von Gemütlichkeit dulden, dass ihr kuscheliges Familienheim zugleich eine Künstlerwerkstatt war? Er musste zurück in die Stadt. Am besten sofort.

Georg klopfte sich gedanklich auf die Schulter, dass sein Instinkt so gut funktioniert hatte. Denn vermutlich war er keine Sekunde zu früh gekommen, um die große Umbaukatastrophe zu verhindern.

Uschis Hausrat war zwar nicht enorm, musste aber in dem Einraum-Wohn-Atelier so verteilt werden, dass zusätzlich eine Babyecke dabei herauskam. In Georgs Abwesenheit hätte Uschi vermutlich alles herausgeschmissen, was ihr überflüssig erschienen wäre. Jetzt, mit Georgs Widerstand, war ein erbittertes Feilschen um jeden Quadratzentimeter die Folge.

Doch nach ein paar Flohmarktwochenenden, auf denen er alles verscherbelte, was zu verschmerzen schien, und mit viel Kompromissbereitschaft musste Georg zugeben, dass es schlimmer hätte sein können und die neue Enge leidlich auszuhalten war.

Schwieriger ließ sich der Alltag des Zusammenlebens an. Es gab praktisch keine Möglichkeit zum Rückzug aus der Lebensgemeinschaft. Was immer geschah, es blieb öffentlich und kontrollierbar. Eigenes fiel dem Zwang zur Gemeinsamkeit zum Opfer. Besonders bei Musik artete dieser Zwang zur Zensur aus. Georg, der so viel ausgeprägter Individualist als Uschi war, litt an manchen Tagen wie in einem überfüllten Fahrstuhl. Oftmals staute sich in ihm ein so starker Druck an, dass er die Flucht in die Kneipe und zu den Freunden antrat, um standhalten zu können.

Uschis Bewältigungsstrategie blieb die Planung. Nichts überließ sie dem Zufall. Selbst ein Monatsspeiseplan wurde erstellt, der zu Georgs Vergnügen aber nie eingehalten werden konnte.

Der Geburtstermin rückte näher. Gern hätte Uschi gesehen, dass der werdende Vater sie zur Schwangerschaftsgymnastik begleitete. Georg hingegen lehnte beim ersten Anblick der dort verkehrenden Männer höflich dankend ab. Bei aller Toleranz, die einer der wesentlichen Bestandteile seiner Lebensphilosophie war – beim Anblick der im Duett mit ihren Frauen kurzatmig hechelnden, stöhnend pressenden und tief in den Bier- oder Waschbrettbauch atmenden Männer rastete sein geistiger Rückwärtsgang ein. «Kleines, alles, was du willst. Bei der Geburt bin ich dabei, obwohl ich kein Blut sehen kann. Aber das hier, bitte nicht mit mir!» Sprach's und blieb fort, bis ihre Turnstunde zu Ende war.

Uschi traf nicht einmal Anstalten, ihn umzustimmen. Irgendein Seismograph schien ihr anzuzeigen, wann jeder Widerstand zwecklos war. Und außerdem gefiel es ihr, dass er wie ein braver, gewissenhafter Familienvater jede Minute ihrer Abwesenheit nutzte, um zu arbeiten und für ihre Sicherheit zu sorgen.

Die Schwangerschaft tat ihr gut, wie Georg fand. Mit ihren etwas weicher gerundeten Gesichtszügen, dem unwahrscheinlich dicken und kräftigen Haar und den ausdrucksvoller denn je glänzenden Augen sah sie hinreißend schön aus.

Sichtlich genoss sie, mit ihrem dicken Bauch im Mittelpunkt des Interesses zu stehen. Endlich saß sie in der ersten Reihe. Endlich galten ihr die Fragen und die aufmerksame Fürsorge von Georgs Freunden. Endlich war er im Vergleich zu ihr uninteressant. Ein Vater, ein Erzeuger bloß, der für seine Familie sorgte, mehr nicht. Sie, die Mutter, die Leben Schaffende, war der Star.

Und Georg ließ es dabei. Mit einvernehmlichem Augenzwinkern gönnten er und die anderen Uschi ihre Wichtigkeit. Er war froh, dass leidlich Ruhe zwischen ihnen eingekehrt war. Wenn das Trara, das die Freunde um Uschis Bauch machten, dazu beitrug, dass es bei dieser Ruhe blieb, konnte es nicht besser sein. Das Kind würde es ihnen danken, wenn sie als Eltern sich lieb hätten und gut miteinander auskämen.

Aber es gab immer wieder Ausreißer in ihrer neuen Familienidylle, die Georgs Zuversicht erschütterten. Wie die Szene mit der Kunstsammlerin, die er sich unzählige Male wieder ins Gedächtnis rief, um zu begreifen, was eigentlich passiert war, und die er doch nie verstehen konnte.

Es war der Tag, an dem er einen der erfolgreichsten Verkäufe der letzten Monate tätigte. Schon einige Zeit zuvor hatte sich eine Dame zum Atelierbesuch angesagt. Georg kannte sie, da sie bereits Bilder von ihm besaß. Kürzlich hatte sie eine kleine Erbschaft gemacht und wollte nun einen Teil des Geldes erneut in seinen Bildern anlegen.

Etwa gleichaltrig wie er, saß sie mit ihm an dem großen Tisch in seinem Atelier, das längst keines mehr war, trank schlückchenweise Tee und inspizierte ein Bild nach dem anderen. Für ein großes Ölgemälde zu einem fairen Preis hatte sie sich bereits entschieden. Sie liebäugelte jedoch noch mit einem zweiten.

Eins seiner Frühwerke aus den achtziger Jahren hatte es ihr angetan. Abstrakt-informell mit viel Karminrot und scharf kontrastierendem, giftig-schrillem Maigrün, lehnte es an der zum Bett hinaufführenden Leiter. Georg liebte dieses Bild. Es wich von der Norm ab, war besonders, selbst für ihn. Er würde es nicht jedem verkaufen. Doch in ihrem Fall hatte er kein Problem damit, da er wusste, dass sie eine echte Liebhaberin und Kennerin war.

Während er der Dame die nötige Ruhe zum Betrachten, Abwägen und auch Rechnen ließ, sprang die Tür auf. Uschi erschien auf der Bildfläche. Die Dame blickte kurz auf, grüßte, versenkte sich dann aber mit einem raschen Lächeln für Georg erneut in die Betrachtung des Bildes.

Uschi stand abwartend, eine Hand auf dem hohen Leib. Als niemand sie beachtete, blickte auch sie auf das Bild am Fuße der Leiter. «So einen Scheiß würde ich mir nicht an die Wand hängen!»

Schweigen im Raum.

Georgs Gedanken wirbelten. War sie völlig verrückt geworden? Wollte sie ihn sabotieren? Den Verkauf des Bildes verhindern? Warum? Weil sie wusste, er mochte es gern und entbehrte es nur schwer? Wohl kaum. So viel Fürsorge traute er ihr nicht mehr zu. Was also war das bei ihr? Eifersucht?

Neid? Oder einfach nur gekränkte Eitelkeit, weil die Dame keine Notiz von ihr genommen hatte? Weil Georg es gewagt hatte, sie dieser nicht als seine künftige Frau vorzustellen? Strafte sie ihn einmal mehr ab, weil er in ihren Augen schlecht erzogen war, ein Georg eben, ein Bauer? Seit sie herausgefunden hatte, dass die Übersetzung seines Namens «Bauer» lautete, war es ihr liebstes Schimpfwort geworden.

Georg hatte das Gefühl, bis zu den Ellenbogen in den Hosentaschen versinken zu müssen, um keine Dummheiten zu machen. «Kleines.» Er rang sich die Anrede mit Mühe ab. «Kleines, nicht jeder hat deinen guten Geschmack. Würdest du uns bitte einen neuen Tee machen?»

Wie sollte er bloß jetzt der Dame an seinem Tisch begegnen?

Das Bild konnte er abschreiben. Es war ungeheuerlich. Kein Mensch würde glauben, was soeben vorgefallen war. Er auch nicht, wenn er nicht selbst dabei gewesen wäre.

In diesem Moment erhob sich die Kunstliebhaberin. Mit einem feinen Lächeln blickte sie von dem Bild auf, in dessen Farbigkeit ihr Blick geschwelgt hatte. Ganz Dame, legte sie das fertig abgezählte Geld aus ihrer Handtasche auf den Tisch. Es war mehr, als er ihr abverlangt hätte, würden sie ein wenig gefeilscht haben. Das musste ihr klar sein. Dennoch reichte sie Georg ohne jedes Zögern die Hand. «Ich kaufe auch dieses Bild. Es ist wunderbar und etwas höchst Exquisites.»

Uschi schaute verblüfft herüber.

«Sicher rotieren ihre grauen Zellen schon um eine passende Bemerkung», zuckte es Georg durch und durch.

Doch die Dame kam Uschi zuvor. «Sie müssen noch sehr viel lernen, junge Frau!»

Ein kleines Neigen des Kopfes in ihre Richtung, ein herzliches Wort für Georg. Dann ging sie.

Kommentarlos wandte Uschi sich ihrer Einkaufstasche zu. Auch Georg verlor keine Silbe.

Seit drei Wochen war der errechnete Geburtstermin überschritten. Uschi hatte das Doppelte ihres Gewichtes. In der Hitze des Sommers schwitzte sie unter dem Dach des Ateliers, das den Sonnenschein für lange Winterwochen zu horten schien. Wenn Georg ihren Bauch berührte, fühlte er die gespannte Haut wie kurz vor der Zerreißprobe. Das Kind darunter pochte mit Händen und Füßen gegen die eng gewordenen Höhlenwände. Von Tag zu Tag schien es stiller zu liegen, kopfunter ins Becken gepresst, längst reisefertig für den Start hinaus ins Leben.

«Komm!» Georg hatte sich jedes Wort genau überlegt. «Das Kind muss raus. Das Fruchtwasser wird schlecht, wenn man zu lange wartet. Es kann Komplikationen mit der Nabelschnur geben. Und du kriegst ja auch schon fast keine Luft mehr mit diesem dicken Bauch. Komm, Kleines, ich bring dich ins Krankenhaus.»

Eine halbe Stunde später war Uschi zu verschiedenen Untersuchungen hinter den Türen des Geburtstraktes im Krankenhaus verschwunden.

«Hier!» Irgendwer hielt Georg einen Arztkittel zum Hineinschlüpfen hin. Man wusste, dass er dabei sein wollte, wenn sein Kind auf die Welt kam. Jemand schob ihn in den Flur zu den Kreißsälen. Ließ ihn allein.

Unsicher blieb Georg stehen. Lauter viereckige Räume, die zu beiden Seiten öffneten. Der Künstler in ihm registrierte es unwillkürlich. «Warum das Ding wohl Kreißsaal heißt?», grübelte er flüchtig.

Aus einigen Räumen kam Stöhnen. Die Türen standen offen. Scheu lugte er hinein. Sah eine Frau, auf einer Pritsche liegend, mit der rechten Hand einen hölzernen Galgen umklammernd. Ihr Körper wölbte sich wellenartig. Sooft er die höchst mögliche Stelle erreichte, stöhnte sie. Es war nicht Uschi. Hastig zog Georg sich zurück. Er kam sich vor wie ein Voyeur.

Das Stöhnen vervielfachte sich, kam jetzt aus allen Richtungen. Quadrophonisch, rund herum, deshalb vielleicht der «Kreißsaal»?

Erst Monate später schlug er das Wort im Herkunftswörterbuch nach. Entdeckte, dass es nichts mit Kreisen und folglich auch nichts mit Kunst zu schaffen hatte, sondern vor Jahrhunderten aus dem damaligen Wort für das Schreien, das Kreischen, der gebärenden Frau abgeleitet wurde.

Der Arztkittel, in den man Georg gesteckt hatte, tarnte ihn als einen der Ihren. Die eilig umherhastenden Krankenschwestern nahmen keinen Anstoß an ihm, wie er da von Raum zu Raum schaute. Wie doch Kleider immer wieder Leute machten!

Eine Frau saß im Flur zwischen zwei Zimmern. Beide Hände aufgereckt, eine Klimmzughantel umklammernd. Aus einer

Flasche an einem fahrbaren Galgen führte ein Plastikschlauch in eine Vene der rechten Hand. Auch diese Frau stöhnte vernehmlich. Erneut wollte Georg sich zurückziehen. Da wandte sich die Frau ihm zu. Es war Uschi.

Ehrfürchtig setzte er sich zu ihr, hielt ihre linke Hand. Die rechte wagte er nicht zu berühren. Die Venenkanüle hob sich deutlich sichtbar unter der durchscheinenden Haut ab. Es sah aus, als schmerze die Stelle schon vom Anschauen.

Bei jedem Stöhnen verstärkte Uschi ihren Händedruck. Was geschah mit ihr? Hätte er vielleicht doch besser den Geburtsvorbereitungskurs besucht?

«Wie kann ich dir helfen?» Etwas Besseres fiel ihm nicht ein.

Vom nächsten Schmerz am Sprechen gehindert, nahm sie seine Hand und richtete ihren Blick darauf. So saßen sie Stunden.

Eigentlich hatte er nur für eine Zigarettenlänge vor die Tür gehen wollen. Als er wieder kam, lag Uschi brüllend in den Presswehen und fluchte zwischendurch wie ein Besenbinder. «Ich will keine Frau mehr sein! Komm endlich, du Scheiß-Balg! Nie wieder will ich das mitmachen. Nie wieder!»

Wenig später schrie sie gellend wie von Sinnen. Das Baby kam nicht durch. Der Geburtskanal war zu eng. Es steckte fest. Nur der Kopf war sichtbar. Die Hebamme stand wie paralysiert.

«Holen Sie einen Arzt!», schrie Georg sie an, außer sich vor Angst und Hilflosigkeit.

Der Arzt kam herbei, keine Sekunde zu früh. Ein Dammschnitt, das Kind war da. Während die Hebamme sich um die Nachgeburt kümmerte, der Arzt die klaffende Wunde vernähte und eine Krankenschwester den Schweiß aus Uschis Gesicht wischte, legte der Kinderarzt ihm, dem Vater, das Baby in die Arme. Schwarze Haare, ein rotes Gesicht, verquollen die Augen, weit abstehende, große und doch mausohrzarte Ohren. Die kleine Zunge zitterte im Mund, als sein Kind schrie. Instinktiv drückte Georg das Köpfchen an seine Brust. Ob es seinen Herzschlag erkannte? Plötzlich still, sah ihn das Baby aus mitternachtsdunklen Augen an.

Erst eine Viertelstunde später schaute er nach, ob es ein Junge oder ein Mädchen sei. Es war ein Mädchen. Uschis Tochter und seine Tochter. Er war Vater geworden. Ihn schwindelte.

Sie wog über dreieinhalb Kilo. Wenn Georg sie in den Armen hielt, selbst wenn er nur an sie dachte, war etwas Neues in ihm. Etwas, das er nie zuvor empfunden hatte, nie kannte. Ein warmes, starkes Gefühl. Brausend in den Ohren und im Herzen. Jubelnd und doch still, zärtlich und doch fest. Anders als die Liebe zu einer Frau, ganz anders. Frageloser. Tiefer. Endloser. Es würde nie mehr verschwinden. Er wusste es. Wie man weiß, dass man sterben muss. Etwas Archaisches, dem er nichts entgegensetzen wollte, selbst wenn er es vermocht hätte, war plötzlich da. Maria, seine winzige Tochter, hatte es in ihm ausgelöst, vom ersten Augenblick an. Beschützerinstinkt, Liebe, Demut vor dem Leben. Ein unbeschreiblicher Mix. Etwas, das nur für sie da war.

«So also ist es, Vater zu sein.» Eine Stimme in Georg stellte es wortlos fest.

«Bist du glücklich?», wollte Uschi wissen. «Liebst du sie?»

«Ja», nickte er, beide Fragen in einer beantwortend.

Ihr Gesicht war gezeichnet von den Strapazen der Geburt. Wie Wachs die Haut. Schatten unter ihren Augen. Und der Mund sah rissig aus, als wäre sie Stunden verdurstend durch die Wüste gelaufen. Aber ihre Augen strahlten.

«Und du?», fragte er überflüssigerweise, um nur irgendetwas

zu sagen und diesen Druck in der Herzgrube auszuhalten. «Bist du glücklich?»

«Ja, sehr!», nickte auch sie, ließ sich umarmen, küssen, wiegen. «Wir müssen das alles jetzt richtig gut planen.»

Eine Woche Galgenfrist. Zeit für Georg, die Wohnung endlich wieder und zugleich ein letztes Mal allein zu genießen, junggesellen-like in der Kneipe zu sitzen, zu rauchen, wann es passte. Dann war es so weit. Maria nahm ihr Zuhause in Besitz.

Nichts mehr, was sich nicht um diese kleine Person drehte. Alle vier Stunden musste Uschi sie stillen. Zu den unglaublichsten Zeiten waren frische Windeln fällig. Oft hatte sie sich bespuckt. Umziehen dann von Kopf bis Zeh. Baden in einem winzigen Wännchen. Den Kopf stützen, den der schwache Hals noch nicht tragen konnte. Die Finger- und Zehennägel schneiden, damit sie sich das allmählich rund und wundersam glatt gewordene Gesichtchen nicht zerkratzte, wenn sie mit ihren noch unkoordinierten Bewegungen zappelte.

Die ersten Freunde wollten kommen, die neue kleine Erdenbürgerin begrüßen. Doch Mama Uschi stand als Zerberus vor der sonst immer einladend geöffneten Tür. «Nein, ein Besuch ist mir jetzt nicht recht!» Immer wieder.

Falls es doch jemand wagte, unangemeldet vorbeizukommen, bestrafte sie ihn mit einer so frostigen und nachdrücklichen Missachtung, dass man sich bald trollte. Ab neun Uhr abends wurde dem Bekanntenkreis das Anrufen untersagt. Für Georg, dem Gastfreundschaft heilig war, bedeutete Uschis Verhalten eine Todsünde.

«Du kannst doch meine Freunde nicht so vor den Kopf stoßen!», hielt er ihr vor. «Es sind jetzt auch deine Freunde. Und sie wollen nur das Kind sehen. Bitte, sei doch vernünftig!»

«Ich bin die Mutter, und ich bestimme, wann Besuch da ist und wer es ist! Du willst doch lediglich mit der Maria angeben. Und ich habe die ganze Arbeit mit ihr.»

Das stimmte so nicht. Auch Uschi wusste es. Sie wusste, dass das Kind Georgs Ein und Alles war. Sooft es nur irgend ging, trug er den Säugling mit sich herum. Wie ein winziges Känguru-Baby lag Maria in der Tragetuch-Wiege vor seiner Brust, deren lange Stoffenden hinter seinem Rücken verknotet waren. Windeln wechseln machte ihm nichts aus, es war selbstverständlich.

Uschi zankte und keifte. Ihr früher so sonniges Gemüt war zur Sonnenfinsternis geworden. Georg ging. Er wurde fremd in der eigenen Wohnung. Morgens um acht zog er zum Schweißen los, weil er einen neuen Auftrag für einige Obelisken erhalten hatte, die er in einer Fabrik anfertigen durfte. Erst abends kam er zurück. Somit hatte Uschi die Wohnung für sich.

«Du kümmerst dich überhaupt nicht mehr um mich!», schrie sie Georg an und brachte das Baby durch ihren schrillen Ton zum Weinen. «Für dich bin ich bloß noch Hausfrau und Putzfrau und Mutter. Und um das Kind kümmerst du dich auch nicht.»

Er zuckte ratlos die Schultern. «Sei doch froh, dass ich Arbeit habe und dir das Geld bringe, das du willst. Du wolltest doch den Job schmeißen und nicht mehr malochen. Ich hab dir das nicht eingeredet. Du wolltest, dass ich allein die Kohle für uns verdiene. Was willst du? Ich tu's.»

Mindestens einmal die Woche endeten die Auseinandersetzungen mit einem Heulanfall Uschis. «Ich will endlich ein großes Haus haben, ich will ein größeres Auto haben, ich will nicht mehr malochen, ich will …» Die alte Leier. Mit Fausthieben in die Kopfkissen bekräftigt.

Zärtlichkeiten? Fehlanzeige. Sie war zu müde, zu frustriert, zu zänkisch, zu gestresst, zu allein gewesen. Gründe gab es immer. Gute Gründe allesamt. Georg redete sich ein, dass es vorübergehende Gründe seien. Er wagte nicht mehr, sie anzufassen, aus Angst, sich einen Korb zu holen. Der Frust nebelte allmählich sein Gefühlsleben ein.

Was ihn hielt, war Maria. Mit ihren inzwischen oliv dunklen Augen blickte sie ihm mitten ins Herz, strampelte und lachte, gluckste und quiekte in seinen Armen und machte ihn glücklich. Nachts, wenn Uschi schlief, saß er am Kinderbett und streichelte die winzigen Händchen. Manchmal schlug Maria kurz die Augen auf, lächelte ihn an, um sofort wieder einzuschlafen. Wie zwei Verschwörer, mucksmäuschenstill, um nur die Mutter nicht zu wecken. Manchmal saß er stundenlang, atmete den süßen Babyduft und fühlte sich dabei wie ein süchtiger Industrielackschnüffler.

Tagsüber war keine Zeit für eine derartig innige Verquickung zwischen Vater und Kind. Ging er morgens aus dem Haus, schlief Maria noch. Kam er abends spät zurück, schlief sie oftmals schon wieder. Um sie öfter erleben zu können, richtete er, wann immer möglich, seinen Feierabend nach den Zeiträumen, die Uschi als Spielzeit eingeplant hatte. Es kam vor, dass er nicht einmal Zeit zum Duschen hatte, bevor er mit seiner Tochter schmuste oder spielte, weil er es gerade noch rechtzeitig schaffte, aus dem Auto ins Atelier zu spurten und fünf Minuten mit ihr auf dem Boden zu krabbeln, ehe mit dem letzten Windelwechsel der Countdown zum Schlafengehen lief.

In den übrigen Wachphasen der Kleinen aber fühlte Georg sich von Uschi wie mit Argusaugen und der Sanduhr in der Hand belauert. Ungeplant, nur einfach so, etwas Zeit mit Maria zu verbringen, war fast unmöglich. Sein Verhalten wurde kommentiert, als müsse jede Sekunde in einem Buch des Faulenzens verbucht werden. Und jede Einzelne dieser Sekunden wurde bewertet, als beginge Georg eine Todsünde.

«Schlimmer als lebenslänglich!», dachte er oft und wusste nicht mehr weiter.

Früh genug, damit Uschi es einplanen konnte, meldete Georg den Wunsch an, Weihnachten in der Provence zu verbringen. Nicht allein, dass er Sehnsucht nach seinem Haus und Urlaub vom deutschen Alltag hatte. Er hoffte auch inständig, dass die dortigen Räumlichkeiten eine Entspannung zwischen Uschi und ihm begünstigen würden. Die Zimmer waren zwar klein, aber sie waren getrennt. Sie würden sich weniger «auf der Pelle sitzen» als in seinem Atelier. Etwas mehr Privatheit für beide wäre möglich.

Georg setzte alle Überredungskunst ein. Und Uschi gab nach. Sie schien sich sogar zu freuen.

Kaum in der Provence angelangt, schlug ihre Stimmung jedoch um. Anders als in Deutschland, wo Georgs Freundeskreis viel Aufhebens von Maria machte und Uschi als der Mutter dieser süßen kleinen Knuddelmaus hofierte, verhinderte die Sprachbarriere eine ähnliche Interessensverlagerung. Zwar riefen auch hier die Freundinnen und Freunde an oder kamen, um Maria zu bewundern, doch wandten sie sich nicht an die Mutter, sondern an Georg. Mit ihm parlierten und lachten sie. Ihm fragten sie Löcher nach dem Kind in den Bauch. Ihm galt das Staunen, wenn er erzählte, dass die Geburt sechsundzwanzig Stunden gedauert hatte. Uschi stand daneben und kam sich ausgegrenzt vor. Wieder einmal.

Selbst das Wetter schien sich gegen sie verschworen zu haben. Statt des erwarteten Sonnenscheins hatte die Provence finstere Wolken zu bieten. Es regnete ununterbrochen.

Manche Ortschaften in der Umgebung meldeten bereits Land

unter. Die Bäche und Flüsse traten über die Ufer. Wie Flachmoore breiteten sich die überschwemmten Auwiesen aus. Jaulend fuhr der Mistral darüber hin.

Georg war es gleich. Er liebte das Land auch im Regen. Die Bäume, deren dürre Laubkronen sich in Trauermäntel legten. Die Äcker unter ihrer glitzernden Wasserdecke, in der sich die jagenden Wolken spiegelten, sobald die Sonne einen Streifen Licht entsandte.

Alle Hände voll damit zu tun, das Holz für den Kamin trockenzuhalten und seine Auftragsarbeiten voranzutreiben, trug er Maria in ihrem Tragesack mit sich auf dem Rücken herum. Wenn sie wach war, ließ sie mit den Augen nicht von den kräftigen Farben ab, die er malte. Alles, was nicht niet- und nagelfest war, wanderte zu dem winzigen, neugierigen Mund, um mit allen Sinnen getestet zu werden.

Zweimal am Tag stapfte er mit Regenschirm und Stiefeln seine Strecke zwischen Haus und Colorado ab. Draußen trug er Maria lieber auf der Brust. Sah sie an. Lächelte, wenn sie lächelte. Manchmal sang er ihr vor. Öfter erzählte er ihr Geschichten, auch wenn sie sie nicht verstand.

«Quak», fiel sie ihm ins Wort. «Quak, Quak!», brabbelte sie und blies Spuckeblasen in den Mundwinkeln auf. «Quak!», wie ein Frosch in der Badewanne. Konnte ein Vater vernarrter in seine Tochter sein?

«Du kümmerst dich gar nicht um sie!», klagte Uschi, wenn er sie ihr zum Stillen brachte. Hatten drei Wochen Regen ihre Wahrnehmungskraft verwirrt?

«Ich will zu meiner Freundin nach Montpellier! Allein mit der Maria. Ohne dich.» Beim Frühstück schon hatte sie es trotzig und provokativ verkündet.

«Hast du die Nachrichten gehört?», fragte Georg.

«Nein, wieso?»

«Inondations partout!» Georg wusste, dass sie die Worte verstand, übersetzte sie aber trotzdem. «Es ist alles überschwemmt. Die Zufahrtsstraßen stehen total unter Wasser. Sogar der Bach neben der Straße ist so wild wie ein reißender Strom. In der Stadt hat er heute einen Parkplatz überflutet. Fünfundvierzig Autos, total weg.»

«Du spinnst!» Uschi plusterte sich auf. «Das hast du doch bloß erfunden, weil du nicht willst, dass ich auch mal was anderes sehe als bloß dieses Haus, dieses Haus und nochmal das Haus.»

Georg schüttelte den Kopf. «Unsinn. Du brauchst ja nur die Zeitung aufzuschlagen und das Radio anzudrehen, dann weißt du es.»

«Ich lass mir doch von dir nicht mein Leben vermiesen», brauste Uschi auf und schob den Stuhl so heftig zurück, dass er fiel. «Ich bin jung, kapierst du das? Nicht wie du schon fast jenseits von gut und böse. Mir reicht es nicht, in einem blöden Steinbruch rumzurennen und die Wände anzuhimmeln. Ich brauch Leute um mich herum, verstehst du? Leben!»

«Und trotzdem lasse ich nicht zu, dass du bei diesem Unwetter nach Montpellier fährst!», schrie Georg zurück. «Willst du dich umbringen, oder was? Ertrinken?»

«Oh, nein!» Uschi schlug in gespieltem Entsetzen die Hände an die Wangen. «Ertrinken? Bist du gerade Vater geworden oder Großvater? Langweiliger als du kann ja nicht mal Methusalem gewesen sein.»

Georg rang gleichermaßen nach Fassung und Luft. «Okay, wenn du absolut willst, dann fahr doch», stieß er hervor und griff nach dem Kind. «Von mir aus fahr dir den Hals ab oder was du willst. Aber die Maria, die bleibt da!»

Er musste nicht erst lange nachdenken, was los war. Er kannte sie inzwischen zu gut, die Frau, mit der er dieses Kind gezeugt hatte. Machtspiele waren für sie Lebenselixier. Sie brauchte sie zum Beweis der eigenen Lebendigkeit. Mochte sie das Auto nehmen. Mochte sie tun, was sie nicht lassen konnte. Aber Maria benutzte sie nicht.

Trotzig starrte sie ihn an. Zitternd vor Wut, weil sie wusste, dass sie ihm das Kind nicht entreißen konnte.

«Nimm doch Vernunft an», appellierte er nochmals. «Irgendwann muss dieser Regen ja aufhören. Dann können wir doch immer noch hinfahren.»

«Wir?» Uschi warf den Kopf zurück. «Ich höre immer bloß wir. Ich will fahren, verstehst du? Ich, allein, ohne dich, selbst. Ob du blöder Oberpatriarch mir dazu die Erlaubnis erteilst oder nicht. Ich bin mein eigener Herr. Und was du da machst, das ist Freiheitsberaubung. Aber nicht mit mir! Ich fahre.»

Er hatte während ihres Anfalls die Wut in sich aufsteigen fühlen, als fülle Magma den Schlund eines Vulkans. «Hier wird jetzt gemacht, was ich sage», explodierte er. «Und wenn dir das nicht gefällt, kannst du ja gehen. Endgültig. Aber ohne das Kind.»

Sie brach in Tränen aus. Ihr lautes Heulen und Schluchzen zerrte an seinen ohnedies flatternden Nerven. Ohne weiter auf ihr Toben zu achten, band er sich das Kind um die Brust und stapfte hinaus in den Regen.

Er floh. Es war ihm bewusst. Zwischen ihm und Uschi herrschte Eiszeit. Im Herzen waren sie sich so fern, dass sie einen Dolmetscher brauchten, obwohl sie dieselbe Sprache sprachen. Erstmals überkam ihn die Ahnung, dass etwas Furchtbares geschehen werde. Fast automatisch beflügelte die Sorge seinen Schritt.

Der Colorado duftete von all dem Regen der letzten Wochen. Anders als im Frühling roch es jetzt, erdig, streng und schwer. Wenn Düfte wie Farben wären, würde er düsteres Umbra dafür wählen oder Graphit, dachte Georg und schritt aus, als ginge es um sein Leben. Urplötzlich war die Erinnerung da. An einen anderen Winter. An einen anderen strengen Geruch. An Pilsen, rund fünfzig Jahre zurück. Klein war er damals. Und es roch nach Bohnerwachs. Im ganzen Treppenhaus.

Das große Küchenmesser in der Hand der dunkelhaarigen Frau blitzte. Sie stand im Flur und schrie. Oma und Opa verharrten wie versteinert im Türrahmen. Jiri umklammerte Omas Rock mit der einen Hand und eine Orange mit der anderen. Orangen waren damals etwas Besonderes. Und diese hier war Jiris Weihnachtsgeschenk. Ein Mann tauchte hinter ihm auf. Sprach etwas. Die dunkelhaarige Frau schrie lauter. Mit dem Messer in der Hand sprang sie auf Jiri zu, riss ihn von Omas Rock und rannte mit ihm das Treppenhaus hinunter. Fort. Die Frau war Jiris Mutter.

Georg blieb stehen. Wie lange hatte er sich an diese Szene seiner Kindertage nicht mehr erinnert? Mit beiden Händen drückte er Marias Köpfchen an seine Brust. Wie, wenn sich alles wiederholte?

Auch Uschi liebte Messer, besonders die großen, gediegenen. Erst kurz vor der Reise hatte sie eines gekauft, das so sündhaft teuer war, dass sie sich in die Haare geraten waren. Vor Wut über seine Vorwürfe hatte sie es in ein Holzbrett gerammt, dass die Spitze brach. Und hatte drei Tage später ein neues gekauft. Zum zweiten Mal den stolzen Preis bezahlt. Demonstrativ, weil sie sich von ihm nicht sagen ließ, was sie kaufen durfte und was nicht. Weil sie sich von ihm nicht unterdrücken ließ.

Wie würde es sein, wenn sie ihm eines Tages das Kind entriss?

Würde sie, wie damals seine eigene Mutter, auch das Messer nehmen, um ihn, den Vater, damit zu bedrohen? Wie sich sein Vater wohl gefühlt hatte, damals?

Sacht ließ Georg sich auf einen der von Wind und Regen rund geschliffenen Sandsteinköpfe sinken. Maria schlief. Die frisch gewaschene Luft hatte ihre Wangen gerötet. «Kleines Schneewittchen», murmelte er liebevoll. Nein, eine Prinzessin war seine Tochter nicht. Aber sie war reicher als eine Kaiserin, denn sie hatte einen Vater, der sie liebte.

Der kleine Jiri von damals hatte einen Stiefvater. Der war nett und sorgte gut für ihn. Seinen Namen zu tragen fiel dem heranwachsenden Stiefsohn nicht schwer. Trotzdem war er nicht der Vater.

Den hatte Georg nur noch einmal im Leben wiedergesehen. Eines Tages war ein fremder Mann in dem Vorgarten des Hauses aufgetaucht, in dem die Mutter zusammen mit Jiris Stiefvater und den Kindern lebte. Zwei Pakete hatte er bei sich. «Mama, da ist ein Mann!», hatte Jiri gerufen.

Die Mutter hatte aus dem Fenster geschaut. Sie erkannte den Mann auf den ersten Blick, stürzte aus dem Haus und zerrte Jiri am Arm davon.

«Mama, ist das ein Mann von der Post?», hatte er gefragt.

Der Stiefvater schloss hinter ihnen die Haustür zu und legte sogar die schweren Eisenwinkel vor. Der Postmann konnte es nicht sein.

«Ist das ein böser Mann?»

Neugierig hatte Jiri aus dem Fenster gestarrt. Dort unten stand der Fremde und hielt die zwei Pakete in die Höhe: «Für dich, Jirko!»

«Hau ab!», schrie die Mutter hinunter. «Verschwinde!»

Den Mann mit den Paketen in den Händen, die langsam

heruntersanken, konnte Jiri nie vergessen. Oft hatte er sich gefragt, was wohl in den Paketen gewesen war. Ein Buch, ein Spielzeug, oder beides? Er erfuhr es nie. Und auch, dass der Mann sein Vater war, fand er erst sehr viel später heraus.

Vierzig Jahre, nachdem er seinen Vater zum letzten Mal gesehen hatte, machte der Sohn sich endlich auf die Suche nach ihm. Fast im Schritttempo fuhr er die Landstraßen des alten Böhmens entlang. Erinnerungen aus der Kindheit wurden wach. Die sanften Hügel, ab und zu eine Burgruine, frisch gemähtes Korn. Smetanas «Aus Böhmens Hain und Flur» im Kopf, fühlte er sich wie mit der Zeitmaschine zurückversetzt. Pilsen dann, seine Geburtsstadt, grau von Industriestaub. Grauer als sein Bart.

Mit nichts als einem Hochzeitsfoto und einem weiteren schwarz-weiß gezackten Foto von einem jungen Mann, der, mit einer Ziehharmonika und einer halb gerauchten Zigarette im Mundwinkel, irgendwo für Stimmung gesorgt hatte, trieb er die Adresse auf. In einem dieser Mehrfamilienhäuser mit dem Charme einer ehemaligen Kaserne war es.

Ob der Vater ihn wohl erkennen würde? So anders als das Kind, grauhaarig schon, mit Bart, groß, ein reifer Mann?

Doch der Vater erkannte niemanden mehr. Er war tot. Vor vier Wochen hatten sie ihn begraben.

Er habe sehr oft von seinem Jirko gesprochen, wusste seine zweite Frau. Gern hätte er erfahren, was aus ihm geworden sei. Aus einer Schublade zog sie einen Stapel alter Fotos hervor, gerade so, als hätten sie dort schon immer für den Sohn bereitgelegen. Die hätte er immer wieder angeschaut, sagte seine Frau. Auf einem der Fotos stand er mit einem kleinen Buben an der Hand. Im Mantel alle beide, der Vater mit Hut, mit Mütze der Kleine.

Es tat gut, einen Vater zu haben. Selbst einen, der tot war. Jahrelang hatte Georg dieses sonderbare Gefühl gehabt, dass ihm etwas Wichtiges fehle. Jetzt nicht mehr. Sein Vater hatte ihn geliebt. Es schmerzte, ihn verloren zu haben. Doch die Zufriedenheit, ihn gefunden zu haben, überwog.

Den warmen kleinen Körper seiner Tochter an sich gedrückt, saß Georg lange dort. Die Vorahnung lastete wie Blei auf seinen Schultern, während er an seine ihm gänzlich entfremdete erstgeborene Tochter dachte, an Uschi, an sich selber, an vaterlose Kinder allesamt. Würde Maria die Reihe fortsetzen?

«Nein!» Mit einem Ruck stand er auf. Um dieses Kind und sein Recht, einen Vater zu haben, würde er kämpfen. Ob sie es mit dem Küchenmesser oder mit dem Messer des Gesetzes versuchte, Uschi würde das Kind nicht an sich reißen. «Nicht solange ich lebe!», sagte er laut, während Maria ihre Olivenaugen zu ihm aufschlug, als verstünde sie jedes Wort.

Die letzten Wintertage in Frankreich, die ersten Winterwochen in Deutschland vergingen mit der Unwirklichkeit eines Albtraums. Nach jedem kurzen Aufwachen schien der Traum weiterzugehen. Das Leben spielte auf drei Bühnen. Auf der künstlerischen, auf der alles zum Besten stand und das Geld für die kleine Familie reichlich hereinkam. Auf der Mutter-Vater-Kind-Bühne, auf der Maria der einzige Star war und es an guten Tagen sogar für ein paar Stunden schaffte, die dritte Bühne, die der Paarebene, mit Glück zu erfüllen.

Die Hauptakte liefen mit Theaterdonner ab. Ob Uschi sich im renommiertesten Lokal der Stadt ein Solo-Abendessen für zweihundertvierzig Mark gönnte und sich die dünne Gemüsesuppe als Vorspeise nebst Gemüseteller als Hauptgericht nur im Vollgefühl dessen schmecken ließ, dass Georg für dieses kleine Bosheitsvergnügen lange malochen musste. Ob er ihr zur Strafe das Haushaltsgeld zusammenstrich und sie sich rachsüchtig im Bett verweigerte. Ob sie mit ihrer allein erziehenden Freundin loszog und Emanzensprüche drosch. Ob er sich allein zu den Freunden verkroch. Es änderte nichts zum Guten.

Uschi machte den Vorschlag, es mit einer Paartherapie zu versuchen.

«Nichts dagegen», stimmte Georg zu. «Du kannst wählen, wen du willst. Nur mach's schnell.»

Uschi hielt sich daran. Bei einer Therapeutin sollte der Termin stattfinden. Georg schwante nichts Gutes. Maria im Kinderwagen die Treppe in den zweiten Stock hoch schleppend, hörte er im Geiste schon die Guillotine über sich sausen.

Eine Dame kam ihnen entgegen, eine schlanke Mittvierzigerin mit langem Haar und schmalen Lippen, freundliche Aufmerksamkeit ausstrahlend. Sie wartete geduldig mit den Einleitungsworten, bis Uschi die ungnädig brüllende Maria an der Vaterbrust abgelegt und Platz genommen hatte.

Ihre Frage, was Uschi auf dem Herzen habe, löste eine wahre Stromquelle an Klagen aus. Dass ihr Lebensgefährte so dominant sei. Dass er alles bestimmen wolle, sie unterdrücke und ihr keine Chance lasse, sich auch nur im Geringsten selbst zu verwirklichen, ihr in allem Vorschriften mache und keine Ordnung in sein Leben bringen könne, sie als Frau vernachlässige und …

Georg ertappte sich dabei, nicht mehr hinzuhören. Maria hatte Hunger. Ihr Fläschchen stand in einem speziellen Köcher am Fußende des Kinderwagens bereit. Wie immer hielt sie Georgs Daumen fest und schaute ihn unverwandt an, während sie trank.

«Und was sagen Sie dazu?», wollte die Therapeutin plötzlich

wissen. Die Frage galt Georg. Fast hätte er sie an sich vorbeirauschen lassen.

Was sollte er schon dazu sagen? «Es ist ihre Wahrheit, verstehen Sie. Sie nimmt das alles so wahr. Aus meiner Sicht ist das nicht so. Aber meine Sicht ist hier nicht gefragt.»

«Was machen Sie denn beruflich?» Die Frau schien wirklich interessiert.

«Maler, Kunstmaler.» Wie immer, wenn diese Frage an ihn gerichtet wurde, überreichte Georg auch ihr einen kleinen Prospekt mit seiner Anschrift.

«Und er kümmert sich überhaupt nicht um das Kind», warf Uschi ein.

Der Frau stieg eine rasche Röte ins Gesicht. Georg duckte sich automatisch vor der zu erwartenden Zornesflut.

«Hören Sie, ich habe selten einen so zärtlichen Vater hier gesehen. Sie wissen ja gar nicht, was Sie an ihm haben!» Die Stimme der Dame klirrte ein wenig, aber sie erschien Georg süßer als Engelsstimmen. Allerdings begriff er auch, dass dies nicht gerade die professionellste Psychoberatung war.

Einige Sekunden lang saß Uschi wie erstarrt. Dass ausgerechnet sie selbst sich eine Moralpredigt würde anhören müssen, stand nicht auf der Liste ihrer Erwartungen. Den Tränen nahe, sprang sie auf: «Sie haben ja keine Ahnung! Sie wissen ja nicht, wie er ist! Sie sind ja bloß seinem Künstlercharme erlegen!» Knallte die Tür zu und war weg.

Georg zögerte keinen Moment, ließ den Kinderwagen stehen und rannte ihr mit dem Baby im Arm hinterher.

Um diese Uhrzeit war die Fußgängerzone sehr belebt. Sämtliche Lokale hatten ihre Straßencafés eröffnet. Vor den Geschäften standen Auslagen. Uschi raste im Zickzack hindurch. Trotzdem holte Georg sie ein. Maria brüllte verschreckt. Uschi war dem Zusammenbruch nahe. Tränen liefen ihr wie ein Niagarafall aus den Augen.

«Nimm das Kind und verschwinde!», schrie sie. «Ich will dich nie wieder sehen. Dich nicht und dein Kind auch nicht.»

Die Leute gafften. Seifenopern auf offener Straße erlebten sie selten.

Einen verlockenden Moment lang überlegte Georg. Sollte er sie beim Wort nehmen? Sollte er das Kind schnappen und verschwinden? Amerika, Australien, Griechenland, überall würden sie mit offenen Armen aufgenommen werden. Doch der kleine Jiri in ihm wusste es besser: «Nein! Tu's nicht. Ein Kind braucht Mutter und Vater. Du darfst ihr die Mutter nicht nehmen.»

«Komm.» Sanft und fest zugleich packte er ihren Ellenbogen. «Lass uns hier irgendwo ein Bier trinken, bitte.»

«Du hast die Frau sofort für dich eingenommen», schluchzte sie wütend. «Du bist ein Schwein!»

Vorsichtig dirigierte er sie zu einem der Tische und schaute die Gaffer dabei so unmittelbar an, dass sie die Köpfe abwandten. «Ich finde diese Psychofrau auch nicht hilfreich. Das war nicht profimäßig, wie sie das gemacht hat. Aber ich hab keinerlei Absicht gehabt, die Frau zu manipulieren. Du hast die ganze Zeit mit ihr geredet. Sei ehrlich zu dir, Kleines. Ich hatte wirklich keine Ahnung, was da abläuft.»

«Das glaube ich dir nicht!» Uschi schrie erneut.

«Komm, trink erst mal ein Bier, dann sieht die Welt schon wieder ganz anders aus», versuchte er, gelassen zu bleiben.

Er wirkte sehr überzeugend, denn Uschi schluckte gleich drei Halbe, um ihren Schock zu überwinden. Sie war kreidebleich, die Hände flatterten wie im Fieber, und Georg hatte Angst, sie könnte mitten auf der Straße einen Kreislaufkollaps erleiden. «Mein Gott», dachte er, «wie hab ich diese Frau geliebt. Irgendwie liebe ich sie sogar noch immer. Wenn sie bloß wieder ein bisschen gelassener würde, könnte noch alles gut werden mit uns.» Fast automatisch schloss er die Hände um ihre Finger und streichelte ihren Handrücken, auf dem die Einstichstelle der Tropf-Kanüle, die sie während der Wehen erhalten hatte, zu einer winzigen schneeweißen Narbe geworden war.

Georgs Auftragsarbeiten gingen zu Ende. In einer Nachbarstadt wurde an einem Haus auf dem Marktplatz eines seiner Kunstwerke enthüllt. Tausende Menschen waren dabei. Die ganze Innenstadt war für den Verkehr gesperrt. Uschi blieb der Inauguration fern.

«Ich verstehe nicht, was die Leute an deinem Zeugs finden», meinte sie. «Sind die blind oder was? Die müssen doch sehen, dass auf jedem deiner Bilder bloß lauter Klodeckel zu sehen sind. Du solltest Werbung für eine WC-Firma machen. Kackbraune Farben benutzt du doch sowieso.»

Uschi schien krank. Die Schwangerschaft musste einen Defekt bei ihr angerichtet haben. Anders konnte Georg sich ihre Ausbrüche nicht erklären.

Die griechische Konsulin rief an. Ob er sich vorstellen könne, an der neuen Universität auf Kreta eine Professur für Kunst anzunehmen? Es werde eine Kunstklasse eingerichtet.

«Überlegen Sie es sich!», riet sie. «Ich würde mich für Sie einsetzen. Meiner Meinung nach sind Sie für diese Position der richtige Mann.»

Uschi war entzückt. Frau Professor, ja, das war doch etwas. Das wollte sie gern sein. Aber das gab sie nicht zu. «Endlich hättest du ein festes Gehalt», meinte sie stattdessen.

Georg reichte seine Bewerbungsunterlagen ein. Stundenlang hatte er still für sich mit der Entscheidung gerungen. Dieses Angebot annehmen hieß, die Freiheit aufgeben. Wollte er das nach all den Jahren, in denen er sein eigener Herr gewesen war? Würde er es aushalten, einen Dekan als Boss zu haben? Auf die Semesterferien angewiesen zu sein? Verkaufte er sich nicht für ein Linsengericht?

Der Gedanke an Uschis Zufriedenheit und die Sicherheit, die sie so heftig ersehnte und nun endlich von ihm gewährleistet werden könnte, gaben den Ausschlag.

Kaum waren die Unterlagen abgeschickt, äußerte Uschi jedoch erste Zweifel. «Wenn du gehst», meinte sie vieldeutig und schwenkte ihr Champagnerglas. Fast schwappte der Schampus über, den Georg eigens kalt gestellt hatte, um mit ihr auf eine gemeinsame Zukunft in Griechenland anzustoßen.

«Ja, was ist dann?», fragte er aufmerksam nach und freute sich auf den ersten Schluck.

«Ja, also, wenn du gehst, weiß ich nicht, ob ich mitkomme.»

Georg stellte das Glas ab, ohne getrunken zu haben. «Ruhe!», mahnte er sich selbst. «Nicht durchdrehen jetzt!»

«Wenn wir da unten in Griechenland sind, hast du mich endlich da, wo du mich immer haben wolltest», fuhr Uschi fort. «Dann bin ich total auf dich angewiesen. Ich kann die Sprache nicht, kenne die Leute nicht, kenne das Land nicht. Die Männer sind garantiert alle bloß solche Machos wie du und die Frauen stehen jedes Jahr mit einem neuen dicken Bauch hinter dem Herd. Wenn ich da erst bin, kannst du doch mit mir machen, was du willst. Ich müsste schön blöd sein, wenn ich mitkäme.»

Georg brüllte, dass man es bis unten auf die Straße und noch drei Häuserblocks weiter hören konnte. «Was glaubst du denn, warum ich diesen Job annehme? Warum ich mich krumm lege und maloche wie bekloppt? Denkst du, ich gebe meine künstlerische Freiheit auf, weil ich schon immer einen festen Job wollte?»

Uschi starrte ihn provozierend an. Ein verächtliches Lächeln saß wie angeklebt auf ihrem Gesicht. «Das ist deine Scheißkunst, nicht meine!», sagte sie kalt. «Und die interessiert mich einen Dreck! Und außerdem, das wollte ich dir lange schon sagen, außerdem weiß ich nicht mehr, ob ich dich noch liebe.»

Bei einer Demonstration hatte Georg einmal beobachtet, wie eine Polizistin einem Mann, den drei ihrer Kollegen am Boden festhielten, mit einem Schlagstock zwischen die Beine pfefferte. Damals hatte er sich dazwischengeworfen, obwohl ihn die Demonstration nichts anging. Die verbalen Tiefschläge Uschis waren von ähnlicher Güteklasse.

«Gut», sagte er. «Wenn das so ist, dann fahre ich in die Provence. Inzwischen kannst du dir überlegen, was du willst. Ruf mich an, wenn du zu einer Entscheidung gekommen bist. Hier mit dir halte ich es nicht mehr aus. Und für den Job in Griechenland ziehe ich die Bewerbung wieder zurück.»

«Und Maria?»

Georg zögerte. «Sie ist zu klein, um auf ihre Mutter verzichten zu können. Ich würde sie mitnehmen. Aber sie braucht dich jetzt noch dringender als mich.»

«Saubere Ausrede!» Uschis Stimme triefte vor Hohn. «Aber fahr du nur. Seil dich nur wieder ab. Wir kennen das ja schon von dir. Du hast es ja nicht einmal geschafft, während der Geburt des Kindes bei mir zu bleiben. Selbst da musstest du dich verdünnisieren und dich vor der Verantwortung drücken.»

Georg wollte es kaum glauben. «Leidest du an Gedächtnisschwund, oder was? Das war dann ja wohl mein Geist, der bei dir war?»

«Ach, die paar Minuten!», lachte sie mit verächtlichem Abwinken auf. «Typisch für dich. Zur Preisverleihung bist du immer dabei.»

Nach derartigen Auseinandersetzungen im gemeinsamen Bett liegen zu müssen, war Qual für sie beide. Schlaflos einander den Rücken zugewandt oder neidvoll-zornig den ruhigen Atemzügen des Glücklicheren lauschend, den der Schlaf endlich doch ereilt hatte, hassten sie jeden Zentimeter der räumlichen Enge, in der sie einander nicht ausweichen konnten und jedes Eigenleben verloren hatten.

Georgs Aufbruch in die Provence schien die einzig vernünftige Lösung.

Uschi wirkte unsicher, als er seine Sachen packte. Nervös wich sie ihm aus, wenn er auf der Suche nach diesem oder jenem in ihre Nähe kam. Manchmal hatte Georg den Eindruck, dass sie etwas sagen wollte. Doch sobald er sie ansah, kniff sie die Lippen zusammen und schwieg.

«Gib uns eine Chance, Uschi», bat er mit Rucksack und Koffer bepackt und reichte ihr zum Abschied so förmlich die Hand wie keinem seiner Freunde. «Das Kind braucht uns. Wir müssen doch eine Lösung finden.»

Uschi starrte demonstrativ an ihm vorbei.

Der Psychologe fiel ihm ein, den sie nach dem verpatzten ersten Versuch mit der Therapeutin gemeinsam aufgesucht hatten. Er hatte ihnen geraten, ihren Konflikt, den er als Machtkampf deutete, beizulegen und sich darauf zu konzentrieren, die guten Seiten in sich selbst und im jeweils anderen zum Schwingen zu bringen. Das Gefühl zwischen ihnen sei nicht tot. Es werde jedoch unter den Trümmern des Machtkampfes verschüttet. Sie müssten Schritte zum Aufbau einer neuen Vertrauensbasis unternehmen.

Es waren Ausführungen gewesen, die Uschi nicht das gebracht hatten, was sie wollte, nämlich die Bestätigung, dass Georg ein Schwein und sie zu schade als Schweinehirtin sei. Sie waren zu keiner weiteren Sitzung hingegangen.

«Lass uns noch einmal zu diesem Psychologen gehen», bat Georg jetzt. «Er hat doch angeboten, dass er uns helfen will. Mach einen Termin aus, sobald ich zurück bin. Versprichst du es?»

Sie nickte. Winkte ihm sogar zum Abschied nach, die Kleine auf der Hüfte sitzend, die dem Papa verständnislos hinterherschaute.

Georg spürte ein Brennen in den Augen. «Ob sie mich noch kennt, wenn ich zurück bin?» Dieser jähe Drang zu bleiben! Gleich morgen könnten sie zur Therapie gehen. Doch Stopp, halt! So einfach war das nicht. Nicht er hatte derlei zu bestimmen. Bleiben, Therapie, Grundsatzdiskussionen – der Anstoß musste von Uschi ausgehen. Sie musste es geplant haben. Sie musste den Termin machen. Wenn er jetzt bliebe, würde sie es nicht tun. Aus Trotz, weil er sie angeblich wieder bevormunden wollte. Besser, er schaute nicht mehr zurück.

Mai in der Provence. Der Inbegriff des Lebens. Und Georg saß wie gelähmt. Ideenlos, kraftlos. Zugleich auch in Panik. Kettenrauchen. Trinken. Selbstgespräche. Die Einsicht irgendwann: «Ich krieg das mit ihr nicht mehr hin. Zu viel Porzellan zerschlagen.»

Eine ganze Woche rief er nicht zu Hause an. Schob die Sehnsucht nach seiner Tochter beiseite. Lauschte nur in sich hinein, auf der Suche nach Restgefühl für Uschi, nach Restvertrauen, nach allem, was er bewundernswert an ihr fand. Letzteres zu sehen fiel schwer.

Stundenlang saß er im schwindenden Tageslicht. Rief sich die

Anfänge ihrer Liebe ins Gedächtnis zurück, die Harmonie zwischen ihnen, wenn sie gebildhauert und er gemalt hatte. Uschis Ehrgeiz, schweißen zu lernen, und ihren Stolz, es geschafft zu haben. Es waren vielleicht ihre besten gemeinsamen Zeiten gewesen. Trotzdem hatte sie die Achtung vor seiner Kunst verloren. Warum?

Uschi war ohne Zweifel eine begabte Steinbildnerin. Sie hatte ihr Steinmetz-Handwerk von der Pike auf gelernt. Sie beherrschte es perfekt. Sie war kreativ. Georgs Gedanken stockten. Es stimmte, Uschis Kreativität war vorhanden. Aber sie entwickelte sich nicht frei und aus sich selbst heraus. Sie war wie ein Fluss kanalisiert worden. Jahrhundertealte Steinmetz-Vorlagen, das technische Know-how, diese nachzubilden und wie einen Musterbogen zu variieren, anatomische Kenntnisse sowie mathematische Fähigkeiten zur Berechnung von Proportionen, Volumen und mehr ordneten die künstlerische Energie. Es passte zu Uschis Wesen und Temperament, sich einem solchen Diktat zu unterwerfen und aus der technischen Perfektionierung dieser Reproduktionskunst die für sie überlebensnotwendige Sicherheit des Erfolgs zu gewinnen.

Georg nickte vor sich hin, während er den grauweißen Rauchfäden nachblinzelte, die von seiner Zigarette aufstiegen, sich kräuselten und zu Nebel verteilten, hinter dem das Kerzenlicht einen Hof aus Regenbogenfarben bekam.

Vielleicht war es nur die Angst vor dem Misserfolg, die aus Uschi eine Handwerksmeisterin statt eine Meisterin der freien Kunst, eine Künstlerin, gemacht hatte? Wenn dies so war, hatte sie vermutlich jeden glühend bewundert und zugleich beneidet, der den Mut aufgebracht hatte, das Risiko und den Schritt hinaus in die Unabhängigkeit zu wagen. Vor diesem Hintergrund erklärte es sich auch, weshalb sie anfangs so fasziniert von seiner

Lebensweise war und ihn selbst für eine wahre Ikone der Kunst gehalten hatte.

«So weit, so klar», murmelte Georg. «Aber was ist dann passiert?»

Im Auf und Ab der unruhigen Schritte, die seine Gedankenströme anzuregen schienen, schälte sich langsam eine Idee heraus. Vermutlich hatte Uschi erkannt, dass sie ihr Handwerk ebenso gut beherrschte wie er. Besser vielleicht. Sie hatte gesehen, dass er seine Werke nicht plante und ordentlich vorbereitete, sondern drauflosmalte, ohne die zahlreichen perfekten Skizzen und Variationen, die sie brauchte, ehe ein Bildnis in ihrem Kopf Gestalt annahm. Hatte entdeckt, dass er kein Maßband verwendete, keine Berechnungen anstellte, sondern dass die Kunst in ihm eigenwillig war, lebendig wie ein unbegradigter Fluss strömte, ausuferte, oder auch versiegte, nicht fassbar und einzuordnen blieb.

Vielleicht war sie zu dem Schluss gekommen, dass diejenigen, die seine Arbeit als Kunst empfanden, keine Ahnung von wahrer Kunst hatten? Konnte es sein, dass ihr empörter Ausbruch, er habe die Therapeutin, die ihn als zärtlichen Vater eingestuft hatte, mit seinem Charme geblendet, Allgemeingültigkeit hatte? War Uschi tatsächlich der Meinung, er wickle alle, die sich für seine Kunst interessierten, mit seinem Charme ein, dass sie blind für die Wirklichkeiten wurden und für Kunst ansahen, was er ihnen als Kunst vormachte?

War Uschi so wütend-neidvoll geworden, wenn er ein Kunstwerk verkaufte, weil sie hautnah miterlebt hatte, wie seine Kunst entstand, und sie in der Kunstfertigkeit ihres Handwerks die wertvollere Kunst sah? Hielt sie sich für das verkannte Genie? Und ihn selbst für einen charismatischen Scharlatan, auf den jeder und jede hereinfiel, inklusive sie selbst?

Georg lachte bitter auf. Deshalb also die Klodeckel, die sie auf seinen Bildern sehen wollte. WC-Kunst, fertig zum Abspülen?

Lange saß Georg so, den Kopf auf Knien und Ellenbogen aufgestützt. Er wusste nicht, ob es wirklich das Herz war, das sich schmerzhaft zusammenzog. Vielleicht war es ja auch nur eine Redensart. Was er spürte, war ein Druck auf der Brust, der selbst das Atmen schwer machte.

Sie hatten sich sehr geliebt. Sie hatten ein Kind dieser Liebe zusammen. Und sie warf ihn weg, weil sie begriffen hatte, dass er erstens kein weltberühmter Künstler war und aller Wahrscheinlichkeit nach auch nicht werden würde?

«Nein», dachte Georg laut, «es muss mehr sein. So wichtig ist ihr die Kunst doch gar nicht, dass sie sich von mir abwendet, weil sie sich kein Bild von mir an die Wand hängen würde.»

Georg merkte, dass er in der Aufregung wie ein Schlot zu rauchen begonnen hatte. Die Luft in seiner kleinen Küche war schon ganz blau.

Erst jetzt fiel es ihm wie Schuppen von den Augen, was Uschi mit der Bezeichnung «Tagedieb» gemeint hatte. Einen, der dem lieben Gott die Zeit stahl, einen Faulenzer, der nichts auf die Beine brachte, einen armen Schlucker und Habenichts.

Wenn er in Uschis Augen ein solcher Hallodri war, obwohl er ihr ein sorgenfreies Leben bot, obwohl er als Künstler einen zwar nicht weltberühmten, aber in seinem Umfeld wohl klingenden Namen hatte, obwohl er erst vor Tagen das Angebot eines Lehrstuhls für Kunst erhalten hatte – wenn ihr das alles nicht reichte und zu wenig Sicherheit bot – «was, zum Kuckuck, ist ihre Sicherheit dann?», schrie er in die Stille des Hauses.

Geld – sah er irgendwann klar. Und zwar nicht das kleine, sauer verdiente. «Die einzige Sicherheit, die sie anerkennt, ist die des ganz großen Geldes.»

Die Erkenntnis traf Georg wie ein Schlag.

Uschi und er würden nie einen Modus Vivendi finden, von dem sie einst geträumt hatten. Denn seine Art zu leben war nicht die, nach der sie verlangte, und würde es auch niemals sein. Er besaß die Hunderttausende oder gar Millionen nicht, die sie brauchte, um sicher zu sein.

Des Nachdenkens überdrüssig und von der fast irrwitzigen Hoffnung beseelt, sich alles vollkommen falsch zurechtgelegt und Uschi Unrecht getan zu haben, rief er sie an.

«Hallo, Kleines, wie geht es dir? Was macht Maria?»

«Du hast kein Recht, das zu fragen!» Bitterböse zischte ihre Stimme durch den Draht. «Du bist ein unverantwortlicher Vater, lässt uns mutterseelenallein in dieser Scheiß-Stadt, ohne Geld. Du, ja, du ziehst deinen Streifen durch. Mein Schicksal ist dir egal, das Schicksal deines Kindes ist dir egal. Alles ist dir scheißegal. Bloß immer du, du, du!» Sie steigerte sich, brüllte nur mehr gegen sein malträtiertes Trommelfell.

«Uschi, bitte!»

Sie warf den Hörer auf.

Erst Tage später überwand Georg sich erneut.

«Hallo, ich bin es, Georg. Wie geht es dir? Ist alles okay mit Maria?»

«Danke, Maria geht es gut.» Sie war ganz ruhig. Zu ruhig. «Mir auch. Ich habe einen Entschluss gefasst.»

Voller Hoffnung fragte er nach. «Und was für einen?»

«Das wirst du schon merken, wenn du zurück bist», antwortete sie sybillinisch.

Ein Klicken in der Leitung. Die Verbindung war tot.

Irgendetwas stimmte nicht. Georg starrte den Telefonhörer an. Gott im Himmel, er war tausend Kilometer weit fort. Was machte sie da in seiner Wohnung? Was hatte sie vor?

Er könnte Gisela fragen. Zu ihr hatte Uschi ein gutes Verhältnis. Vielleicht wusste sie etwas?

Ja, räumte diese ein, Uschi sei dagewesen. Sie hätten über ihn geredet. «Sie wollte herausfinden, ob sie eure Beziehung noch retten kann.»

«Und? Hat sie es herausgefunden?»

«Ich weiß es nicht.» Gisela klang reserviert. «Du, eigentlich will ich nicht mit dir darüber reden. Sie ist im Vertrauen zu mir gekommen. Das musst du verstehen.»

Georg verstand.

Er rief in Heidelberg an. Sie war auch dort gewesen. Zwei volle Tage. «Ich habe ihr zugeredet, dass sie dich und deine Eigenheiten akzeptieren lernt», vertraute ihm Barbara an, die mit einem seiner besten Freunde verheiratet war und nur zu gut aus eigener Erfahrung wusste, dass die Liebe kein Selbstläufer ist. «Ich habe ihr gesagt, dass sie dich nicht erziehen muss und nicht groß verändern kann. Dass man so was auch nicht von seinem Partner verlangen darf.»

«Hat es etwas gebracht?»

«Sie wollte weiteren Rat einholen.» Auch Barbara wagte keine Prognose.

«Bei wem? Hat sie dir gesagt, zu wem sie sonst noch will?»

Die Liste war ziemlich lang. Wenn Uschi plante, ging sie es aus Prinzip generalstabsmäßig an. Es überraschte Georg nicht.

Es machte ihm auch nichts oder nur wenig aus, dass sie ausgerechnet bei den Freunden, die aus seinem Leben nicht wegzudenken waren, über ihn herzog. Sollte sie ruhig alle ihre Register ziehen und ihnen weismachen, sie sei der reine Engel und er eine Art tobsüchtiger Glöckner von Notre Dame. Die Freunde würden sich ihren Reim darauf machen. Sie kannten ihn alle und nicht nur seine Schokoladenseite.

Natürlich hatte er Fehler gemacht. Doch im Gegensatz zu Uschi hatte er sich für seine Wutausbrüche jedes Mal entschuldigt und sich selbst im Zorn noch bemüht, vernünftig mit ihr umzugehen. Es war selten gelungen. Aber sie trug auch keinen Heiligenschein mit Diamanten. Und sie hatte es nie für nötig befunden, ihm zu sagen, ob es ihr später Leid tat. Sie schien nie Fehler zu machen.

Was Georg stutzig machte, war die Tatsache, dass Uschi mit aller Welt ihre Beziehungswäsche zu waschen bereit war, nur nicht mit ihm, den es als Einzigen tatsächlich etwas anging. Ein Verdacht drängte sich ihm auf. Er überlegte nicht lange, schloss die Tür hinter sich ab und raste die tausend Kilometer durch die Nacht. An einem Stück.

Es war gegen neun Uhr morgens. Berufsverkehr, eilige Hausfrauen und Mütter auf dem Weg zum Einkauf und zu den Kinderbetreuungsstätten, Chaos in den Straßen. Jede Ampel schien auf Rot zu springen, sobald Georg in seinem alten Peugeot auf sie zuratterte.

Als er endlich die Stufen zu seinem Atelier hinaufhetzte und die Tür aufstieß, fiel er fast über einen gepackten Koffer im Flur.

Ein entsetzter Ton aus dem Bad. Bleich starrte Uschi ihn an. «Du?»

Maria, die soeben angezogen werden sollte, begann freudig zu quieken und reckte dem Papa die Arme entgegen. Liebevoll nahm er sie auf. Über ihren Kopf hinweg schaute er Uschi an.

«Was machst du da?», tat er unwissend und schaute sich mit gespielter Verwunderung um. «Willst du mit ihr spazieren gehen?»

«Nein.» Uschi hatte die Schrecksekunde überwunden. «Gib sie her. Ich fahre zu meiner Mutti.»

Er hatte es geahnt. Georg staunte über seinen Instinkt. Keine Sekunde zu spät war er gekommen. «Immer mit der Ruhe!», murmelte er und wandte sich ab, sodass sie Maria nicht an sich reißen konnte.

«Was willst du noch?» Uschis Stimme kippte. «Ich will jetzt gehen!»

Auch Georg hatte Mühe, Fassung zu bewahren. Er war nicht nur müde von der Fahrt und schwindlig im Kopf. Die Situation, seine bestätigte Vorahnung, das zärtlich plappernde Kind an der Brust, dem er sich jetzt so viel lieber widmen würde als der zänkischen Mutter – es brachte ihn innerlich fast um. «Uschi, wir müssen in Ruhe über uns reden», rang er so neutral wie möglich hervor. «So einfach verschwinden, das funktioniert nicht.»

Uschi begann zu lächeln. Georg hatte fast vergessen, wie verächtlich sich ihr rechter Mundwinkel wölben konnte. «Und warum wohl nicht? Wer sollte mich daran hindern? Du etwa? Sag, was du zu sagen hast. Ich bin da, du kannst reden. Also?»

«Sie will dich bis aufs Blut reizen, dass du ihr eine schmierst», durchzuckte es Georg. «Dann hat sie, was sie will. Reiß dich zusammen. Den Gefallen tust du ihr nicht!»

«Ich bin die ganze Nacht durchgefahren. Ich bin müde. Ich bin fertig. Das ist nicht der Moment für kluge Reden.» Er merkte selbst, wie angespannt und unecht es klang. «Lass mich erst mal etwas ausruhen, dann reden wir. Es muss dir doch zu denken geben, dass ich überhaupt gekommen bin. Oder nicht?»

Erstmals schaute er Uschi gerade ins Gesicht. Intuitiv wich sie einen Schritt zurück. «Die denkt wirklich, du haust ihr gleich eine rein», stellte er fest und nutzte die unverhoffte Chance, die sie ihm damit bot. «Wenn du jetzt abhaust – ich garantiere für nichts. Ich vergesse mich. Ich sag's dir! Provozier das nicht! Ich weiß nicht, was ich dann tu!»

An ihrem Gesichtsausdruck erkannte er, dass er gewonnen hatte. Ohne ein weiteres Wort, mit der Kleinen auf dem Arm, trat er an die Kaffeemaschine, um sich einen Kaffee aufzubrühen. Die Glaskanne klapperte verdächtig gegen den Wasserhahn, als er den Tank aufzufüllen versuchte.

«Geh ins Bett.» Uschi schob ihn beiseite. «Ich mach das.» Ein schräger Blick, eine Spur des früheren Schalks blitzte durch. «Ich tu auch kein Gift rein.»

Georg zog vor, nichts zu antworten. Er war nicht sicher, ob ihm die Stimme gehorchen würde. Maria in den Armen, trat er ans Fenster, lehnte sich mit dem Rücken dagegen und blickte sich um. Das Atelier war picobello aufgeräumt und sauber. Beinahe hätte er über so viel Ordnungssinn gelacht. Ein ordnungsgemäßer Rückzug à la Uschi. Geplant bis ins letzte Detail. Wenn sie sich innerlich bloß halb so in Ordnung bringen würde …

Der Kaffee war durchgelaufen. Sein Duft schwebte im Atelier. Uschi hatte sich zurückgezogen, saß abgewandt. Vorsichtig nippte Georg an dem schwarzen Gebräu und hielt Marias Händchen ab, die wie Schmetterlinge flatterten.

«Was soll ich bloß machen?», fragte er stumm in ihre Augen hinein.

Plötzlich fiel ihm ein Name ein. Genau, sie war die Richtige. Sozialarbeiterin, erfahren in Beziehungsdramen. Sie genoss Uschis Vertrauen. Und er hatte ihre Telefonnummer.

«Despina, es brennt, und du bist die Feuerwehr!» Er sagte es auf Griechisch. Es war nur für ihre Ohren bestimmt.

Sie verstand sofort. «Ich komme gegen Abend. Weiß Uschi davon?»

Georg schüttelte den Kopf, bis ihm auffiel, dass die Frau am anderen Ende der Leitung kein Bildtelefon hatte. «Nein», wiederholte er. «Sagst du es ihr?»

«Einverstanden! Gib ihr das Telefon.»

Despinas ruhiger Überzeugungskunst gelang das Wunder. Uschi versprach, das abendliche Gespräch abzuwarten. Georg atmete auf. Eine Galgenfrist. Maria eng bei sich, verkroch er sich ins Bett.

Im Halbschlaf bekam er mit, wie Uschi ihre einzige Freundin anrief, die sie seit der Schwangerschaft hatte. Hastig flüsternd teilte sie ihr mit, dass ihr Plan durch Georgs Überraschungsmanöver durchkreuzt worden sei, dass er sie bedroht habe, sie bleiben müsse, weil er Maria nicht mehr hergeben wolle. Eine Bemerkung der Freundin veranlasste sie zu der Beteuerung, dass sie nicht wieder «umfallen», sich beschwatzen lassen werde.

Das Klingeln an der Wohnungstür schreckte Georg Stunden später aus dem Schlaf auf. Obwohl Uschi das Kind an sich genommen und versorgt hatte, während er schlief, hatte sie Wort gehalten und war geblieben. Jetzt öffnete sie Despina mit Trauermiene die Tür.

Küsschen, Umarmungen, Rückenklopfen. Georg hätte vor Erleichterung heulen können, dass endlich jemand da war, der ein wenig Neutralität in dieses überhitzte Liebesdrama bringen würde.

Wie viel er sich von diesem Gespräch versprochen hatte, fiel ihm erst auf, als es bei Uschi keine Wirkung zeigte. Sie machte keine Anstalten, ihren Entschluss zu revidieren. Dass sie über Nacht bleibe, sei einzig dem Umstand zu verdanken, dass es inzwischen zu spät war, noch einen Zug ins Rheinland zu erwischen. Und dass sie nicht gleich zum Frühstück aufbrechen würde, läge allein daran, dass sie es anders beschlossen habe. Der ihr genehme Zug fahre erst nach dem Mittagessen.

Tatsächlich blieben sie eine eisgekühlte Nacht, eine muffige Frühstücksmahlzeit und sogar bis zum Mittagessen zusammen, das sie wortkarg zu sich nahmen. Immer wieder warf Georg verstohlene Blicke zu Uschi. «Was denkt sie? Was hat sie vor? Bleibt sie? Fährt sie? Bitte, Gott Vater, lass sie Vernunft annehmen!», überschlugen sich seine Gedanken.

Unvermittelt, gegen dreizehn Uhr, stand Uschi auf. «Gib sie jetzt her!» Fordernd streckte sie die Arme nach Maria aus, die auf Georgs Bein Hoppe-Reiter spielte und vor Vergnügen krähte.

«Uschi, was soll das jetzt?» Bis zuletzt hatte Georg es nicht glauben wollen. Blitzartig sprang er mit Maria auf.

«Fang nicht wieder damit an!» Sie sprach etwa so, wie man mit spitzen Fingern einen schmutzigen Lappen fallen lässt. «Wir fahren jetzt. Ich habe es so beschlossen. Und du musst das akzeptieren!»

So einfach ging das bei ihr. Sie traf eine Entscheidung. Die wurde durchgeführt. Er hatte das zu akzeptieren. Basta! Verzweiflung? Die gab es nur bei ihr. Dass Georg seine Tochter liebte und auch das Kind ihn liebte? Nebensächlich. Kinder vergessen schnell. Und Väter? Überflüssig.

Sie nahm den Koffer hoch. «Also, tschüss! Und gib sie endlich her!»

Maria saß wie eine kleine Sphinx in Georgs Armen. Spürte sie, was vor sich ging? Groß wanderten ihre Blicke zwischen Mama und Papa hin und her.

«Armes kleines Katsaridaki mou.» Hatte er das griechische Kosewort wirklich geflüstert? Oder nur gedacht?

Ehe er recht begriff, was in ihm vorging, trugen ihn seine Füße in Windeseile die drei Stockwerke auf die Straße hinunter. Das Kind im Arm schmiegte sich vertrauensvoll an ihn. Lachte. Das holpernde Rennen machte Spaß. Georg hätte gern mitgelacht. Später. «Wohin jetzt?» Noch auf der Treppe fiel ihm eine

Freundin ein, die selbst Kinder hatte. Bei ihr würde Maria sich nicht langweilen, würde gar nicht erst anfangen, nach der Mutter zu weinen. Schnell ins Auto. Fort.

«Merde!» Er hatte den Geldbeutel oben vergessen. Die Fahrerlaubnis, der Ausweis und alle Kreditkarten steckten darin. Den Autoschlüssel trug er noch bei sich. Aber kein Kindersitz im Auto. So konnte er nirgends hinfahren.

Als hätte es nur dieser winzigen Hindernisse bedurft, kam Georg zu sich. Was tat er da überhaupt? Begab sich in dasselbe Fahrwasser wie Uschi. Entriss ihr das Kind, das sie ihm entreißen wollte.

«Armes kleines Katsaridaki mou!» Diesmal sagte er es laut. Und wie von Zauberhand wich alle Kraft aus seinen Beinen, er schaffte es kaum, die Füße zum Treppensteigen anzuheben.

Uschi war nicht von der Stelle gewichen. Wie zur Salzsäule erstarrt, stand sie auf der Türschwelle des Ateliers, wo Georg sie vor drei Minuten verlassen hatte.

In seinem Magen verkrampfte sich etwas. «Was du da vorhast, ist Kindesentführung», sagte er.

«Aber du!» Wie Eis klirrte es ihn an. Grob riss sie das Kind an sich. «Verabschiede dich von deiner Tochter!» Ein Ultimatum. «Sofort!»

Wie ein Hund folgte er ihr auf die Straße. Sah zu, wie sie Maria in den Kinderwagen steckte. Es regnete.

«Uschi!»

«Lass mich in Ruhe und geh zu deinen Griechen!», schrie sie.

Bis zur S-Bahn-Station lief er ihr nach. «Bitte bleib!»

Sie sah ihn nicht an, ließ ihn neben sich her rennen.

«Lass es uns noch einmal versuchen. Wir holen uns Hilfe. Was du willst.»

Keine Reaktion.

Der S-Bahn-Schacht. Maria, wie sie im holpernden Wagen mit der Treppe versank. Aus.

Dunkelheit. Wann war es Abend geworden an diesem Tag? Der Regen fiel wie ein Vorhang aus dünnen Schnüren, während Georg mit roten Augen am Fenster stand.

Uschi hatte einen Brief zurückgelassen. Immer wieder las er die Zeilen, die sie mit ihrer großen, selbstbewussten Handschrift verfasst hatte.

Das Leben mit ihm sei ihr zur Qual geworden, stand darin.

«Recht hast du», stimmte Georg ihr laut zu, als könnte sie ihn hören.

«Aber nicht nur dein's mit mir, sondern auch mein's mit dir.»

Er las weiter.

Seine «cholerischen Anfälle» warf sie ihm vor, die ihr Angst machten.

Auch da konnte er nicht ernstlich widersprechen. Er wurde rebellisch, wenn er in die Tretmine des starren Systems gesperrt werden sollte, das Uschi so brauchte. Da konnte er durchaus ein aufbrausendes Temperament und wenig Geduld haben. Prinzipienreiterei, Bürokratismen und starre Regeln erschienen ihm Sisyphusarbeit. Wie hatte Uschi nur jemals annehmen können, dass er sich wie Gulliver von den Zwergen fesseln lassen würde, die sie so liebte?

Sie schrieb, dass sie sich von ihm völlig abhängig fühle. Das könne sie nicht ertragen. Sie lasse sich nicht unterdrücken. Von keinem Menschen, auch nicht von ihm.

Wieder gab er ihr Recht. Sie war von ihm abhängig.

«Aber kapierst du überhaupt, warum?», rief er. «Du selbst – ja, ja, ja, du ganz allein, – du hast dich doch von mir abhängig gemacht!» Wie ein Skatblatt schlug er den Brief auf den Tisch.

«Wer hat denn alles hinter meinem Rücken arrangiert? Bin ich etwa heimlich bei dir eingezogen? Hab ich etwa dich zur Maloche geschickt, weil ich ein großes Haus von dir will? Und da schreibst du mir, dass ich dich unterdrücke? Ich könnte lachen, wenn's nicht so scheißtraurig wäre.»

Als müsse Antwort kommen, stand er am Fenster und lauschte in sein Atelier zurück, das so seltsam still geworden war. Die Gedanken in seinem Kopf jagten.

«Ich hab dich das nie gefragt, Uschi», murmelte Georg, «aber ich hab mich oft gefragt, ob die Schwangerschaft ein echter Zufall war. Vielleicht hast du das kunstvoll getrickst? Bei einer, die so planquadratisch ist wie du, muss ich doch davon ausgehen, dass du nie unfreiwillig schwanger werden würdest. Oder?»

Uschi hatte ständig von einem Kind geredet, das sie planen müsste. Ein Kind war für sie ganz klar der einzige Rechtfertigungsgrund zum Ausstieg aus der Arbeit bei gleichzeitigem Versorgungsanspruch an Georg. Ein Kind war der Weg zu diesem Ziel.

Ob Uschi es auf eine Schwangerschaft direkt angelegt hatte? Hatte sie sich getreu dem feministischen Wahlspruch «Mein Bauch gehört mir» von ihm als auserkorenem Kindesvater einfach genommen, was sie wollte, und sich ihr Kind gemacht?

«Jedenfalls hast du mich vor die vollendete Tatsache gestellt und zur Versorgung angezapft», sagte er und zerknüllte ihren Brief, nur um ihn sofort wieder zu glätten. «Ich hatte bloß noch Ja und Amen zu sagen und mich gefälligst zu freuen. Zum Glück hab ich mich tatsächlich gefreut. Wenn du das alles geplant hast, meine Liebe, hast du astrein kalkuliert. Dann kennst du mich gut.»

Mit zitternden Händen zündete er sich eine neue Zigarette an. Die kleine Glut an der Spitze leuchtete freundlich auf. Es tat ihm gut, tief zu inhalieren. Als Uschi und die Kleine noch hier waren, hatte er nur selten im Atelier geraucht. Leicht war es ihm allerdings nicht gefallen. Und er hatte es auch nicht aus eigenem Antrieb getan. Uschi hatte es verlangt. Wie so vieles.

«Im Forderungenstellen bist du echt groß», setzte Georg sein einseitiges Zwiegespräch mit ihr fort. «Und als ich nicht gespurt hab, da hast du dir dein Recht eben selbst verschafft und dich bei mir ins gemachte Nest gelegt. Oder wie sollte ich das verstehen, dass du bei der erstbesten Gelegenheit heimlich deine Wohnung gekündigt hast und hinter meinem Rücken bei mir eingezogen bist? Glaubst du wirklich, ich hab nicht gemerkt, dass du deine Mini-Bude längst satt hattest? Gib's einmal zu, Uschi! In meinem schönen großen Atelier lebt sich's doch dreimal besser. Oder?»

Nachträglich überkam ihn der Zorn erneut, dass sie ihn bei diesem Umzug genau wie bei der Schwangerschaft völlig überrumpelt und nicht in ihre Entscheidung einbezogen hatte.

Der Regen spielte Schlagzeug auf den Fensterscheiben. Mit kurzen, heftigen Trommelwirbeln prasselte er gegen das Glas. Georg versuchte vergeblich, den Stakkato-Rhythmus mit den Fingern nachzuklopfen. Sie gehorchten ihm nicht so schnell.

Genussvoll schnippte er die Zigarettenasche zu Boden. Es ging keinen mehr etwas an. Vor allem Uschi nicht. Uschi, die ihr eigenes Leben lustvoll verplante, indem sie seines in Ketten legte. Die nur frei sein konnte, wenn sie ihn in Uschi-Normen und Uschi-Ordnungen gepresst hatte. Bis hin zur planmäßigen Liebe.

«Ich sollte froh sein, dass ich so eine Megäre wie dich los bin!», stellte Georg fest. Leider klappte es nicht.

Georg legte Musik auf. Eine dieser Aufnahmen, die Uschi am liebsten in den Müll geschmissen hätte. Wunderbar traurig hüllten die Klänge ihn ein.

Inzwischen waren Maria und Uschi schon längst bei der Oma. Maria lag im Bett und schlief. Manchmal würden ihre langen schwarzen Wimpern ein wenig im Schlaf zucken. Aber wenn sie kurz erwachte, um ihn anzulächeln, wäre kein Papa da.

Die Musik trieb ihm die Tränen in die Augen.

Bestimmt würde Uschi ihrer Mutter Schauergeschichten erzählen. Und sie würde stolz darauf sein, dass sie allein beschlossen hatte, von ihm ein Kind zu bekommen, und allein beschlossen hatte, ihren Job aufzugeben, und allein beschlossen hatte, bei ihm einzuziehen, und auch allein beschlossen hatte, wieder auszuziehen. Friss, Vogel, oder stirb!

Er hatte gefressen.

Und jetzt hatte sie ihm das Kind entrissen, hatte es mehr oder weniger entführt. Hatte wieder einmal allein ihren Willen zum Maß aller Dinge erhoben. Gnadenlos, rücksichtslos. Jede Grenze verletzend, damit nur ja ihre eigene geschützt wurde.

Erneut nahm Georg sich Uschis Zeilen vor. Eine einzige Stelle des siebenseitigen Pamphlets verbreitete einen Hauch Hoffnung. «... habe lange darüber nachgedacht und bin zu dem Schluss gekommen, dass dieser Schaden, den du bei mir angerichtet hast, wieder repariert werden könnte. Mit sehr viel Einfühlungsvermögen, Liebe und Zuneigung müsste es eigentlich klappen.»

Da hatte sie die Tür nicht ganz zugeschlagen.

Was aber sollte er dann von ihrem Schlusssatz halten? Sie wolle gehen, schrieb sie da. «Die Entscheidung ist endgültig, und es gibt keinen Weg zurück. Du könntest mir das Blaue vom Himmel versprechen, ich würde es dir nicht mehr glauben.»

Was sie mit der einen Hand zwar nicht gegeben, aber doch verlockend in Aussicht gestellt hatte, riss sie mit der anderen gleichzeitig fort. Was sollte er glauben? Dass sie eine Chance für sie beide sah? Dass sie ihm keine mehr einräumte? Vermutlich beides. Es gab eine Chance, aber sie gab sie ihm nicht.

«Diese Frau ist ein einziger lebender Widerspruch», sagte er sich. «Sie weiß nicht, was sie will. Und wenn ich schlauer gewesen wäre, hätte ich das schon damals kapiert, als sie mir gesagt hat, sie wisse nicht, was sie mit ihrem Leben anfangen soll.»

«Sie gibt uns eine Chance», schrieb Georg am 27. Mai 1994 in sein Tagebuch. «Ich bin bei ihr. Sie hat eine Wohnung in Aussicht, ein finsteres Loch neben einer stark befahrenen Straße. Das gefällt ihr wohl selbst nicht sonderlich. Ich hab ihr versprechen müssen, dass sie, falls sie mitkommt, mein Atelier als Wohnung benutzen kann und ich mir eine andere Werkstatt suche, bis wir ein Haus gefunden haben. Außerdem habe ich ihr einen Scheck über 5000 Mark als Rückkehrprämie gegeben. Den kann sie einlösen, wenn es mit uns doch wieder nicht funktioniert, und sich davon eine bessere Wohnung suchen als dieses Loch. Das hat ihr alles gefallen. Endlich hat sie mich, wo sie mich haben will: Klein wie eine Ameise, wie ein Bettler, um ihre Gunst buhlend.

Wenn ich nicht wegen Maria hier wäre! Nie könnte sie das mit mir machen! Aber für Maria ist mir alles recht. Der Zweck heiligt die Mittel, denke ich. Und wenn Geld nun mal der Schwachpunkt ihrer Mutter ist, dann muss dem Kind der Vater gekauft werden. Was sind schon 5000 Mark gegen Frieden! Und zum Glück ist ja gerade genug da, weil ich so viele Metallskulpturen verkauft habe.

Uschi ging alle Punkte meines Angebots durch. Wie eine Buchhalterin. Sie will alles noch mal schriftlich von mir haben. Und sie verlangt eine Bedenkzeit. Ein paar Wochen.

Ich musste zustimmen. Als Zeichen meines guten Willens. Obwohl ich weiß, dass sie sich schon entschieden hat, mich noch eine Weile zappeln zu lassen, bis ich in ihren Brattopf passe.

Ich hab sie gefragt, ob sie das fair findet, was sie mit mir macht. ‹Wieso nicht? Ich bin jung, ich bin dynamisch, ich bin schön!›

Wie sie das brachte! Mich hebt es aus den Socken. Die Frau ist nicht nur eingebildet, die ist selbstherrlich! Mit der eine Beziehung? Das kann ich doch abschreiben!»

Die Zeit verrann wie im Sekundenglas. Mai und Juni waren für Georg immer die besten Wochen in der Provence gewesen. Die ersten Kirschen wurden im Dorf geerntet. Der letzte Spargel wurde gestochen. Auf die abgeernteten Felder wurden Melonen gepflanzt, die auf den Resten des Spargels so prachtvoll wie auf einem Kompostbeet gediehen. Das zarte Grün der Laubbäume kontrastierte mit dem satten Immergrün der Pinien und Zypressen. Radtouren über die Dörfer am Vormittag, dann bis abends an der Staffelei. Am späteren Abend ein wenig Fachsimpelei mit den Kursteilnehmern bei den Freunden in «La Castellane», ein Weinchen schlürfen, das eine oder andere Bild verkaufen.

Georg brannte der Boden unter den Füßen. Und Uschi nagelte ihn in der Stadt fest, um ihn zu erziehen und schön langsam mürbe zu köcheln.

«Wann kommst du mit Maria?», rief er an.

«Bitte bedräng mich nicht!», erhielt er zur Antwort.

Warten wie auf Kohlen. So langsam hatten in alten Zeiten die japanischen Samurais ihre Feinde bei lebendigem Leibe über dem Feuer weich gekocht.

«Endlich! Sie hat sich gemeldet!», notierte Georg am 10. Juni in sein Tagebuch. «Sie sei sich nicht ganz sicher, ob es gut mit uns gehen werde. Wenn sie jetzt die Wohnung absage, werde sie wieder abhängig von mir sein. Ob ich ihr eine Garantie geben könne, dass es gut mit uns gehen wird. Sie müsse sich darauf verlassen.

Das kann ja nur schief gehen. So wird das doch nix.

Ich hab ihr gesagt, dass ich an mir und sie an sich arbeiten muss. Ich bin nicht der Einzige, der an der Sache beteiligt ist.

Am 13. soll ich sie bei sich Zuhause abholen. Halleluja!

Fast einen Monat ohne Maria, weil ihre neurotische Mutter es so will. Ich bin jung, ich bin dynamisch, ich bin schön! Das vergesse ich nicht so schnell. Die Frau ist durch und durch neurotisch.»

Vorsichtig wie mit rohen Eiern gingen sie miteinander um. Georg vermied jeden Widerspruch, jedes eigene Interesse. Trotzdem wäre es schon gleich am zweiten Tag nach Uschis Rückkehr fast wieder eskaliert.

Der griechische Botschafter aus Bonn gab sich aus Anlass des Nationalfeiertags seines Landes die Ehre, zu einem Empfang ins Nobel-Hotel der Stadt einzuladen. Die Konsulin bestand darauf, dass Maria mitzubringen sei. «Ich würde die Kleine und die Mutter so gern einmal kennen lernen.»

Uschi zuckte mit den Schultern, als die Einladung eintraf. «Was soll ich da? Was hab ich damit zu tun?»

Georg appellierte an ihr eigenes Credo. «Du bist jung, du bist dynamisch, du bist schön. Also zieh dir ein tolles Kleid an und lass dich bewundern.»

«Da glaub ich schon eher, dass du mit mir angeben und selbst wegen mir bewundert werden willst», gab sie schnippisch zurück.

Aber sie ging mit.

Maria wurde der Clou des Abends. Die Frau Botschafterin aus Bonn wollte sie kaum aus den Armen lassen. Und die Kleine schaute jeden durchdringend ausforschend an, eine Maus mit ihrem spitzen Kinn, den dunklen Kulleraugen und abstehenden Ohren. Georg spürte seine Liebe zu ihr schmerzhaft intensiv.

Trotz Uschis Rückkehr ließ ihm der Gedanke an die Provence keine Ruhe. Als es ihm gelang, ein großes Ölbild für gutes Geld zu verkaufen und die Reisekasse so üppig zu füllen wie nie, rang er sich durch, Uschi zu fragen, was sie von einem Aufenthalt in Frankreich hielte.

«Das kommt mir zu plötzlich. Ich muss darüber nachdenken. Das war nicht ausgemacht.» Sie reagierte sichtlich abwehrend. «Außerdem habe ich was anderes vor. Ich fahre nach Oberstaufen. Und ich brauche dein Auto.»

In Oberstaufen veranstaltete das Müttergenesungswerk eine Freizeit mit allein erziehenden Müttern. Uschis Freundin hatte sie dazu eingeladen.

Georg hielt seinen Frust unter Kontrolle. Vielleicht war ein Deal auszuhandeln? «Okay, du kriegst das Auto. Es wäre aber schön, wenn wir hinterher in die Provence fahren würden.»

Uschi nickte. «Gut. Aber zuerst will ich den Scheck haben, den du mir versprochen hast.»

Wortlos schrieb Georg das Papier aus und sah zu, wie sie es in ihrer Handtasche verstaute. Ob sie nicht merkte, wie dünn der Grat zwischen ihrem Verhalten und dem einer ganz gewöhnlichen Käuflichen war?

«Rufst du mich an, wenn du gut in Oberstaufen angekommen bist?»

Ein zufriedenes Lächeln. War das die Antwort?

«**Natürlich meldet sie sich nicht**», schrieb Georg in sein Tagebuch. «**Ich zittere um Maria. Hoffentlich geht alles gut. Der Peugeot ist nicht mehr der Jüngste und Uschi keine versierte Fahrerin.**»

Ziellos verbrachte er die Stunden in der wie leer gefegten Stadt. Die meisten Freundinnen und Freunde waren in Urlaub. Antonis hatte sein Restaurant verkauft. Auf dem Anrufbeantworter Nachrichten aus Griechenland. Die Oma würde Maria gern sehen. Dann Hanna aus der Provence; verwundert, wo er denn bleibe, alle würden nach ihm fragen. Nur von Uschi kein Wort.

Wie ein Schwelbrand breitete sich der Zorn in Georg aus. Die innere Unrast und die ewige Unsicherheit hinderten ihn an der Arbeit.

«**Damit sie planen kann, bringt sie mein Leben total aus dem Lot**», schrieb er. «**Sie hält mich laufend auf Trab. Ständig bin ich ihren Plänen unterworfen. Und spure ich nicht, macht sie die Fliege. Mit Maria. Ich kann es drehen, wie ich will, alles geht nach ihrem Kopf. Muss jetzt hier in der Stadt schmoren. Es ist heiß und stickig. Ich komme mir vor wie jemand, vor dem ein Abgrund klafft, hinter sich eine Schlucht. Nur ein Meisterakrobat würde die Balance finden. Ich nicht. Meine Nerven sind aufgescheuert und liegen blank. Wenn das keinen Kurzschluss gibt!**»

Vielleicht gab es keinen Kurzschluss, weil Uschi die Nase von Oberstaufen schneller voll hatte als geplant. «Da waren so ein paar verblödete Schnepfen, die waren so was von schwäbisch, das war nicht auszuhalten», schimpfte sie.

«Fahr halt mit mir in die Provence, da gibt's keine Schwaben», witzelte Georg und tanzte mit Maria durch das Atelier.

«Doch, dich!» Uschi verstand keinen Spaß.

Die Hitze in der Stadt, die Erinnerungen an die Provence und das allseitige Reden vom Urlaub zermürbten Uschis pädagogische Maßregelungstaktik schließlich doch. Einige Tage später stießen sie die Tür zu Georgs Häuschen auf und zogen ein.

Als Erstes brachte Georg ein Gitter vor der ebenerdigen Haustür an, damit Marias Eroberungsdrang im sicheren Bereich bliebe. Seit sie zu krabbeln begonnen hatte, gab es kein Halten.

Jeder Schrank, jedes Regal war freudig erobertes Terrain. Die nach oben führenden Treppenstufen erkundete sie auf allen Vieren. Hinunter schaffte sie es nicht. Doch sobald Georg sie glücklich unten hatte, kletterte sie erneut hinauf. Alle Ermahnungen fruchteten nur insofern, als sie Marias Vergnügen steigerten. Wohl wissend, dass sie die Stufen nicht hinaufsteigen sollte, hielt sie jedes Mal schelmisch lachend auf einer der untersten Stiegen inne, wandte sich nach den Eltern um, registrierte ihren warnend erhobenen Zeigefinger, und ab ging's mit einem triumphierenden «Quak-Quak!», in Richtung Obergeschoss.

«Bau halt ein zweites Gitter ein oder kauf ihr einen Laufstall», meinte Uschi, die Georgs ständiges Treppauf-Treppab mit Kopfschütteln quittierte.

Er enthielt sich jeder Antwort. Es hätte doch nur Unfrieden bedeutet, hätte er Uschi gesagt, dass er nichts davon hielt, seine Tochter einzuengen.

Stattdessen gab er ihrem Tatendrang lieber ein neues Ziel und fuhr mit ihr ins nächste Dorf ins Schwimmbad. In ihrem Schwimmreifen drehte sie nun unermüdliche Runden mit ihm durch das Wasser, vergnügt wie ein Frosch. Kaum draußen, verlangte sie schon nach der nächsten. Erst im Schatten des Waldrandes wurde sie still, wenn sie auf dem Heimweg rasteten. Papas Bauch wurde als liebster Schlafplatz auserkoren. Und Georg wagte keine Bewegung, damit sie nur ja nicht in ihrem Schlummer gestört würde.

Die Stunden des mühsamen Burgfriedens endeten abrupt mit der Botschaft von der Trennung eines befreundeten Paares. Nach vierzehn Jahren glücklicher Partnerschaft war bei dem Freund die Midlife-Crisis ausgebrochen. Hals über Kopf hatte er sich in eine junge Titelblattschönheit verliebt und zog aus. Seine Frau, eine lebenskluge Medizinerin, die mit beiden Beinen im

Alltag stand, war wie erstarrt. Sie hatte diesen Mann mit all seinen Schwächen geliebt und verstand die Welt nicht mehr.

Während Georg die Verlassene zu trösten versuchte, schoss Uschi Giftpfeile ab und grub sämtliche persönlichen Unzufriedenheiten wieder aus, die sie ihm je vorzuwerfen gehabt hatte. Er gab sich Mühe, sie abprallen zu lassen.

«Komm, Kleines, lass das doch. Schau, wir sind in der Provence. Einen ganzen Sommer lang können wir bleiben, ohne dass uns jemand auf der Pelle sitzt. Haben wir es nicht wunderbar hier? Ich würd so gern ein Glas Schampus mit dir trinken, hier auf der Terrasse, unterm Sternenhimmel, einfach so, auf das Leben, auf uns.»

Lustlos, aber nicht unbedingt abgeneigt, stimmte sie zu.

«Ist doch schön, mal die Seele baumeln zu lassen?», fragte er irgendwann.

«Mal? Du machst doch in der letzten Zeit nichts anderes mehr, lebst einfach so in den Tag hinein», gab sie zurück.

«Kleines, ich bin halt ein Tagedieb, ein Nichtsnutz», wagte er eine scherzhafte Anspielung auf vergangene Diskussionen dieser Art.

«Mit einem Tagedieb will ich aber nichts zu tun haben!» Uschi nahm es ernst.

Georg seufzte. «Wie soll ich denn zum Arbeiten kommen bei all dieser Beziehungskacke? Die ganze Energie der letzten Monate ging dabei drauf.»

«Machst du mir das zum Vorwurf?»

«Vorsicht!» In Georgs Kopf brachen alle Alarmglocken los.

«Nein, natürlich nicht», murmelte er behutsam, als ginge er über Eis. «Wir sind beide daran beteiligt. Lass etwas Zeit vergehen, dann wirst du das besser verstehen.»

Es war nicht vorsichtig genug.

«Du sprichst schon wieder wie ein Oberlehrer mit mir.»

«Klappe, Schnitt, Szenenwechsel», dachte Georg. «Am besten schnell über Kunst reden.»

Als sei ihm spontan eine Idee gekommen, fragte er: «Hab ich dir schon mal von den Geistern der Kunst hier im Haus erzählt?»

Uschi starrte ihn an, als sei er allenfalls von allen guten Geistern verlassen.

Georg unterdrückte ein Schmunzeln. Den Blick auf den perlenden Champagner in seinem Glas gerichtet, holte er weit aus. «Ja, weißt du, es gibt Geister, die kommen erst, wenn der Körper des Malers mit der Farbe und der Leinwand zu einer Verschmelzung gelangt. Eine Art von kontemplativer Ruhe ist dazu nötig. Vor allem der innere Frieden muss da sein, sonst geht gar nichts. Wenn das gelingt, wenn man in sich ruht und alles stimmt, dann kommen diese Geister. Von den anderen Galaxien oder von den Sternen. Und hier ist so ein magischer Ort, da waren sie schon öfter. Ich muss bloß innerlich die richtige Stimmung herstellen können, verstehst du? Dann kommen sie und holen mich an die Leinwand. Und dann male ich auch wieder.»

Uschi hatte sich weit in ihren Sessel zurückgelehnt. «Aha», sagte sie sehr ironisch, «also daher kommen diese Toilettendeckel und Waschmaschinentüren auf deinen Bildern. Von anderen Galaxien und fremden Sternen.»

«Nur nicht provozieren lassen», dachte Georg. «Die hat's auf einen Krach angelegt.»

«Salut, Kleines!», hob er sein Glas und prostete ihr zu. «Heute bin ich achtundvierzig Jahre geworden. Ist das nicht ein schöner Abend?»

«Deine Scheiß-Kunst interessiert mich nicht, deine idiotischen Geister, dein Leben interessiert mich einen Dreck, dein

Haus ist eine einzige Gerümpelkammer, und dann kommst du mir mit deinem blöden Geburtstag!» Steif ging Uschi ins Haus zurück.

«Jean-Louis Travert lädt uns nach Avignon ein.» Georg blickte von einer Karte auf, die er soeben aus dem Briefkasten gefischt hatte. «Du weißt doch, der Maler. Wir sollen zum Essen kommen und Christine mitbringen. Was meinst du?»

Mürrisch stimmte Uschi zu. Sie kannte Avignon, eine Stadt mit Theaterfestival, Papstpalast, einer kompletten Stadtmauer und dieser berühmten Brücke über die Rhône, auf der sogar Könige ins Tanzen geraten sollten. Sie würden im Hof des Anwesens von Jean-Louis unter einer Pergola voller Weinlaub zu Mittag essen und gegen Abend im Villeneuf-les-Avignon einkehren.

Später schrieb Georg in sein Tagebuch:

«Wir verbrachten einen schönen Tag mit Jean-Louis. Die Kleine hatte Spaß. Abends machten wir einen Stadtbummel. Jean-Louis hatte einen Tisch im Villeneuf reserviert. Am anderen Ufer der Rhône war der Papstpalast erleuchtet. Die richtige Stimmung für einen lauen Sommerabend. Ich machte den Dolmetscher für alle. Christine versuchte sogar deutsch zu reden. Maria war brav wie ein Engel.»

Uschi hatte diesen Tag völlig anders empfunden. Kaum saßen sie gegen Mitternacht im Auto, legte sie los. «Die ganze Zeit hast du dich mit deinen blöden Franzosen unterhalten, die zu doof sind, um englisch zu reden. Mit denen kann sich ein normaler Mensch einfach nicht unterhalten. Mit mir hast du keine fünf Worte gewechselt. Du hast mich doch überhaupt nicht registriert. Ich war doch bloß dabei, damit du dich mal wieder mit deiner jungen Frau und deinem Kind brüsten konntest. Wie immer. Du Schuft!»

Georg versuchte, sie zu beruhigen. Vergebens. Schweigend und von der Hoffnung beseelt, dass ihr das Herausschreien des Frustes Erleichterung verschaffen würde, ließ er die Wogen ihrer Wut an sich abprallen und legte sich sofort schlafen, als sie das Haus betraten.

Doch Uschis Zorn verrauchte nicht über Nacht. Bereits beim Aufstehen griff sie ihr Thema wieder auf und steigerte sich bis zum Frühstück so leidenschaftlich in ihren Kummer, bis sie nur mehr hysterisch kreischen konnte. Marias ebenso klägliches wie anhaltendes Weinen brachte den Topf zum Überlaufen.

«Am liebsten würde ich das Gewehr laden und dir eine Ladung Schrot ins Maul schießen!», brüllte Georg auf und schnappte sich das schreiende Kind. «Halt endlich deine Klappe, verdammt noch mal. Morgens, mittags, abends, nachts, immer nur dein Gestänker und Gezeter. Wer soll das aushalten? Du bist die reinste *casse couilles*, falls du das verstehst! Du gehst mir auf die Eier, heißt das auf Deutsch!»

Wortlos machte Uschi auf dem Absatz kehrt. Ehe Georg es recht erfasste, hatte sie sich den Autoschlüssel geschnappt und brauste davon. Ohne ein weiteres Wort.

«Was die kann, können wir schon lange, Maus!», sagte Georg und zog mit Maria per Fahrrad los.

Erst im Schwimmbad, beim Spielen mit dem ahnungslosen Kind, ließen seine rotierenden Gedanken und die brausende Wut nach. Diesmal hatte er den Bogen überspannt.

«Ich muss mich bei ihr entschuldigen», nahm er sich vor. «Später, wenn die Kleine schläft. Ich hab mich benommen wie der letzte Apparatschik aus Ostsibirien.»

«Zum Glück verstehst du das alles noch nicht», flüsterte er Maria zu, die nach ihrem Mittagessen verlangte. Schwimmen machte sie immer hungrig. Und frische Windeln brauchte sie auch, ehe er sich mit ihr an den Waldrand zum Schlafen legen würde.

Das fröhlich schwatzende Kind auf dem Arm, traf er zwei Stunden später fast gleichzeitig mit Uschi wieder vor dem Haus ein. «Nanu?» Erfreut und überrascht zugleich trat Georg auf seinen Freund Klaus zu, der hinter Uschi hergefahren war und nun ausstieg. «Schön, dass du kommst. Gibt's was Bestimmtes?»

Er begriff noch immer nicht, was gespielt wurde, als der Freund ihn am Arm ergriff und mitsamt dem Kind in die Küche drängte. Erst als dieser fast beschwörend auf ihn einzureden begann: «Reg dich nicht auf, bleib cool, alter Junge. Du kannst Maria ja immer in den Ferien sehen», als Uschi wie in Panik das Allernotwendigste für sich und das Kind zusammenraffte und im Kofferraum des Wagens verstaute, mit dem Klaus gekommen war, dämmerte Georg, was geschah.

Das Blut schien ihm zu gefrieren, während er sich mit der Kleinen auf dem Arm neben den Kühlschrank drängte.

In diesem Moment kam Uschi auf ihn zu. «Gib sie her. Ich gehe jetzt. Gib mir Maria. Verabschiede dich jetzt von deiner Tochter.»

Wie in Zeitlupe sah er seine Arme sich öffnen und Uschis Hände das Kind an sich ziehen, ihre Schritte zur Tür, die Ärmchen, die dunklen Augen des Kindes, das quakend nach ihm rief. Auf der Schwelle dann Uschis Blick zurück. «Georg, ich wollte das alles nicht. Ich wollte es nicht.»

Seine Knie schienen nachzugeben. Wie von selbst griff die Hand nach dem Kühlschrank. Halt suchend. Das Starten eines Motors. Anrollende Räder. Leiser werdendes Motorengeräusch. Das Sirren einer Mücke in der Stille.

Ein Gedicht von Epikur fiel ihm ein, das Kostas ihm irgendwann auf Ikaria zum Abschied deklamierte:

«Geboren sind wir nur einmal;
zweimal ist es nicht möglich
geboren zu werden.
Notwendig ist es die Ewigkeit hindurch
nicht mehr zu sein.
Du aber bist nicht Herr des morgigen Tages
Und schiebst dennoch das Erfreuliche auf.
Das Leben geht unter Zaudern verloren,
und jeder Einzelne von uns stirbt in seiner Unrast.»

Als Georg bei Uschi anrief, lagen Wochen voller Verzweiflung, blindwütiger Pläne, Selbstanklagen, Reue, Wut und Scham, voller Ratlosigkeit und Tränen hinter ihm.

«Wie geht es Maria?», fragte er und ließ Koffer und Taschen neben sich auf den Boden des Ateliers fallen, das er erstmals wieder betrat.

«Der geht es gut, sie ist ja bei mir.»

«Was hast du jetzt vor?»

«Wir bleiben hier. Ich suche eine Wohnung.» Uschis Stimme vibrierte.

«Warum suchst du nicht hier, und wir machen die Therapie weiter?» Jetzt war es heraus. Er hatte sich tatsächlich überwunden.

Ein Feuerwerk wohl bekannter Vorwürfe ergoss sich aus dem Hörer. Georg war versucht, ihn vom Ohr fern zu halten. Endlich eine Atempause, der Schlusssatz: «Du hast deine Chance gehabt und nicht genutzt!»

Die Stunde der Wahrheit war gekommen.

«Du wirst sehen, was ich mit dir mache», fuhr Uschi eisig fort. «Ich werde mich rächen! Du sollst merken, mit wem du es zu tun hast. Jetzt wird gemacht, was ich bestimme. Und wenn du deine Tochter sehen willst, musst du nach meiner Pfeife tanzen!»

«Dann sag mir, wann ich sie sehen kann.»

Eine Pause. Lang und genüsslich ließ Uschi ihn warten.

«Zuerst muss ich zur Ruhe kommen.»

«Wie lange dauert das?»

«Das überlässt du gefälligst mir. Ich bestimme über mein Leben.»

Georg schluckte. «Maria ist es egal, wer bestimmt. Sie will ihren Papa sehen.»

«Ich will nicht mehr darüber reden.» Sie legte den Hörer auf. Nahm auch nicht ab, als er wieder und wieder bei ihr anrief.

Schwer ließ Georg sich auf den Schreibtischstuhl fallen.

Ein rosa Briefcouvert lehnte neben dem Telefon. Nur Uschi konnte es hinterlassen haben. Er wusste, dass sie auf der Flucht vor ihm hier kurz Zwischenstopp gemacht hatte. Ein einzelnes Blatt war darin.

Lieber Georg,
… und wenn du noch so wütest, so wird gar nichts besser. Je mehr du mir drohst, umso mehr entferne ich mich von dir. Wann kapierst du das endlich?

Ich brauche jetzt einen klaren Kopf für wichtige Entscheidungen. Eine erneute Flucht vor dir kommt für Maria und mich nicht mehr infrage. Du hast immer deine Freiheit haben wollen. Du hast in jedem Augenblick so gelebt, wie du gerade leben wolltest. Du lebst am besten ohne jede Vernunft und ohne Rücksichten. OK!

Ich habe dich in einer schwierigen Zeit lange so ertragen. Jetzt will ich nicht mehr ertragen, und du musst nun mir die Freiheit lassen, die du dir selbst immer nahmst.

Hör endlich auf, mir Angst zu machen, weil ich mich sonst völlig von dir abschotten muss. Für mich bleiben alle Wege offen. Mach das Gefühl, das noch da ist, bitte nicht auch noch kaputt. Lass Zeit ins Land gehen – du bist doch so ein Tagedieb … warum jetzt dieser Druck?

Maria? – Nein, da steckt irgendetwas anderes dahinter.

Unser gemeinsamer Weg ist im Moment beendet, und wenn du in dich hinein hörst, weißt du das auch.

Deine Uschi

«Vernunft ist nichts anderes als eingefrorene Leidenschaft», dachte Georg.

«Gut, sie will Vernunft von mir. Und wo ist ihre? Sie macht sich mit unserer Tochter davon. Ist das vernünftig?»

Jäh überfiel ihn die Trauer. Am besten alles aufgeben und verschwinden. Irgendwohin, nach Costa Rica, Australien, in die USA. Egal. Hauptsache weg, weit weg.

Und dann? Sollte Maria wirklich ohne Vater aufwachsen?

Wie ein Tiger in seinem Gehege lief er im Atelier im Kreis. Wut, Hass und Reue wechselten mit einem Schmerz ab, der ihn schüttelte. An Schlaf war nicht zu denken. Nur völlig erschöpft fielen ihm für einige Zeit die Augen zu, bis er von Albträumen geweckt wurde.

Er versuchte, sich auf die Arbeit zu konzentrieren. Eine Ausstellung war anberaumt. Doch Malen war unmöglich. Die Hand zitterte, als ob er an Parkinson litte. Selbst der Versuch, einen Brief zu schreiben, misslang.

Selbstbewusstsein? In diesen Tagen war es wie weggeblasen. Versagensängste und Panik brachen abwechselnd aus. Selbstmordgedanken kamen hoch.

Ein Brief von Uschi flatterte ins Haus. Riss Georg aus seiner Lethargie. Er fetzte das Couvert auf, las mit rasender Hast.

Doch von Maria kein Wort. Es ging lediglich um Uschis Habseligkeiten, die sie aus dem Atelier zu erhalten verlangte.

Am Schluss der Hinweis, wenn er so unbedingt eine Therapie wolle, wie er es immer behauptet habe, könne er diese ja nun für sich selber machen. «Ich bin sicher, dass du den Schmerz über den Verlust von Maria wegtherapieren kannst.»

Ein Satz, der an blankem Zynismus unübertrefflich schien.

«Immerhin», dachte er, «sie erkennt, dass es mich schmerzt, Maria nicht mehr um mich zu haben. Sie hat eine Ahnung davon, dass der Vater Maria liebt. Und das darf es in ihrem Weltbild einfach nicht geben. Väter lieben ihre Kinder grundsätzlich nicht. Sie erzeugen sie. Sie sollen für sie zahlen. Und ihre Liebe, falls es die überhaupt gibt, sollen sie wegtherapieren lassen.»

Und Maria? Interessierte es Uschi überhaupt, was in ihrer Tochter vorging? Ob diese den Vater liebte und vermisste? Ging sie etwa davon aus, dass ein Kind, dessen Sprachvermögen noch unreif war, auch unreife Empfindungen hatte? Ließ das Weinen des Kindes nach dem Vater die Mutter kalt, weil Maria nicht sagen konnte, warum sie weinte?

Wieder dieses Rennen im Kreis. Bei Tag und bei Nacht. Tausend Tode wünschte Georg dem Weib. Am liebsten würde er sie ermorden. Wie viel Jahre bekäme er dafür? Wenn er sie im Suff mit dem Auto überfahren würde? Was wäre das, Totschlag, fahrlässige Tötung, Notwehr? Wäre es das wert, wenn er anschließend in Ruhe mit Maria leben könnte? Unsinn, grauenhafter Unsinn! Der Wahnsinn schien nach seinem Verstand zu greifen.

«Ich mache eine Therapie», rief er Uschi irgendwann an. «Du erinnerst dich an den Therapeuten, bei dem wir mal waren? Er meint, es wäre am besten, wenn wir beide zu ihm kämen.»

Sie lachte nur. Keine zehn Pferde bekämen sie jemals zurück.

«Wie geht es Maria?», fragte er, er wusste selbst nicht, wie oft. «Wann kann ich sie sehen?»

Uschi antwortete stereotyp.

«Das hättest du dir vorher überlegen sollen, du hast deine Chance gehabt.» …

«Darüber will ich nicht reden.» … «Ich brauche Abstand zu dir.» … «Ich muss zur Ruhe kommen.» … «Du terrorisierst mich mit deinen Anrufen!»

Sie nahm den Hörer nicht mehr ab.

«Ich befinde mich im Zustand der Auflösung», hielt Georg in seinem Tagebuch fest. «Meine einzige Tätigkeit ist, pro Tag einen Rahmen 50 x 80 cm schwarz anzustreichen. Normalerweise würde es nur einen Tag dauern, 50 Rahmen anzustreichen. Selbst diese primitive Tätigkeit überfordert mich total.

Mein Galerist aus New York rief an. Er wollte die Expo vom letzten Jahr nachholen. Die aus der Zeit, als Uschi zum ersten Mal abgehauen war. Im Dezember wäre ein Termin frei. Und ich? Ich druckse rum.

‹What happened to you?› Gute Frage.

‹My wife is gone and took the child with her›, sage ich.

Er lacht. Meint, ich soll doch froh sein, dass sie weg ist. Jetzt steht der Ausstellung nichts mehr im Weg.

‹No›, sage ich. ‹Impossible. In my desolate state of mind there's no chance of creativity.›

Gott im Himmel, jeder Künstler würde diese Gelegenheit mit Kusshand ergreifen, und ich sage ab.

Mein Kind, meine Kunst, meine Freiheit – verliere ich alles?

Ich bin wie paralysiert. Ich starre manchmal minutenlang auf Marias Kinderbettchen und warte auf ihr Quietschen und Lachen. Tagelang ernähre ich mich von Kaffee und Zigaretten und ab und zu

einem Kebab, den ich gleich wieder auskotze. Sobald ich was esse, stellt sich sofort Diarrhö ein. Auch Ablenkung nützt nichts. Beim Lesen muss ich die einfachsten Sätze zehnmal wiederholen, bis die Buchstaben im Gehirn ankommen. Ins Kino gehen ist rausgeworfenes Geld. Ich kann der einfachsten Handlung nicht folgen. Ich bin derangiert. Ich bin am Ende.

Habe ich als Vater keine Rechte? Hat mein Kind keine Rechte? Kann Uschi dem Kind und mir einfach die Rollläden zumachen und mich zum Bettlervater degradieren?»

Wie ein Bettler kam er sich tatsächlich vor, wenn er in der Parkanlage nahe seiner Wohnung auf einer der Bänke saß und mit hungrigen Augen den Kindern zusah, die im Buggy an ihm vorbeigeschoben oder huckepack im Rucksack vorbeigetragen wurden. Zutraulich erwiderten sie sein Lächeln oder winkten ihm auf dieselbe Weise wie Maria mit kneifenden Fingerchen zu. Die Tränen saßen ihm locker. Mit beiden Händen schirmte er das Gesicht.

Vielleicht hätte er die Seite drei der alten Zeitung nie entdeckt, hätte er nicht mit dem Kopf in den Händen gesessen und seinen Kummer versteckt. Sie steckte im Mülleimer neben ihm. Titelzeile: «Wenn der Vater zweimal im Jahr die Tochter sehen darf».

Der ganzseitige Artikel begann: «Deutsche Regelung des Sorgerechts gilt als eine der rückständigsten in Europa. Männer als Zahler und Besucher.»

In atemloser Spannung überflog er das Geschriebene. Ermutigend war es nicht. Väter, die ihre Kinder nicht sehen dürften, weil die Mütter es nicht dulden. Mütter, die ihre Kinder als Faustpfand gegen den Ex missbrauchten. Und dass Väter nicht ehelicher Kinder überhaupt keine Rechte hätten.

«Maria ist nicht ehelich!» Georg ließ das Blatt sinken. «O je, da steht mir ja was bevor.»

Uschi hatte sich garantiert seit langem so beraten lassen, wie sie es brauchte. Wie Schuppen fiel es ihm von den Augen. Schon ihre beste Freundin aus Schwangerschaftstagen, die selbst Mutter eines nicht ehelichen Kindes und allein erziehend war, hatte sie ja in diese Richtung geführt. Deshalb auch die dringende Teilnahme an dieser Freizeit für Alleinerziehende, bevor sie bereit war, mit ihm in die Provence zu fahren. Deshalb ihre gemeine, zynische Art und der Sitzplatz auf dem ganz hohen Ross. Uschi wusste, dass sie nichts zu verlieren und er als Vater nicht das Geringste zu erwarten hatte.

Trotzdem, so galt diese Wette nicht! In der Zeitung standen zwei Namen: «Dialog» und «Väteraufbruch». Er war ein Vater im Aufbruch zu seiner Tochter und bereit zum Dialog; wenn es sein musste, mit der ganzen Welt.

Erstmals seit Wochen hatte Georg das Gefühl, sich aufraffen und wieder losmarschieren zu können.

Ein Anruf bei der Zeitung brachte ihm die Telefonnummer des Vereins «Väteraufbruch» sowie den Kontakt zu Werner Sauerborn, der als Ansprechpartner zur Verfügung stand.

Schon tags darauf trafen sie sich in der Stadt. Sauerborn, ein großer, schlanker, gut aussehender Mann um die vierzig, war Georg auf Anhieb sympathisch.

«Du musst dir klar machen, was du willst», war sein Rat. «Du hängst noch an der Uschi. Das ist nicht total vorbei. Maria und Uschi oder nur Maria. Das ist die Frage. Beides geht vielleicht gar nicht mehr.»

«Und wie komme ich zu meinem Kind?» Die wichtigste Frage überhaupt.

«Geduld und viele Frösche schlucken», grinste Sauerborn.

Frösche schlucken war Georgs Sache nicht. Aber mit Sauerborn wollte er in Verbindung bleiben.

Beinahe beschwingt stieg er, immer mehrere Stufen auf einmal nehmend, zu seinem Atelier hinauf und hörte das Telefon schon im Hausflur schrillen.

Uschi vielleicht? War etwas passiert? Mit langen Sätzen jagte er zur Tür herein, riss den Hörer ans Ohr.

«Sag mal, wo steckst du bloß? Ich hab mir wegen dir schon den goldenen Finger gewählt.» Antonis war wieder da. Hatte es ohne Kneipe und fern der deutschen Ersatzheimat mit seiner Frau nicht ausgehalten. Wie immer schoss er ohne Umschweife auf sein Ziel los. «Du, sag, was meinst du, Georgos? Im Bohnenviertel steht eine Kneipe leer. Wie wäre das – wir machen die wieder flott? Du und ich?»

Auch Antonis' Ehe stand auf der Kippe. Es hatte nichts genützt, dass er seiner Frau zuliebe sein gut gehendes «Astoria» verkauft hatte. Sie hatten sich trotzdem auseinander gelebt.

«Ich kann aber nicht mehr so schaffen wie früher», gab Georg warnend zu bedenken. «Die Uschi ist auf und davon. Mit der Kleinen. Die Sache mit der Maria geht mir nah. Vielleicht suchst du dir einen, der besser drauf ist als ich?»

Doch Antonis wollte nichts davon wissen. Er konnte sich lebhaft vorstellen, was es bedeutete, sein Kind zu verlieren. Sein Sohn war gerade sechs geworden und hatte ein inniges Verhältnis zum Papa.

«Wenn du langsam schaffst, bist du immer noch zehnmal besser als alle anderen», meinte er. Und damit war die Sache abgemacht.

Zwei Tage später war Antonis Pächter der besagten Kneipe. Der Name stand auch schon fest: «Pica-Pao». Das portugiesische Wort gefiel ihnen: «Brotpicker». Für eine Kneipe, in der es auch etwas zu essen geben sollte, also genau richtig.

Tatkräftig suchte Georg die Schrottplätze der Umgebung

nach Metallteilen für das Kneipendekor ab. Die Ideen, das Schweißen, alles lief langsamer. Aber es tat gut, das Räderwerk wieder anzuwerfen. Die Kneipe war genau die richtige Therapie.

Uschis Heimatstadt, die sie liebevoll «Klein-Paris» nannte, empfing Georg mit ihren Brücken, als hätte sie nur auf ihn gewartet. Künstler-Stadt, Mekka der Mode und feiner Geschäfte, Drehscheibe des Handels oder Messe-Zentrum, alles traf auf diese Stadt zu, die mit ihren vornehmen Bürgerhäusern einer längst versunkenen Zeit und dem Schick moderner Architektur das Synonym für Kommerz plus Eleganz darstellte.

Anders als an Sonnentagen brachte das Licht des trüben, tief hängenden Himmels das Schwarz-Weiß der schiefergedeckten Häuserzeilen nicht recht zur Geltung. Im Gegenteil, alles erhielt einen grauen Ton-in-Ton-Anstrich, der Georgs düstere Vorahnungen bestärkte.

Ob Uschi Wort hielte und er seine Tochter tatsächlich sehen dürfte?

In ein paar Tagen wurde sie ein Jahr. Zwei Monate schon hatte er sie nicht mehr gesehen und nichts von ihr gehört. Für ihn waren es lange sehnsuchtsvolle Wochen gewesen. Für Maria waren es Tage des prallen Lebens und der Entdeckungen. In jeder Stunde lernte sie Neues. Ob sie ihn überhaupt noch erkannte?

Auch das Haus, wo Uschi mit der Mutter lebte, riss Georg nicht zu Begeisterungsstürmen hin. Prüfend ließ er die Blicke über die Fenster schweifen. Hier schaute seine kleine Tochter vielleicht heraus, wenn die anderen Kinder spielten. Auf dieser Straße würde sie bald laufen. Hinter einem Ball vielleicht, oder an der Hand ihrer Mutter. An der Hand ihres Vaters sicherlich nicht. Georg wandte sich ab.

Fast fünfhundert Kilometer lagen hinter ihm. Er war müde und abgespannt von der Fahrt. Aber plötzlich schlug ihm das Herz laut in der Brust. Gleich würde er seine Tochter umarmen können. Wenn Uschi Wort hielt.

Er legte den Daumen auf den Klingelknopf neben der Haustür und läutete. Einmal, mehrmals. Nichts.

Ein Kind sprang vorbei. «Hey!», rief Georg. «Weißt du, ob hier eine Frau mit schwarzen Haaren wohnt und einem kleinen Mädchen, Maria?»

«Die Uschi?» Das Kind nickte. «Die wohnt hier.»

In diesem Moment sprang die Haustür auf. Ein Kinderwagen wurde sichtbar.

Marias Wagen. Dahinter Uschi. «Wir wollten eben spazieren gehen», sagte sie. «Du hast Glück, dass du uns noch antriffst. Aber wenn du willst, kannst du mitkommen.»

«Wir waren verabredet!» Georg hatte Mühe, nicht laut zu werden.

«Du bist zu spät», gab Uschi zurück. «Fast eine halbe Stunde.»

«Ach, komm», Georg hielt kaum seine Stimme im Zaum. «Ich bin seit sechs Stunden auf der Autobahn. Mit Staus. Da kann man nicht auf die Minute kommen.»

«Wenn's dir wichtig gewesen wäre, rechtzeitig zu kommen, hättest du eben eine Stunde vorher losfahren müssen», meinte Uschi. «Das ist wie mit dem Kleid und der Mark, die du zu wenig hast, um es zu kaufen. Wenn dir das Geld fehlt, kriegst du's nicht. Fertig.»

«Außer du kannst handeln, dann kriegst du sogar noch Rabatt», murmelte Georg und hätte sich gleich darauf ohrfeigen mögen, weil er schon wieder das eiserne Gesetz gebrochen hatte, Uschi nicht zu reizen.

«Typisch für dich!» Uschi warf ihr schimmerndes Haar zurück. «Du musst erst mal lernen, demütig zu sein.»

«Demütig? Was soll das?»

«Auch wieder typisch!» Uschis Tempo wurde schneller. «Du weißt nicht mal, was das ist.»

Das also waren die Frösche, die er schlucken musste! Vergeblich versuchte Georg, einen Blick auf sein schlafendes Kind zu werfen. Doch Uschi hatte die Decke so hoch wie möglich aufgebauscht. Nicht einmal die Nasenspitze war zu sehen.

Obwohl Uschi scheinbar völlig gelassen blieb, merkte er an den tiefer werdenden Lachfältchen neben ihren Augen, dass sie sich über sein Halsverrenken amüsierte. Sie war verblendet von der Macht, die sie als Mutter hatte. Sie wusste, dass sie ihn mit seiner Liebe zu Maria erpressen und tief verletzen konnte.

«Du solltest wissen, dass ich nicht in die Filme von Ingmar Bergman passe, die du so gern anschaust», dachte Georg grimmig. «Die stumm leidenden Helden haben es dir ja angetan. Aber ich bin keiner von denen. Ich passe eher zu Fellini, wo es immer hoch hergeht. Und wenn du von einem wie mir Demut verlangst, kannst du lange warten.»

«Du wolltest doch gar kein Kind», unterbrach Uschi plötzlich sein stummes Sinnieren. «Ich verstehe deine Gefühle für Maria gar nicht.»

Georg stutzte. «Wie kommst du darauf?»

«Du hast dich früher überhaupt nicht um sie gekümmert», führte Uschi ihre Überlegungen bereitwillig aus. «Und auf einmal bist du wie verrückt nach ihr? Das ist doch nicht normal. Oder kommst du erst drauf, dass du sie gern hattest, seit sie weg ist?»

Georg kannte diese Überlegungen bereits, fand sie aber zu absurd, um darauf einzugehen.

«Hat's dir die Sprache verschlagen?», stichelte Uschi.

«Du könntest mir lieber einen Vorschlag machen, wie du dir meine Zusammenkünfte mit meiner Tochter vorstellst», meinte er ruhig und nahm ihr den Kinderwagen ab.

«Das heißt unsere Tochter», berichtigte Uschi sofort. «Man merkt schon an deiner Ausdrucksweise, was für ein Egoist du bist.»

«Okay, unsere Tochter. Wie geht es also weiter mit ihr und mir?», hakte Georg nach.

«Bedräng mich nicht. Ich will darüber nicht reden.»

Eine Kehrtwende auf dem Absatz, dann im Sturmschritt zurück zur Wohnung.

Ob er bei ihr im Wohnzimmer übernachten könne, fragte Georg kurz. Heftiges Kopfschütteln.

«Findest du das fair?» Georg hatte Mühe, das Tempo durchzuhalten. «Da fahre ich fünfhundert Kilometer, um eine Stunde Kinderwagen zu schieben, und dann soll ich wieder abhauen, wie ein Aussätziger. Und fünfhundert Kilometer zurück. Willst du mir nicht wenigstens einen Kaffee anbieten?»

«Mir kommen gleich die Tränen.» Uschi grinste. «Nimm dir doch ein Hotelzimmer, wenn du so fertig bist. Und für einen Kaffee in irgendeiner Pizzeria wirst du ja wohl auch noch Geld haben. Schließlich zahlst du keinen Pfennig Unterhalt für dein Kind, das du so plötzlich über alles liebst.»

Eigentlich hatte Georg ihr das Geld für die Kleine auf andere Weise geben wollen. Jetzt war es schon egal. «Hier», sagte er und reichte Uschi die dreihundert Mark, die er sich von der Arbeit bei Antonis zurückgelegt hatte. «So viel ist es nicht. Aber mehr ist nicht da. Ich kann jetzt keine Bilder malen. Es klappt nicht. Kauf ihr was Schönes. Eine Puppe oder einen Bär. Ich weiß ja nicht, was sie gern hat.»

Uschi nahm das Geld großzügig an, zählte es sogar nach. «Ich werde es in Windeln investieren», meinte sie. «Passt gut zur Klodeckel-Kunst.»

Georg biss die Zähne zusammen und tat, als hätte er nichts gehört. Maria war aufgewacht. Mit beiden Händchen wühlte sie sich aus dem dicken Kissen. «Quak-Quak!», strahlte sie. Sie hatte den Papa wiedererkannt.

Georg sah Uschi die Enttäuschung an. Das Kind hätte brüllen sollen, sobald es sein sonnengebräuntes Gesicht erblickte.

«Nein, lass sie», wehrte Uschi Georgs Hände ab, als er seine Tochter endlich einmal wieder aus dem Wagen heben wollte. «Sie ist nass, und Hunger hat sie auch gleich. Ich will nicht, dass du sie jetzt nimmst. Nächstes Mal vielleicht.»

«Und wann ist das?», fragte er mühsam beherrscht.

«Ich brauche Abstand zu dir», sagte Uschi. «Je mehr du mich bedrängst, umso weniger kann ich dir vertrauen. Lass mir Zeit. Ich rufe dich an.»

«Und wann?» Georg drängte abermals, ohne die Augen von Maria zu wenden.

«Lass mir Zeit. Ich muss das in Ruhe überlegen und planen.»

«Ach, ja, wie konnte ich das vergessen. Die Pläne», murmelte Georg und versuchte, Maria davon abzuhalten, seinen Zeigefinger in den Mund zu stecken.

Uschi gab keine Antwort mehr. Hastig, wie auf der Flucht, schob sie den Kinderwagen ins Haus zurück.

Wie er auf die Autobahn gekommen war, wusste Georg später nie so ganz genau. Er kannte den Weg. Das war nicht das Problem. Aber bewusst war er ihn nicht gefahren.

Es goss wie aus Kübeln in dieser Nacht. Kaum Sicht. Und immer wieder Raser auf der Überholspur, die mörderisch nah auffuhren, wenn man nicht schnell genug Platz machte. Georg fluchte.

Als der Regen nachließ, fuhr auch er etwas schneller. Hundertvierzig Kilometer die Stunde; der alte Peugeot war Kummer gewöhnt.

Urplötzlich ein dumpfer Knall. Ein Schlag gegen das Lenkrad. Ein Schlingern, Drehen, Schleudern. Mit letzter Geistesgegenwart auf den Standstreifen gelenkt. Holpernd blieb der Wagen stehen. Erst nach Sekunden war Georg in der Lage, auszusteigen und nachzuschauen, was passiert war. Ein Vorderreifen hing in Fetzen an der Felge.

«Das hätte ins Auge gehen können!» Jetzt brauchte er erst einmal eine Zigarette.

Achtzehn Stunden nach seinem Aufbruch zu Maria kam er nach Hause zurück. Um sechzig Minuten reicher, in denen er seiner Tochter nahe gewesen war, ohne sie zu sehen. Um zehn Minuten glücklicher, in denen er sie anschauen durfte und sie ihn angelacht hatte. Um eine Beinahe-Katastrophe auf der Autobahn erfahrener. Und um rund fünfhundert Mark ärmer, die er für Benzin, einen Kaffee am Autobahnkiosk und Maria ausgegeben hatte.

Die Bilanz des Tages? Georg wagte sie nicht zu ziehen.

Ein Brief Uschis, den Georg zwei Tage nach seiner Rückkehr im Briefkasten fand, klärte die Fronten, indem er auf dicht beschriebenen Seiten vor Anweisungen und Befehlen strotzte.

Ich brauche die Distanz zu dir. Akzeptiere es!
Du wirkst wie eine ständige Bedrohung auf mich, und das kann ich nicht länger zulassen. Wenn du dich in Zukunft nicht benimmst, muss ich jeden Kontakt zu dir abbrechen!

Ich brauche Abstand zu dir. Treibe mich nicht in die Enge!

Natürlich verstehe ich, dass du Maria sehen willst. Aber damit erschwerst du mir das Leben. Wenn du etwas für sie tun willst, dann lasse uns hier endlich in Ruhe!

Geh zum Therapeuten, er kann dir helfen, besser mit deinem Schmerz umzugehen!

Deinen Hausschlüssel behalte ich vorerst, wegen meiner Sachen bei dir. Sei nicht in deiner Wohnung, wenn ich meine Sachen hole, zwei bis drei Tage lang!

Ich werde den Scheck einlösen, du gabst mir den als Pfand, falls ich wieder flüchten muss. Es war ja deine Idee. Sorge dafür, dass dein Konto gedeckt ist!

Das Jugendamt wird Unterhalt von dir fordern. Wenn du tatsächlich für Maria da sein willst, zahle!

Dass Uschi ausgerechnet jetzt den Scheck einlösen würde, den er ihr für den Fall geschenkt hatte, dass ihr Zusammenleben nach ihrer probeweisen Rückkehr zu ihm doch nicht gelänge, war ein herber Schlag. Da Georg unfähig war zu malen, das Angebot des Galeristen aus New York ausgeschlagen hatte und auch keine Energie für die Organisation irgendeiner Ausstellung aufbringen konnte, litt sein Konto an galoppierender Schwindsucht. Was er bei Antonis für seine Arbeit an der Dekoration der neuen Kneipe verdiente, war kaum der Rede wert und reichte gerade, seinen unmittelbaren Eigenbedarf zu decken.

Aber gut, er hatte ihr den Scheck geschenkt. Und er hatte damit rechnen müssen, dass sie ihn einlösen würde. Irgendwie würde er mit der Bank klarkommen.

Was Uschi über das Geld hinaus von ihm verlangte, war mehr als rücksichtslos und egoistisch. Es war Menschen verachtend und trat Marias Recht mit Füßen. Ganz abgesehen davon, dass es auch sein persönliches Menschenrecht war, das hier zu Schaden kam, denn er als Vater hatte dasselbe Recht wie die Mutter zum Umgang mit seinem Kind. Es war vor allem seine Pflicht als Vater, sein Kind zu beschützen und dafür zu sorgen, dass es von niemandem in seiner Menschenwürde, seiner Freiheit und seinem Recht angetastet wurde. Auch nicht von der eigenen Mutter.

Georgs Entschluss stand fest. Was immer Uschi ihm befohlen und von ihm verlangt hatte – ihre gemeinsame Tochter liebte ihren Papa, und er würde sie nicht im Stich lassen. Ganz gleich, wie viele Frösche er nicht nur küssen, sondern schlucken müsste, er wollte und würde für Maria kämpfen. Seine Tochter war nicht allein das Kind ihrer Mutter. Es hatte zweier Menschen bedurft, sie zu zeugen. Sie hatte auch einen Vater.

«Jürgen!», rief er einen seiner Freunde an. «Leihst du mir dein Auto?»

In wenigen Tagen wurde Maria ein Jahr alt. Georg war nicht dazu eingeladen. Doch ihr Papa durfte an diesem Freudentag nicht fehlen.

Jürgens Auto war größer, bequemer, schneller und vor allem sicherer als Georgs alte Klapperkiste, der er trotz des neuen Vorderreifens nicht mehr so recht traute. Die Vorfreude auf Marias Gesicht verkürzte ihm die Stunden auf der Autobahn.

Doch als er endlich an Marias Wohnungstür schellte, war es nicht das Gesicht seiner Tochter, das ihn empfing, sondern Uschis bitterböse Miene.

«Du musst mich entschuldigen, bitte.» Georg hatte den Text auf der Autobahn regelrecht einstudiert und geübt. «Ich konnte nicht anders. Ich musste kommen. Schließlich ist es der erste Geburtstag von unserem Kind. Das wirst du doch verstehen.»

Wortlos trat Uschi beiseite, um ihn hereinzulassen.

Maria stand aufrecht an der Badezimmertür. Als sie Georg sah, lief sie ohne Zögern auf ihn zu, zehn Trippelschritte ohne zu fallen, breitete ihre kleinen Arme aus und ließ sich mit lautem Freudenjauchzen von ihm hochnehmen. «Mapa!»

Uschi und ihre Mutter riefen gleichzeitig aus: «Sie läuft ja!»

Georg steckte vor Rührung, Glück und Entzücken ein Kloß im Hals.

Im Wohnzimmer waren ein paar Verwandte im Begriff, Kaffee einzuschenken und Kuchen zu essen. Er kannte sie flüchtig. Wie selbstverständlich nahm er neben ihnen auf dem Sofa Platz. Maria zappelte von seinem Arm. Als er sie zu Boden gleiten ließ, blieb sie eng an ihn geschmiegt stehen, eine Hand in seine Anzugjacke gekrallt, und strahlte ihn an. Mit der freien Hand zeigte sie «Da! Da!», zuerst auf ihre Geburtstagsgeschenke, die auf dem Tisch ausgebreitet lagen, und dann mit dem Fingerchen auf die eigene Brust. «Mia, Mia!»

Die ersten Sprechversuche. Wenn es nach Uschis Willen gegangen wäre, hätte er dies nie gehört. Georg gab seiner Tochter einen Kuss.

Mit einem Ohr hörte er, dass Uschi ihre Freundinnen anrief und sie auslud. «Der Vater von der Maria ist da und hat mir die Geburtstagsfeier von der Kleinen durcheinander gebracht. Kommt lieber morgen. Das bringt nichts heute. Ja, tut mir Leid. Finde ich auch total unmöglich.»

Er achtete nicht weiter darauf. Auch dass die anwesenden Verwandten sich in der frostigen Atmosphäre unbehaglich fühlten und nach dem ersten Stückchen Kuchen das Weite suchten, ließ ihn unberührt. Seine Antennen waren ausschließlich auf Maria ausgerichtet.

Als die müde war und Uschi sie zu Bett brachte, stellte er sich mit Uschis Mutter auf eine Zigarettenlänge auf den Balkon. Plötzliche laut krachende Schläge und gellendes Geschrei aus dem Badezimmer. Entsetzt fuhren die beiden zusammen.

Uschi tobte. Mit Kopf und Fäusten hämmerte sie gegen die Tür und schrie wie am Spieß. «Der hält sich nicht an meine Vorschriften! Der wird sehen, was ich mit ihm mache! Eine unglaubliche Frechheit zu kommen! Ich bestimme hier! Nur ich! Ich komme so nicht zur Ruhe! Das tut der bloß, um mich fertig zu machen! Verdammter Scheißkerl!»

«Was ist nur mit ihr los? Was hast du nur mit meiner Tochter gemacht?», fuhr Uschis Mutter auf und starrte Georg wütend an.

«Frag lieber, was sie gemacht hat», konterte er.

Maria begann zu weinen. Kein Tauber hätte bei Uschis Ausbruch schlafen können. «Ich zieh sie jetzt an und geh mit ihr raus!», sagte Georg. «Das Kind bekommt ja den Schock seines Lebens.»

«Du wirst doch keine Dummheiten machen?» Uschis Mutter hielt Georg bang am Ärmel zurück.

«Was zum Beispiel?»

«Du weißt schon, Maria entführen.»

Georg lachte kurz auf. «Das hat Uschi doch schon selbst besorgt.»

In diesem Moment kam sie aus dem Bad. Tränennass und völlig aufgelöst schrie sie ihre Mutter an, sie solle den Scheißkerl gehen lassen, es sei ihr egal, was passiere. Die Haustür flog hinter ihr ins Schloss, sodass die Glastüren des Wohnzimmerschranks zitterten.

Stumm blickte Georg ihr nach. Sie hatte so unglücklich ausgesehen. Hoffentlich tat sie sich nichts an. Werner Sauerborn hatte Recht, er war innerlich noch immer nicht völlig fertig mit ihr. Sie tat ihm Leid.

Ratlos schüttelte er den Kopf.

Maria war müde. Mit einem erleichterten Schnaufen ließ sie sich von Georg in die Arme nehmen, trösten und in den Kinderwagen legen. Schon nach wenigen Metern im schaukelnden Wagen war sie eingeschlafen.

Eine Stunde lang kostete er das Gefühl aus, endlich einmal wieder ganz allein sein Kind ausfahren zu dürfen. Dann trieb ihn die Sorge um Uschi zurück.

Die Mutter öffnete ihm die Tür. Nein, Uschi sei noch nicht zurück. Ob er einen Kaffee wolle?

«Ja, danke, gern.» Da die Kleine noch immer schlief, zog Georg den Kinderwagen neben sich an das Sofa und schaukelte weiter sanft den federnd aufgehangenen Korb.

«Wenn du dich immer so für das Kind engagiert hättest …», meinte Uschis Mutter viel sagend und schenkte den Kaffee ein. «Aber du musst doch zugeben, dass du dich völlig unmöglich benommen hast. Nicht einmal zur Geburt hast du der Uschi ein Goldkettchen oder einen Ring geschenkt. Jeder anständige Vater macht so was. Bloß du nicht. Und jetzt so zu tun, als kannst du nicht ohne das Kind leben. Merkst du gar nicht, wie unglaubwürdig du dich damit machst?»

Georg starrte zu ihr auf. «Ihr spinnt doch! Aber alle beide! Meint ihr denn, das ist Liebe, wenn einer euch Geschenke macht? Glaubst du wirklich, ich hätte die Uschi und das Kind lieber gehabt, wenn ich ihnen ein bisschen Gold um den Hals gehängt hätte? Hat sie dir vorgeheult, was für ein Knickersack ich bin, ja? Schenk ihr nicht mal 'ne Kleinigkeit, ja? Aber was sie wollte, hat sie dir nicht erzählt, wie? Eine Villa und einen fetten

Benz und eine Bankvollmacht für ein dickes Konto. Ein Kettchen oder einen Ring! Ha, ha, ha!»

«Aber es gehört sich nun mal so», widersprach Uschis Mutter heftig. «Das ist Tradition, verstehst du. Jedenfalls hier bei uns, in Deutschland.»

Georg griff sich in einer Mischung aus komischer und ernsthafter Verzweiflung stöhnend an den Kopf. «Und weil ich ihr kein Geburtsgeschenk gemacht habe, wie du das nennst, hat sie mich verlassen und unser Kind entführt?»

In diesem Moment drehte sich ein Schlüssel im Schloss der Wohnungstür, und Uschi trat herein. Georg war lange nicht so erleichtert gewesen.

Der Ausbruch im Badezimmer und der lange Spaziergang schienen Uschi gut getan zu haben. Freundlich nahm sie Maria aus dem Wagen und lächelte Georg zu. «Komm, wir bringen den Papa zum Auto. Er muss ja noch weit fahren.»

Einen netteren Rausschmiss hätte Georg sich kaum vorstellen können. Aber sie hatte Recht, es war Zeit zu gehen.

«Sag tschüss zum Papa!» Uschi half dem Kinderhändchen zu winken. «Gute Fahrt!»

Als Georg sich niederbeugte, um Marias Wange zu küssen, streifte er Uschis Haar. Der leichte Duft stieg von ihr auf, den er so gut kannte. Es war noch nicht so lange her, dass er geglaubt hatte, mit dieser Frau richtig alt werden zu wollen.

«Uschi, willst du mich heiraten?» Das Erinnerungsbild stieg in ihm auf, er in der Telefonzelle am Karibischen Meer, fiebernd, was die Frau seiner Träume antworten würde. Und dann ihr Ja, dieses freudig laute Ja. Vor Glück war ihm fast schlecht geworden.

Uschi trat einen Schritt zurück, die Realität war wieder hergestellt. «Gute Fahrt», wünschte sie abermals, schon abgewandt, und verschwand mit Maria im Haus.

«Es ist nur ein Abschied von vielen», sagte Georg sich, als er den Wagen zurück auf die Autobahn lenkte. «Ich komme ja wieder und immer wieder.» Wie merkwürdig, dass er trotzdem das dumme Gefühl nicht loswurde, es sei ein besonderer Abschied gewesen.

Die Frau mochte etwas über sechzig Jahre alt sein, Pagenschnittfrisur, silbergraues Haar, locker und zugleich dezent-geschmackvoll in jenem alternativ-grünen Stil gekleidet, den Georg schon bald als Einheitslook von Jugendamtsmitarbeiterinnen erkennen sollte. Aufmerksam und distanziert zugleich blickte sie ihm aus kühlen Augen entgegen.

«Bitte, nehmen Sie Platz. Was kann ich für Sie tun?»

Sein Gejammer schien ihr auf die Nerven zu gehen. «Sie muss es schon x-mal gehört haben», dachte Georg, während sein Mund von dem überlief, wovon sein Herz voll war. Trotzdem brachte sie es fertig, ihn bis zu Ende anzuhören.

«Sie müssen Geduld haben», meinte sie schließlich huldvoll wie eine Audienz gewährende Päpstin. «Die Kindesmutter trägt jetzt Trauer. Erinnern Sie sie immer wieder daran, dass das Kind auch Rechte hat. Steter Tropfen höhlt den Stein.»

«Bitte, wie lange dauert so eine Trauer?»

Langsam wiegte die Dame den Kopf hin und her. «Das Trauerjahr kann lange dauern, bis zu fünf Jahren.»

Georg richtete sich auf dem Stuhl vor dem Schreibtisch der Dame auf. «Meine Tochter will aber kein Trauerjahr. Sie braucht ihren Papa sofort. Ich will mein Kind regelmäßig sehen. Die Mutter kann trauern, solange sie will.»

Die Dame legte die schlanken Finger zu einem spitzen Dach aneinander. «Sie wissen, dass Sie als unehelicher Vater keinerlei Rechte haben.»

«Das mit dem unehelich ist der Maria völlig egal», brauste Georg auf.

«Ich bin hier, weil ich von Ihnen Hilfe erwarte. Weil ich denke, dass das Jugendamt für Kinder da ist und die Leute hier froh sind, wenn sich ein Vater um seine Kinder kümmern will.»

«Sie müssen jetzt Geduld haben», murmelte die Dame milde.

Mit Geduld aber war Georg schon längst am Ende. «Hören Sie, ich habe den Eindruck, Sie wollen mich bloß trösten. Schreiben Sie der Mutter, dass sie dem Kind den Vater erhalten soll. Ich denke, das ist Ihr Job.»

«Das kann und das darf ich nicht», wehrte die Dame ab.

«Warum nicht?»

«Das kann und das darf ich Ihnen nicht sagen.»

Georg stand unschlüssig auf. «Was können und dürfen Sie denn?»

«Sie können und dürfen jederzeit wieder bei mir anrufen, wenn Ihnen danach ist.» Lächelnd stand die Dame auf. Es war ein Abschied. Höflich, aber bestimmt geleitete sie ihren Besucher zur Tür.

Fassungslos stand Georg auf der Straße.

Dass das Jugendamt sehr wohl Briefe an Eltern schreiben konnte und durfte, erfuhr er wenige Minuten später. Es lag nämlich ein solcher Brief in seinem Postkasten. Darin wurde er aufgefordert, binnen drei Tagen im Jugendamt zu erscheinen, seine Vermögensverhältnisse offen zu legen und gewisse Titel zu unterschreiben.

«Es geht um den Unterhalt für Maria», erklärte ihm Werner Sauerborn vom «Väteraufbruch». «Die Mutter hat die offizielle Festlegung des Unterhalts beantragt, den du für Maria zahlen musst.»

Georg zögerte den Termin nicht lange hinaus. Ein Mann

mittleren Alters erwartete ihn schon. Anscheinend hatte er auch die Papiere vorbereitet, die zu unterschreiben waren. Er legte sie Georg vor. «Unterschreiben Sie!»

Unwirsch schob Georg die Blätter beiseite. «Ich unterschreibe gar nichts, bevor ich nicht weiß, wann und wie ich mein Kind sehen kann.»

«Das gilt nicht!», sagte der Mann, dessen Mundwinkel unablässig nervös zuckten.

Georg musste lachen. Diesen Spruch hatten sie als Kinder gebraucht, wenn jemand geschummelt hatte. «Hören Sie, da kidnappt die Kindesmutter unser gemeinsames Kind und bringt es ein paar hundert Kilometer weit weg. Und Sie decken das? *Das* gilt nicht, verstanden!»

Der Mann wand sich. Er habe seine Vorschriften, da könne ja jeder kommen und Forderungen stellen.

«Wer ist Ihr Vorgesetzter?» Georg trommelte mit den Fingern.

Diese Frage schien bekannt, die stumme Antwort, durch eine Nebentür zu schreiten und mit drei Herren wieder herauszukommen, an der Tagesordnung.

Gemeinsam versuchten diese nun, ihn in die Zange zu nehmen. «Wenn Sie nicht gutwillig unterschreiben, sind wir gezwungen, gerichtliche Schritte gegen Sie einzuleiten.»

«Ich», stellte Georg klar, «ich habe mein Kind auf dem Standesamt anerkannt. Das muss genügen. Passen Sie auf, dass ich Sie nicht wegen Beihilfe zur Kindesentführung anzeige.»

Natürlich gab sich das Triumvirat damit nicht zufrieden. Aber auch Georg gab nicht klein bei. Am Ende blieb die Akte ohne Unterschrift, während Georg sich innerhalb des Hauses auf den Weg zur ‹Abteilung Unterhalt› machte.

Eine junge Dame war für ihn und sein Anliegen zuständig.

«Was kann ich für Sie tun?», wollte sie wissen, als Georg ihr in groben Zügen geschildert hatte, was geschehen war.

«Schreiben Sie der Kindesmutter, dass es besser sei, mit dem Kind hier in der Stadt zu sein, damit wir beide es betreuen können. Und dass ich bereit bin, ihr eine Trennungswohnung zu bezahlen, ganz in der Nähe meiner Wohnung, damit es keine Probleme mit dem Kind gibt.»

Dies war das neueste Angebot, das er Uschi unterbreiten konnte. Er verdankte es einem befreundeten Architekten, der ihm einen Sonderpreis für die Miete einer schönen Zwei-Zimmer-Wohnung errechnet hatte.

«Von Rechts wegen überschreite ich hier meine Kompetenzen», meinte die junge Dame. «Aber ich weiß, wie wichtig es für Kinder ist, beide Eltern zu haben. Ich schreibe ihr, was Sie mir hier angeboten haben. Aber ob es hilft?»

Es half nicht. Uschi lachte nur, als sie Georg anrief. «Du kannst dir noch so viele Verbündete suchen und noch so viele Briefe schreiben lassen – ich bestimme. Und ich komme im Leben nicht zurück. Ich habe kürzlich einen Krimi gesehen, der genau auf uns beide passt. Ein Grieche, der ein Kind mit einer Deutschen hat und das Kind nach Griechenland entführt. Du bist genau so ein Typ. Du würdest das auch machen. Das weiß ich. Aber ich bin nicht wie die Frau in dem Film. Das ist der Unterschied. Ich passe auf, ich kenne dich.»

«Kein Mensch will die Maria entführen!» Georg konnte nur den Kopf schütteln. «Ich bin länger hier in Deutschland, als ich jemals in Griechenland oder sonst wo war. Red dir doch nicht solchen Blödsinn ein. Lass uns lieber vernünftig miteinander reden und eine Lösung finden, dass unser Kind seine beiden Eltern sehen kann.»

«Du hast mich gedemütigt und bedroht. Ich hab kein Vertrauen mehr zu dir», gab sie zurück. «Ich will dich nicht sehen. Das weißt du.»

«Ja.» Georg nickte. «Ich weiß es. Und ich will dich auch nicht unbedingt sehen. Aber unsere Tochter will mich sehen. Sie braucht ihren Papa. Also wann? Sag mir einen Termin.»

Mühsam rang sie sich dazu durch, ihm ein Wiedersehen zu gestatten. Sechs Wochen nach dem Geburtstag der Kleinen sollte es so weit sein. Noch über vier Wochen Wartezeit.

Uschis Spruch von der Demut fiel ihm ein. Nie hätte der Georg, der er noch im Sommer war, geglaubt, dass er schon im Herbst demütig wie ein Straßenköter auf einen Happen warten könne, der ihm im Vorbeigehen zugeworfen würde.

Sie saßen in einem kahlen, weiß getünchten Raum. Männer aus allen sozialen Schichten. Der Arbeiter von Mercedes drückte den Stuhl neben dem frühzeitig berenteten Regierungsrat, der seinen Job nach der Scheidung wegen psychischer Probleme aufgeben musste. Der Althippie mit der handgestrickten Zipfelmütze lehnte krumm neben dem Angestellten in Anzug und Krawatte. Der Kripomann saß neben dem Ex-Anarcho an einem Tisch. Der Fabrikdirektor beugte sich wie der Universitätsprofessor über die ratlos aufgestützten Hände. Der Lehrer wusste so wenig Worte wie der Prolo aus der Ballermannsiedlung. Der konservative Politiker vereint neben dem altlinken Aussteiger. Zwei Dutzend Männer aller Alters- und Bildungsstufen, wie sie bunter gemischt nicht sein konnten. Vereint nur in der Liebe zu ihren Kindern, die sie entweder unter erschwerten Bedingungen oder seit Jahren schon gar nicht mehr sehen durften.

Wenn sich der Verein «Väteraufbruch für Kinder» am ersten und letzten Donnerstag jeden Monats im Jugendhaus-Mitte traf, war seit kurzem auch Georg dabei.

Wie die anderen sollte er zu Beginn des Abends aufstehen, um sich einem weiteren Neuankömmling mit kurzen Worten vorzustellen. Die Geschichten glichen sich frappierend und konnten samt und sonders aus einem Lehrbuch «Wie macht Frau ihren Ex fertig» stammen. Trotzdem oder gerade deswegen griff jeder einzelne Bericht den Männern unmittelbar ans Gemüt. In Georg rührten die fremden Schicksale Erinnerungen an die verlorenen schönen Stunden mit Maria auf. Als er an der Reihe war, gelangen ihm kaum ein paar stammelnde Worte über seine Tochter. Urplötzlich wurde ihm übel zum Erbrechen.

Nie zuvor war ihm so klar gewesen, dass eine andere Schmerzgrenze erreicht wird, wenn einem das eigene Kind entrissen wird. Die Trennung von einer geliebten Frau ist schlimm genug. Aber die zwanghafte Abnabelung von einem Kind erreicht eine brutale Dimension an Leid.

Das Kind lebt, es ist nicht tot. Entsprechend geht der Trauer über den Verlust kein Abschied voran, der von einer höheren Macht bestimmt ist und beide Elternteile gleichermaßen trifft. Im Gegenteil, Abschied und Trauer werden dem einen Elternteil durch den Willen des anderen aufgezwungen. Und des einen Freud ist des anderen Leid.

Geradezu irrwitzig pervertiert wurde das Elend einiger Väter, deren Kinder nur wenige Straßenblöcke von ihnen entfernt lebten, abgeschottet von der Mutter und womöglich deren neuem Freund und für die leiblichen Väter so unerreichbar wie die Kinder, die Hunderte von Kilometern weit fort in einem anderen Bundesland oder sogar im Ausland aufwuchsen.

Alexander, Ende dreißig, einer der typischen neuen Väter, Computerfachmann und selbständig in seinem Beruf, hatte sich drei Jahre lang rund um die Uhr um seine Tochter Laura gekümmert, damit die Mutter ihr Studium abschließen und Karriere machen konnte. Danach traf die Mutter den Mann ihres Lebens, zog unter die abgeliebte Partnerschaft den Schlussstrich und mit der Tochter davon. Laura wurde adoptiert, der leibliche Vater ausradiert.

Für Georg hatte Alexander nur ein müdes Lächeln und ein Buch mit dem Titel «Im Namen des Kindes». Der Verfasser sei Professor und eine Koryphäe auf diesem Gebiet.

Erstmals hörte Georg Begriffe wie Sorgerecht, Aufenthaltsbestimmungsrecht, Kinder- und Jugendhilfegesetz, Beziehungspsychologie, Parental Alienation Syndrom oder PAS, Paradigmenwechsel, Scheidungsbegleiter, Umgangsrecht. Die Fülle der Informationen erdrückte ihn fast. Anlass zu Hoffnung gaben sie allerdings nicht, eher zu Resignation.

Er sah sie sich der Reihe nach an, all die abgezockten, abgeliebten Väter, die sich mit ein paar abgegriffenen, längst veralteten Fotos ihrer Kinder dem Verlustschmerz entgegenstemmten, der ihr Leben zu zerstören drohte oder zerstört hatte.

Eine auflagenschwache Zeitung von Vätern für Väter gaben sie heraus. «PAPS», in der sie ihre Geschichten veröffentlichten und Informationen verbreiteten. Ein Geheimtipp, an keinem Kiosk zu kaufen und nur durch Mundpropaganda zu verbreiten. Beratungen boten sie, wie Georg sie durch Werner Sauerborn erfahren hatte. Hilfe durch Selbsthilfe, indem sie sich trafen, sich austauschten, einander zuhörten, sich verstanden, ohne große Fragen stellen zu müssen, den einen oder anderen Rat weitergaben und Gemeinsamkeit in ihrem Elend erfuhren, das von außen bestenfalls ignoriert wurde. Die Erfahrenen unter ihnen hatten sich juristische Kenntnisse angeeignet, die so manchen Rechtsanwalt in den Schatten stellten. Fallsammlungen waren angelegt worden, aus deren Fundus Familiengerichtsbeschlüsse bundesweit zu ermitteln waren. Hilfreich oft im eigenen Fall.

Dass kurzfristig und konkret für ihn und Maria wenig oder nichts getan werden konnte, begriff Georg schnell. Sich bei «Väteraufbruch» zu engagieren bedeutete, über den eigenen Tellerrand hinauszuschauen und für eine Zukunft zu arbeiten, die langfristig für alle bessere Bedingungen schaffen würde. Er war bereit dazu. Doch Vorrang hatte Maria.

Endlich! Der ungeduldig erwartete Besuchstermin am 13. Oktober war da. Tausend Kilometer, Stundenhatz auf der Autobahn, brenzlige Situationen zuhauf, Anspannung hinter dem Lenkrad. Und wofür?

Für drei Stunden Kinderwagenschieben, die Maria zur Hälfte verschlief.

«Uschi verbot mir das Haus. Sie wollte mich in der Wohnung ihrer Mutter nicht mehr sehen. Oma wollte es so. Da fährst du 1000 km und wirst wie ein Fremder abserviert. Ich könnte heulen vor Wut.»

Immer öfter musste Georgs Notizbuch als Tagebuch herhalten. Um den Überblick zu behalten, legte er, der nie auch nur einen Kontoauszug abgeheftet hatte, einen ersten Sammelordner an.

Diesmal, so hatte er sich schon auf der Rückfahrt geschworen, ging nichts mehr ohne Rechtsanwalt. Es musste Schluss sein mit den Schikanen, mit Uschis Launen, ihrer Willkür und dem Persilschein, den sie für alles zu haben schien, was sie ihm antat.

Das Ergebnis der juristischen Beratung war lächerlich. Für einen Brief, auf den Uschi nie reagierte, berechnete Frau Anwältin eine Kostennote von dreihundertfünfundneunzig Mark, und ansonsten blieb alles wie gehabt: Uschi befahl.

Befehl eins: Wenn er Maria künftig sehen wolle, könne dies nach Absprache mit der Elternberatungsstelle des für sie zuständigen Jugendamtes geschehen. Maria werde dort in einem Spielzimmer mit ihm zusammenkommen.

«Setze dich mit einem Herrn Marpien in Verbindung. Er wird alles Nötige mit dir abklären!»

Befehl zwei: Zum Jahresende habe sie eine eigene Wohnung. Sie wolle deshalb ihr Eigentum aus dem Atelier abholen. «Verlasse für zwei bis drei Tage deine Wohnung. Ich will dir nicht begegnen.»

Für Befehl zwei erteilte Georg sofort ein kategorisches Nein. Er war nicht im Geringsten bereit, Uschi seine Wohnung zu überlassen und sich tagelang in einer Pension einzumieten, damit sie es möglichst bequem hätte. Als Kompromiss schlug er vor, dass sie jemanden schicken solle, dem er dann behilflich sein werde, ihre Sachen zu packen. Es tat ihm gut, sein Angebot mit einem der Statements zu schließen, die ihre Spezialität waren. «Auf etwas anderes lasse ich mich nicht ein. Du musst das akzeptieren.»

Als hätte dieser kleine Kraftakt das Fass zum Überlaufen gebracht, wurde Georg krank. Was mit einer ziemlich üblen Magen-Darm-Infektion begann, ging rasch auf sein Herz über. Eine Operation lag im Bereich des Möglichen, wie der Hausarzt meinte.

«Wir beobachten das jetzt eine Weile. Wenn es nicht besser wird, musst du unters Messer. Ein Bypass ist heute kein Ding mehr. Routinesache. Aber besser ist es natürlich ohne. Also schone dich, keine großen Aufregungen.»

Georg lachte freudlos auf. Einen besseren Witz hatte er lange nicht gehört. «Mensch, Antonis», vertraute er dem Freund an, dessen Kneipenausbau in die Endphase getreten war. «Es ist mir doch völlig egal, ob ich ins Gras beiße. Das, was jetzt ist, der Schmerz wegen Maria, die kaputte Beziehung, die Kunst im Eimer, was soll das alles? Mir ist alles zu viel. Wenn ich morgen die Augen nicht mehr aufmache, okay, was soll's? Ein Vater weniger, der sein Kind nicht sehen darf. Glaubst du, da kräht ein Hahn nach?» Der Abend war lang geworden in dieser Nacht.

Als das «Pica-Pao» ein paar Wochen später eröffnet wurde, stand Georg hinter der Bar. Im gebügelten Hemd, schwarzer Hose, Weste und Fliege machte er sich prächtig als Barmann. Die Freunde kamen, die sich seit Antonis' Verschwinden in alle Kneipen der Stadt zerstreut hatten. Ihr Lachen, Erzählen, die alte Vertrautheit taten Georg gut. Allmählich eroberte das Leben ihn zurück.

Herr Marpien, der Leiter der Elternberatungsstelle in Uschis Heimatstadt, war ein großer, hagerer Mann. Wie Pergament passte sich die Haut seinen Gesichtskonturen an. Georg schätzte ihn als kurz vor der Pensionierung stehend, ein Kavalier alter Schule, im Dienst abgeschliffen.

«Ich verstehe Ihr Problem nicht», krächzte er Georg in abgehackten Silben entgegen. «Die Mutter und Sie als Kindesvater sind nicht verehelicht. Das Gesetz ist da ganz eindeutig. Sie haben keinerlei Rechtsansprüche an das Kind. Die Mutter hat das alleinige Sorgerecht und kann machen, was sie will. Wenn sie zu der Auffassung gelangt ist, dass Sie sich als Wüterich gebärden und das Kind entführen wollen, hat sie sogar die Pflicht, das Kind von Ihnen fern zu halten. Sie können froh sein, wenn Sie das Kind gelegentlich sehen dürfen.»

Uschi trat ein, als Herr Marpien seinen erprobtesten Satz anwandte: «Sie als nicht ehelicher Vater, Sie müssen den niedrigsten Weg gehen!»

Geschminkt, todschick, sogar im Rock, den sie normalerweise vehement ablehnte, umgarnte Uschi den alten Herrn nach allen Regeln der Kunst. Die Beine ladylike schräg verschränkt, gab sie Knie und Oberschenkel preis, als habe sie die Leimspur für seine Blicke bis unendlich gelegt.

«Ich bin jung, ich bin dynamisch, ich bin schön!» Georg schien ihre Worte wie damals zu hören.

Liebenswürdig und honigsüß nahm sie ein Flugblatt des Vereins allein erziehender Mütter und Väter in Empfang. Fürsorglich, falls sie beratende Hilfe benötige. Mit dankbar feuchtem Schimmer im Blick und erleichtertem Griff ans Herz vernahm sie die Lehren, die Georg auch schon zu hören bekommen hatte.

Doch zu wahrhafter Größe lief sie in den Augen des alten Beaus auf, als sie ihm für Georg, mit dem sie persönlich kein Wort zu sprechen wünschte, die Mitteilung der Erlaubnis auftrug, für ein Stündchen Marias Wagen schieben zu dürfen.

Zwei Schritte hinter ihm stöckelte sie anschließend dem Kinderwagen nach und verbat sich strikt jede Ansprache. Es regnete. Der Wind pfiff der Jahreszeit entsprechend. Wie Uschi in ihrem Outfit allmählich zum Eiszapfen gefror, konnte Georg aus den Augenwinkeln erkennen, wenn ihr Spiegelbild mit roter Nase und zerzauster Frisur in einer der Schaufensterscheiben in sein Blickfeld geriet. Ihn selber fror es bis ins Mark.

Auf der großen Einkaufspromenade der Stadt wachte Maria auf. Kläglich und unmissverständlich wies sie darauf hin, dass ihre Pampers der Rundumerneuerung bedurften. Bei der Kälte!

«Zeig, was du als Vater kannst», grinste Uschi aus dem Hintergrund. «Wechsle ihr mal die Windeln.»

«Ja, wie denn, bei dieser Kälte?» Georg blieb ratlos stehen.

«Das musst du schon selber rausfinden», kam es spitz zurück. «Du bist doch sonst so kreativ. Ich helfe dir nicht. Schließlich muss ich wissen, ob ich dir das Kind anvertrauen kann und du es mit ihr schaffst.»

Sie standen neben der Eingangstür eines der vornehmsten Lokale. Dahinter war es warm. Georg fackelte nicht lange. Hinein mit dem Kinderwagen. Raus mit dem Kind. Runter mit der lautstark brüllenden Kleinen auf dem Arm, in Richtung Toilette.

Ein Blick hinter die Tür mit dem großen *M* versicherte ihm, dass weder Tisch noch Ablage vorhanden waren. Zwei Männer starrten ihn belustigt an. Also, rein ins Damenklo. Mehrere Frauen standen in dem geräumigen Waschbeckenbereich.

«Hier sind Sie falsch», mahnte eine von ihnen.

«Ich schon, aber das hier ist ein Mädchen, und aufs Männerklo kann ich mit ihr nicht!» Georg ließ sein charmantestes Lächeln wirken und packte Maria, an deren Wimpern die Tränen schon trockneten, mit der Geschicklichkeit des Windel-Wechsel-Routiniers auf ein Tischchen.

«Lassen Sie mich das machen», bot sich eine der Frauen an.

«Ich kann's auch, keine Sorge», gab Georg zurück. «Aber Sie können ja helfen, wenn's schief geht.»

Es war zwar ein paar Wochen her, seit er Maria das letzte Mal gewickelt hatte, aber gelernt war gelernt. Die Frauen brachten Papiertücher, schäkerten mit Maria, die fröhlich zu krähen begann, und wichen nicht von Georgs Seite. Erst nach einer Viertelstunde tauchte er mit dem Kind auf dem Arm wieder im Lokal auf. Uschi war wütend.

«So, jetzt wird gegessen!» Georg tat, als habe er die Gewittermeldung auf Mutters Stirn nicht erkannt, und nahm mit Maria an einem der Tische Platz.

Bis das Essen serviert wurde, krabbelte er mit der Kleinen unter den Tisch und spielte hinter dem tief hängenden Tischtuch Verstecken. Marias fröhliches Kuckuck-Kreischen und Georgs entschuldigende Erklärung, er sei mit der Kleinen auf der Durchreise, hellten selbst die Miene des etwas indignierten Kellners auf, der eher Damen und Herren, aber weniger Papas und ihre Kleinkinder zu bedienen hatte. Uschi, die am Nebentisch saß, als gehöre sie nicht dazu, war es trotzdem peinlich.

Draußen vor der Tür ließ sie ihren Gefühlen ungehemmten Lauf. «Dein Benehmen spottet jeder Beschreibung. Du bist kein Vorbild für das Kind. Bei dir hat sie Narrenfreiheit. Ich dulde das nicht!»

Georg ließ den Hagel mit eingezogenem Nacken auf sich niederprasseln und blinzelte mit Maria, die mit beiden Augen gleichzeitig zurückzwinkerte.

«Ich brauche meine Sachen.» Uschi schrie jetzt beinahe und hob die Hand, als wolle sie Georgs Ärmel packen. «Die hast du schon wieder nicht mitgebracht. Auf dich ist einfach kein Verlass!»

«Ich bin mit dem Zug hier», stellte Georg klar, obwohl sie es wusste. «Wenn ich das nächste Mal mit dem Auto komme, bringe ich dir einen Teil mit. Was willst du zuerst?»

«Die Unterwäsche und was dazugehört», sagte Uschi und korrigierte sich spontan. «Ach, lass es! Vergiss es!»

«Aber wieso denn? Ich kann doch die Wäsche aus den Schubladen raus und in die Tasche packen», meinte Georg verwundert.

«Nein! Ich verbiete dir, in meiner Unterwäsche rumzuschnüffeln!» Wütend stampfte Uschi mit dem Fuß.

«Ist ja schon gut, ich hab's ja bloß gut gemeint», lenkte Georg ein, dem das breite Grinsen der Passanten allmählich zu blöd wurde.

«Außerdem ist es jetzt genug», stellte Uschi klar. «In vierzehn Tagen wieder oder so. Klär das mit Herrn Marpien ab. Verabschiede dich! Mir reicht's!»

Ob es Maria ebenfalls reichte, wurde nicht gefragt. Ob es Georg reichte, war gar nicht erst Thema. Mit dem Gefühl tiefster Erniedrigung machte er sich auf den Weg zum Bahnhof.

Wie jede Nacht hatte er bis zwei Uhr morgens hinter der Bar gestanden. Um vier Uhr aufstehen, duschen, zum Zug. Nach zwei Stunden mit der Kleinen wieder zurück. Wie lange noch?

Um Nikolaus herum tauchte Uschis Umzugsbeauftragter endlich auf. Während er die bereits fertigen Kisten und Taschen in seinem Kastenwagen verstaute, zog Georg die Schubladen aus der Kommode heraus, in denen Uschis Unterwäsche unberührt lag wie seit Monaten.

Mit Schwung leerte er sie in einen Karton – und der Grund für Uschis Wut, als er ihr anbot, ihr die Wäsche zu bringen, lag offen vor ihm: ihre Tagebücher.

Alle Skrupel beiseite wischend, erteilte er sich selbst die Erlaubnis und blätterte in jedem der Bücher herum. Schließlich benahm Uschi sich ihm gegenüber auch nicht gerade fair. Einen mündigen Vater zum Diener ihres sinnlosen Prinzipienstreits zu degradieren, rechtfertigte wohl seine Neugier und Indiskretion? Und außerdem hätte sie sich im umgekehrten Fall eine solche Gelegenheit, etwas Intimes über ihn und seine wahren Gedanken über ihre Partnerschaft zu erfahren, niemals entgehen lassen.

Fünf eng beschriebene Tagebuch-Bände hatte sie mit der Geschichte ihres Lebens angefüllt. Zwei davon stammten aus der Zeit vor Georg. In den anderen drei ließ sie kein gutes Haar an ihm, seiner Lebensweise und ihrem gemeinsamen Leben.

Hatte er es bisher nur geahnt, so hielt er jetzt den Beweis in Händen, dass Uschi jede ihrer Aktionen penibel geplant und organisiert hatte.

Rache für jedes geringste Fehlverhalten, das sie an Georg entdeckte und hoch stilisierte, sowie ein unbändiger Drang, ihn nach ihrem Willen zu erziehen, schienen das Hauptmotiv ihres Handelns zu sein.

«Wenn er sich nicht so verhält, wie ich es will, werde ich ihn verlassen und nehme das Kind mit», schrieb sie. «Falls mir etwas passieren sollte, werde ich dafür sorgen, dass Maria meiner Mutter zugesprochen wird! Der Vater bekommt sie nicht!»

Die Augen gingen Georg über.

Er saß starr, bis der Umzugsmann ihn an der Schulter rüttelte. «Hey, aufwachen. Haben wir alles?»

Mechanisch packte Georg bei den letzten Kisten und Möbeln mit an. Nicht einmal, wenn sie tot wäre, würde sie dem Kind den Vater gönnen. Über den Tod hinaus hasste sie ihn.

«Ich werde mich rächen, rächen, rächen!» Sie machte es wahr.

Uschis eigene Wohnung entschärfte die Lage ein wenig. Widerstrebend gestattete sie Georg und Maria ein Zusammensein in ihren Räumen. Widerstrebend ertrug sie ihn auf einer Matratze schlafend im Kinderzimmer. Widerstrebend saß sie mit ihnen gemeinsam zu Tisch, um die Mahlzeiten einzunehmen. Immer wieder entbrannte um jede Regelung dieser Gemeinsamkeit ein heftiger Kampf.

Es kam vor, dass Uschi Georg bei einem Treffen antrug, er solle sich doch eine Wohnung in ihrer Stadt suchen, damit er sein Kind regelmäßig sehen und sie bei der Betreuung entlasten könne. Oder dass sie verlangte, er müsse umziehen und das Kind halbtags zu sich nehmen, damit sie mehr Freizeit habe, da sie bis jetzt gemacht habe, was er wolle, und nun müsse eben er tun, was sie wolle. Bei anderer Gelegenheit schmiss sie ihn bereits nach zwei, drei Stunden aus dem Haus, weil er ihr in irgendeinem Punkt der Erziehung widersprochen hatte.

«Mir blutet das Herz, wenn ich sehe, wie gut ihr zwei miteinander auskommt!», konnte sie gerührt sagen, während Georg seiner Tochter eine neue Windel anlegte. Schon Minuten später, wenn er wagte, einer von Uschis Anweisungen zu widersprechen oder eine beliebige, harmlos gemeinte Frage zu stellen, von der sie sich überrascht oder gar getadelt fühlte, folgte ihr Aufschrei: «Ich will nicht mit dir darüber reden!»

Jedes ihrer Treffen war ein einziges Heiß und Kalt, ein ständiges Auf und Ab, aufreibend und schmerzhaft für beide Eltern, beunruhigend und vielleicht sogar ängstigend für das Kind.

Es überforderte Uschi sichtlich bis ins Lebensmark, unter ihre gescheiterte Beziehung keinen Schlussstrich ziehen zu können, da sie zwar kein Paar mehr waren, aber Eltern blieben. Ob er real mit ihr zusammen war oder lediglich gedanklich existent, die Tatsache, dass sie ihn niemals mehr aus ihrem Leben streichen konnte, und damit an die Grenzen ihrer Selbstbestimmung zu stoßen, machte sie fast verrückt.

Solange Georg fern und Maria in den mütterlichen Lebenskokon eingesponnen blieb, ließ sich verdrängen, dass Uschi durch Maria unauflöslich an Georg gekettet war. Es ließ sich sogar die Illusion aufrecht halten, dass es ihr doch noch gelingen werde, ihn als Mann und Vater erzieherisch zurechtzustutzen und in die säuberliche Ordnung ihrer Lebensplanung einzufügen. Sobald er jedoch leibhaftig wieder in ihr Leben trat und sie mit der selbstverständlichen Präsenz seiner Persönlichkeit aus dem Lot brachte, scheiterte jede Planung. Sie war unfähig, seine Eigendynamik zu ertragen, die sich ihrer Kontrolle entzog, und war dadurch verunsichert.

In gewisser Weise tat sie Georg Leid, und er hätte ihr gern geholfen, aus dem engen Kostüm ihrer Grenzen auszubrechen und ihre Existenzängste abzulegen. Gleichzeitig musste er erkennen, dass sie ohne diese Grenzen handlungsunfähig wie ein Lahmer ohne Krücken und er der wohl Letzte war, der ihr helfen konnte.

Doch auch für Georg, der nachts an die zehn Stunden hinter der Bar des «Pica-Pao» stand, brannte das Leben auf Sparflamme. Wie ein aus dem Ruder gelaufenes Schiff hatte er jeden Kurs verloren. Sein früheres Leben, in dem sein Atelier zugleich Heimathafen und Zwischenstopp gewesen war, verblasste. Für künstlerisches Arbeiten blieb inmitten des Lebenschaos kein Raum. Die Magie des Ateliers schien erloschen. Die Geister der Kunst waren verschwunden.

Vielleicht hätte eine Pause vom Barkeeperdasein neue Energien freigesetzt oder die schlummernden Kräfte aktiviert. Aber es war unmöglich. Von irgendetwas musste das Leben bestritten werden. Trotz aller persönlichen Bescheidenheit verschlangen allein die Fahrtkosten enorme Summen. Und er musste den Unterhalt für Maria, der jeden Monat auf Uschis Konto gebucht oder ihr persönlich in bar ausgehändigt wurde, sowie die zusätzlichen Summen für Marias Spielzeug oder ähnliche Anschaffungen aufbringen.

Dennoch war es nicht wegen des Geldes, dass Georg Uschis Idee, ihre schwäbische Freundin zu besuchen und ihm in diesen Tagen Maria ausnahmsweise mal zu bringen, mit dankbarer Freude begrüßte. Ihre Reisekosten verlangte Uschi von Georg ja bar zurück. Nein, es war das pure Glück, weil er seiner Tochter nach fast einem Jahr endlich einmal wieder auch sein Zuhause zeigen durfte. Georg war bereit, jeden Preis dafür zu zahlen, den Uschi forderte.

Jedoch war sie kaum in der Stadt eingetroffen, und schon schien alles, was sich so mühsam zwischen ihnen in der Balance hielt, sich in Aggression beziehungsweise in Nichts aufzulösen. Die wenigen Stunden, die sie mit ihrer allein erziehenden Freundin verbracht hatte, ehe sie sich mit Georg traf, genügten, um Uschis Männerangst zu potenzieren. Reglementierungen, Geschrei sowie eine fast panikartige Abwehrhaltung führten dazu, dass die wenigen Tage des Beisammenseins von ihnen beiden mit dem Prädikat «furchtbarer Verlauf» dokumentiert wurden.

Erklären konnte Georg sich Uschis Gesinnungswandel nur aus ihrer Neigung, sich die Meinung anderer Personen, die sie für Expertinnen oder Experten hielt, zu Eigen und ihre persönlichen Entscheidungen von diesen Meinungen abhängig zu machen. Es konnte nur so sein, dass die Freundin Uschis Bemühungen, Maria den Vater zu erhalten, als abwegig gescholten hatte. Vermutlich hatte sie Uschi als verrückt bezeichnet, dass sie einem völlig rechtlosen Vater freiwillig Rechte einräumte. Und sicher hatte sie auch behauptet, dass einer wie er das alles gar nicht wert wäre.

Die wütenden Bemerkungen, die Uschi immer wieder fallen ließ, wie dankbar Georg zu sein habe, dass sie ihm überhaupt gestatte, Maria zu sehen, ließen kaum einen anderen Schluss.

«Es ist wahnsinnig schwer, unter solchen Umständen Vater zu sein», gestand er Daniela, die seit der Jahreswende das Brachland seiner Gefühle mit den zaghaften Pflänzchen einer neuen Liebe zu bestecken begann.

Daniela zögerte mit einer Bewertung. Sie hatte Uschi in einer kurzen zufälligen Begegnung in Georgs Atelier erlebt und ein eher beiläufiges Gespräch mit ihr geführt. Gleichwohl konnte dieses bei Uschi wie eine schallende Ohrfeige angekommen sein. Daniela hatte nämlich aus ihrer beruflichen Praxis in der Grundschule erzählt.

«Wenn Eltern wüssten, was sie ihren Kindern mit der Trennung wirklich antun, würden sie es sich oftmals wohl nicht so einfach machen. In meinen Klassen stelle ich fest, dass Kinder mit getrennten Eltern es im Leben viel schwerer haben als andere, die in einer heilen Familie aufwachsen, vor allem, wenn der Vater fehlt und sie ihn nicht mehr unmittelbar erleben dürfen.»

«Ach, ich weiß nicht; besser ein Ende mit Schrecken als ein Schrecken ohne Ende», hatte Uschi ziemlich schnippisch Schillers Wahlspruch wie einen Fehdehandschuh in den Raum geworfen.

Daniela, mit Georg nahezu gleichaltrig, hatte ihre Lebenserfahrung genutzt, um diplomatisch den Rückzug anzutreten.

Dennoch beendete Uschi ihren Ausflug in die schwäbische Vergangenheit mit einem Beweis ihrer Freiheit. Sie setzte die Serie ihrer klammheimlichen Fluchten fort. Indem sie sich in aller Frühe aus dem Staub machte, ließ sie Georg keine Chance, sich von seinem Töchterchen zu verabschieden.

«Was soll das?», fragte Daniela fassungslos.

«Sie straft mich ab.» Georg musste nicht lange überlegen. «In ihren Augen hab ich dich zu deiner Bemerkung aufgewiegelt, um ihr Druck zu machen. Das ist wie damals mit der Therapeutin, von der ich dir erzählt habe. Als sie mir vorgeworfen hat, dass ich ein Schwein bin, weil die Frau ihr die Leviten gelesen hat.»

«Was meinst du», fuhr Georg nachdenklich fort, «würde es uns dreien gut tun, wenn wir gemeinsam in Urlaub führen? Nicht als Paar. Das ist vorbei. Aber es könnte doch gut sein, dass die Unbeschwertheit eines Urlaubs am Meer die inneren Anspannungen zwischen uns zum Abklingen bringen würde und wir freundschaftlicher miteinander umgehen könnten?»

«Theoretisch schon.» Daniela nickte. «Versuch's halt.»

Praktisch stieß Georgs Vorschlag sogar bei Uschi nicht prinzipiell auf taube Ohren. Aber natürlich lief nichts ohne Plan und Verträge. Und leider waren ihre Forderungen, mit denen sie ihr Einverständnis zu geben bereit war, schlicht unerfüllbar.

Es genügte ihr nicht, dass Georg den Flug bezahlen, sie mit dem Auto fahren würde, wohin sie wollte, und ihr kostenloses Logis im Haus seiner Eltern anbieten konnte. Nein, sie verlangte ein zusätzliches Mietfahrzeug für sich selbst, damit sie unabhängig sei. Auch sei es selbstverständlich, dass er ihr und Maria Unterkunft in einem guten Hotel besorge und finanziere. Ferner verlangte sie einen exakten Plan mit sämtlichen Uhrzeiten, an denen er Maria bei ihr abholen und sie zurückbringen, sowie eine genaue Liste der Unternehmungen, die er mit dem Kind zu welchen Zeiten durchführen werde.

Falls er mit diesen grundsätzlichen, als Vorbedingung feststehenden Konditionen einverstanden gewesen wäre, hätte er bei ihr zusätzlich vorab eine Art Urlaubsantrag mit detaillierter schriftlicher Aufschlüsselung des Für und Wider dieses Urlaubs einreichen müssen. Erst danach hätte sie definitiv entscheiden wollen, ob ein solcher Urlaub für sie sinnvoll sei oder nicht. Immerhin, meinte sie, könne es ja sein, dass auch dieser Urlaub wieder nur dazu dienen würde, Georg eine junge, schöne Frau und ein süßes Kleinkind als Aushängeschild an die alternde Brust zu heften.

Georg ließ es bei der Theorie und begrub seinen Wunsch, mit Maria am Strand einer griechischen Insel zu liegen. Auch die Oma würde ihr Enkelkind nicht sehen.

Die Strafe für seine Ablehnung ihres Forderungskatalogs erfolgte auf dem Fuß und erreichte ihn in Form eines Briefes, den er nach seiner Rückkehr von einem kurzen Urlaub fand.

Uschi zog die Bilanz des ersten Trennungsjahres und teilte ihm mit, dass seine «Besuche für Maria gut und wichtig», aber «auch furchtbar nervenaufreibend und jedes Mal noch tagelang hinterher belastend und bedrückend waren. Damit sollte endlich Schluss sein.»

Womit genau Schluss sein sollte, ließ sie offen.

Stattdessen erklärte sie, warum Schluss sein solle, und machte ihre Begründung an Maria fest. Je älter sie werde, desto bewusster werde sie das Geschehen rund um die Besuche des Vaters als schlimm erleben. Als Mutter, die Wert auf eine freiheitliche Erziehung lege, werde sie ihr nicht verheimlichen, dass dies Schuld des Vaters sei und warum sie den Vater nicht ausstehen könne und ihn nie mehr sehen wolle.

Auch Maria werde erkennen, dass sie ihn gastfreundlich aufgenommen habe, er aber stets mit Hass und Wut bei ihr angekommen sei, sie vor dem Kind beschimpft und erniedrigt und sie mit seinen Statistiken über Fahrzeiten und Ausgaben gestresst habe, obwohl er ganz genau wisse, dass ihre finanziellen Einbußen viel größer seien als seine.

Stets verfolge er sie mit seiner Bosheit und ruiniere ihren guten Ruf in der Gesellschaft, indem er Maria Briefe schreibe, auf denen er für jeden gut lesbar den «Jahrestag von Marias Entführung» vermerke. Dabei wisse er sehr wohl, dass sie Maria nie entführt habe, sondern ihr Recht wahrnehme, mit ihr zu gehen, wohin sie wolle, und mit ihr zu leben, wo sie wolle.

Da er gegen ihre Mutter aggressiv geworden sei, als diese Kritik an ihm übte, werde sie in diesem Jahr keine Geburtstagsfeier für Maria organisieren. Falls er dennoch kommen wolle, sei es ausgeschlossen, dass er sich bei ihr mit Maria treffe oder gar bei ihr übernachte. Auch lehne sie jede Art gemeinsamer Unternehmungen zu dritt wie Urlaub, Essen, Ausflüge etc. ab. Er müsse begreifen, dass sie kein Paar mehr seien. Vor allem aber sei es für Maria zu verwirrend, ihre Eltern zusammen zu erleben, obwohl sie getrennt seien.

Da Georg Uschi keinerlei Unterstützung bei der Suche nach einer Lösung geboten habe, habe Uschi sich nochmals an Herrn

Marpien von der Elternberatungsstelle des Jugendamtes um Hilfe gewandt, den er ja kenne. Dieser solle herausfinden, ob Maria in der Lage sei, ihre Beziehung zu ihrem Vater trotz der elterlichen Uneinigkeit auszudrücken, bis sie aussprechen könne, ob sie ihn sehen wolle oder nicht.

Klar müsse Georg sein, dass er als Vater nur so lange seine Chance habe, das Herz Marias zu gewinnen, wie sie noch keine eigene Entscheidung aussprechen könne. Gelinge es ihm nicht, Maria dauerhaft für sich einzunehmen, werde gegen den Willen des Kindes kein Umgang stattfinden.

Dem Brief war eine Bilanz der bisherigen Umgangsregelungen sowie ein Plan für den zukünftigen Umgang beigefügt. Aus der säuberlich gerasterten Tabelle war ersichtlich, dass der Vater künftig alle vier Wochen an zwei aufeinander folgenden Tagen die Möglichkeit habe, seine Tochter von zehn Uhr bis fünfzehn Uhr oder von neun Uhr bis zwölf Uhr plus von fünfzehn Uhr bis achtzehn Uhr zu sehen. Zu diesem Zweck solle er sie vor der Haustür abholen und dort auch wieder abliefern.

Georgs Urlaubserholung war im Nu wie weggefegt.

Es griff zu Stift und Papier und verfasste ein Antwortschreiben. Ihre Behauptung, er suche nicht nach Lösungen und profitiere nur ständig von ihrem Entgegenkommen, machte ihn geradezu krank.

Liebe Uschi,
Du bezichtigst mich, dir bei deiner verzweifelten Suche nach einer Lösung nicht zu Hilfe zu kommen. Das ist schlicht und einfach unfair und ungerecht. Ich habe unsere Tochter noch keine Sekunde aufgegeben, sondern muss mich deinen Entscheidungen anpassen. Aber ganz egal, was ich bisher versucht habe – es passte dir nicht.

Weshalb, glaubst du, bin ich jetzt in rund zwölf Monaten über zwanzigmal zu dir gekommen? Aus Spaß am Autofahren oder am Geldverpulvern? Ich komme, um mein Kind zu sehen, und ich komme sogar, wenn du es mich nur ein paar Stunden sehen lässt. Für zwei Stunden, von denen Maria mindestens die Hälfte verschläft, rase ich tausend Kilometer bei jedem Wetter zu ihr. Kannst du mir einen Vater nennen, der Ähnliches ertragen muss und erträgt?

Ich bin durchaus an einem Treffen mit Herrn Marpien interessiert, wenn es uns weiterhelfen kann. Ich war auch an einer Therapie interessiert und habe dir dies unzählige Male angeboten. Und dass ich Maria in deiner Wohnung besucht habe, war keine Geizhandlung oder Racheakt von mir, sondern das Bestmögliche für unser Kind.

Mir lag nie daran, bei dir, mit dir unter einem Dach zu schlafen, falls du das meintest. Die Zeiten sind auch für mich vorbei. Ich kann mir also gut vorstellen, zum Beispiel bei deiner Mutter oder irgendwo bei deinen Bekannten oder in einer billigen Pension in der Nähe zu bleiben.

Und mit Maria werde ich mich von nun an in Parks, Badeanstalten und Kneipen herumtreiben, da du nicht mehr willst, dass ich mit ihr in deiner Wohnung bin, die auch Marias Wohnung ist, und ich mir keine eigene Wohnung in deiner Nähe leisten kann. Auch diesmal beuge ich mich also deinem Diktat.

Was ist schlecht daran, wenn unsere Tochter uns zusammen als Eltern erfährt, auch wenn wir kein Paar mehr sind? Ziel für mich ist, dass sie mich als ihren Vater nicht in einer noch extremeren Ausnahmesituation erlebt, als diese es durch unsere Trennung schon ist.

Warum also ist es keine Lösung für dich, wenn ich einmal im Monat zu euch und ihr einmal im Monat zu mir kommt? Maria würde erfahren, dass sie nicht nur ein, sondern zwei Zuhause hat. Sie würde völlig selbstverständlich damit aufwachsen.

Mein Wunsch ist es, dass wir als erwachsene Menschen die Herausforderung, zum Wohl unserer Tochter zu handeln, annehmen und bewältigen. Dazu ist Fairness und gegenseitiges Verständnis für die Situation des Anderen notwendig. Deshalb kann es nicht sein, dass du die Bedingungen für mich, unser Kind zu sehen, derartig hochschraubst und erschwerst, dass es für Maria und mich zu einer unzumutbaren und unerträglichen Besuchssituation kommt, um mir dann nachher vorzuwerfen, ich würde mich nicht mehr um das Kind kümmern wollen und ließe dich bei der Suche nach Lösungen im Stich.

Ich liebe Maria über alles. Unser Kind kann jedoch meine Zuneigung nur in einer für sie erträglichen Umgebung erleben. Wenn Maria nur «schreckliche Dinge» mit mir tun muss, wie soll sie dann ihre Beziehung zu ihrem Vater definieren? Als schrecklich? Ist es das, was du willst? Planst du auf diese Weise die innere Abkehr unserer Tochter von mir? Damit sie in einiger Zeit sagt, sie will mich nicht mehr sehen? Damit du dann aus dem Schneider bist und deine Hände in Unschuld wäschst und sagen kannst, ich verbiete es ja nicht, aber sie will es nicht. Du hast deine Chance gehabt und mal wieder vertan. Und ich zwinge sie nicht?

Du wirfst mir Hass vor, den ich gegen dich hege. In Wahrheit aber hasst nur du und zwar mich und machst unserer Tochter gegenüber daraus auch kein Geheimnis.

Ich hingegen hasse dich nicht. Im Grunde habe ich keine Gefühle mehr für dich. Was ich hasse, sind deine Erpressungsmanöver, deine ewige Kontrollsucht und dein Egoismus, der dich dazu bringt, nach deinen Launen über unsere Tochter zu bestimmen.

Ich bitte dich sehr darum, Maria nicht unter der Vorgabe, zu ihrem Wohl zu handeln, als Machtmittel gegen mich zu benützen, an dem du dich so dringend rächen, rächen, rächen willst. Dass du mit deinen Machtspielen dich selbst und mich schädigst, ist zu verkraften. Der Schaden, den du unserem Kind zufügst, ist es nicht.

Georg

Draußen regnete es in Strömen. Georg schüttelte sich. «Keinen Hund würde man bei so einem Wetter vor die Tür jagen», dachte er, während er auf Uschis Wohnungstür zusteuerte und den Klingelknopf drückte.

Wenn er Glück hatte, würde sie ihm eine Tasse Kaffee anbieten. Die Stunden auf der Autobahn waren bei diesem Wetter eine Tortur gewesen.

Die Tür sprang fast unmittelbar nach dem Läuten auf. Uschi hatte ihn erwartet. Maria saß abholbereit auf ihrem Arm. Über den Kinderwagen und das an den Handgriffen befestigte Netz mit ihrem Fläschchenköcher war eine wetterfeste Klarsichtplane gespannt.

«Ihr könnt gleich gehen», sagte sie und sah aus, als habe sie die Sekunden gezählt, bis es endlich so weit wäre.

«Bei diesem Sauwetter?» Georg starrte sie ungläubig an.

Uschi fuhr sich mit gespreizten Fingern durchs Haar. «Ja und? Bist du aus Zucker?»

«Du willst ständig Pläne von mir», sagte Georg und nahm seine Kleine in den Arm, die ihn freudig glucksend erkannte und mit ihren kurzen Fingerchen zu streicheln begann. «Dauernd verlangst du, dass ich dir sage, wie ich mir die Dinge vorstelle. Jetzt frage ich dich: Was ist, wenn sie sich draußen erkältet? Wo soll ich mit Maria warten, bis das Wetter besser wird und wir unsere paar Besuchsstunden im Freien verbringen können?»

Uschis Stimme färbte sich ironisch. «Du bist der Künstler. Du bist doch so phantasievoll. Du willst mit ihr zusammen sein. Lass dir doch etwas einfallen.»

«Wie stellst du dir das vor?», fragte er weiter. «Wovon soll ich das bezahlen, wenn ich ständig mit ihr in der Kneipe sitzen muss?»

«Ist das mein Problem?» Jetzt lachte sie offen heraus. «Was soll ich denn da sagen? Wegen dir muss ich von Sozialhilfe leben. Du hast mir das Kind gemacht. Du hast mich nicht abgesichert. Was willst du noch?»

Georg fiel nichts mehr ein. Es stimmte, Uschi lebte von Sozialhilfe. Aber mit dreitausendsechshundert Mark monatlich, die sie insgesamt mit Wohnungsgeld, Kleidergeld, Möbelhilfe, den Zulagen für allein erziehende Mütter und ähnlichen Mitteln erhielt, lag sie kaum unter den viertausendzweihundert Mark netto, die sie früher bei der Stadt verdient hatte. Nicht gerechnet die Unterhaltszahlungen, die er zu Marias Leben beisteuerte und locker die Differenz ausglichen.

Maria, die erwartungsvoll zwischen ihnen beiden hin und her geschaut hatte, verzog weinerlich das Gesicht. Die Spannung der Eltern bereitete ihr nicht nur körperliches Unbehagen, sondern auch Angst.

«Was ist so wild daran, wenn ich mit ihr bleibe und sie uns zusammen sieht?», drängte Georg.

«Sie soll wissen, dass wir kein Paar mehr sind», gab Uschi unwirsch zurück. «Und deshalb verschwindest du jetzt mit ihr!»

«Wir sind zwar kein Paar mehr, aber wir sind ihre Eltern», wandte Georg ein, dem die Vorstellung, mit einem bald schon frierenden, durchnässten Kind durch den Regen zu laufen, Gänsehautschauer über den Rücken jagte.

«Ich muss auch an mich denken. Dass mal ein Mann bei mir ist», fuhr Uschi auf. «Was soll der denken, wenn ständig der Vater von meiner Tochter hier auftaucht? Bin ich bloß noch Mutter, oder was?»

«Und deswegen schmeißt du dein Kind jetzt raus?» Georg griff sich an die Stirn. «Weil du einen Lover hast, der dich gleich besucht?»

«Dann geh ich jetzt eben! Um achtzehn Uhr bin ich wieder da, dann will ich dich hier nicht mehr sehen.»

Erleichtert zog er die Kleine aus, die in ihrer gewohnten Umgebung zutraulich und unbekümmert mit ihm zu spielen begann.

Uschi hatte für Marias Mittagessen nichts bereitgestellt. Doch zum Glück war der Kühlschrank recht gut gefüllt. Georg kochte gern und gar nicht so schlecht, und ein bisschen Babybrei zu zaubern aus dem, was sich gerade so im Haus befand, war sowieso kein Kunststück. Zufrieden und satt ließ Maria sich nach dem Essen zu einem Nickerchen betten und schlief fast augenblicklich ein.

Absichtlich stöberte Georg nicht in der Wohnung herum. Doch auf der Suche nach einem Buch, mit dessen Lektüre er sich die Wartezeit vertreiben könnte, bis Maria wieder erwachte, entdeckte er den Ordner. «Georg» stand auf dem Rücken.

Neugierig schlug er ihn auf. Seine Steuererklärungen der letzten Jahre, seine Kontoauszüge, fein säuberlich nach Daten geordnet, Auftragsrechnungen, die er selbst nie wirklich registriert hatte – so ziemlich der gesamte Inhalt seiner Schuhkartons, in denen Uschi im Zusammenhang mit ihrem Zeitseminar also tatsächlich irgendwann gestöbert und Ordnung gemacht hatte. Alles hatte sie mitgenommen, als sie aus seinem Atelier abzog. Wütend riss Georg die Blätter heraus.

Auch seine Schimpfkanonaden fand er in einem Register versammelt, wörtlich festgehalten, auf den Tag genau datiert. Sie musste Wochen damit verbracht haben, Auszüge aus ihren Tagebüchern zu fertigen und in Tabellen umzuschreiben.

Auf zwei Seiten dann ihr notariell beglaubigtes Testament mit der Anweisung, was im Notfall mit Maria zu geschehen habe. Im Wortlaut war es dem Eintrag ähnlich, den Georg bereits in Uschis Tagebuch entdeckt hatte. Unter keinen Umständen war das Kind dem Vater anzuvertrauen.

Angeekelt warf Georg den Ordner beiseite.

Als Uschi kam, spielte Maria friedlich mit ihren Bausteinen. Draußen goss es unvermindert in Strömen weiter. «Du weißt, dass ich dich nicht hier behalte», sagte sie kalt. «Geh jetzt. Es ist Zeit. Bis morgen um zehn.»

Einen Moment dachte Georg daran aufzugeben. Zuhause wartete eine warme Stube auf ihn, ein Arm würde sich zärtlich um ihn legen. Uschis Machtdemonstrationen und die Schmach, wie eine lästige Wanze aus dem Haus geschmissen zu werden, zerrten an seiner Seele wie der Adler an der Leber des Prometheus.

Ziellos marschierte er in die Nässe hinaus. Das Geld in seiner Tasche reichte vielleicht für einen Espresso und eine Pizza. Den Rest würde er für Benzin brauchen. Für ein Zimmer war es nicht genug. Er hätte nicht einmal das wirklich billige Quartier bezahlen können, das Uschi zu besorgen versprochen, dann aber natürlich vergessen hatte.

Der Regen rann ihm in den Kragen der Lederjacke, die auf den Schultern schon schwer durchnässt war. Die Schuhe zogen Wasser bis in die Strümpfe, und die Hosenbeine sahen auch nicht viel besser aus.

«Wie ein Penner!», dachte Georg, während er sich eine der zerdrückten Zigaretten anzuzünden versuchte, die in seiner Brusttasche feucht geworden waren.

Die über Uschi wohnende Hauswirtin fiel ihm ein. Ihre fünf Kinder hörte man abends zum Klavierspiel des Vaters christliche Lieder singen. Ob sie ihn wohl einmal im Monat in der kleinen Bodenkammer übernachten lassen würden, in der die Kinder manchmal mit Maria gespielt hatten?

Es dauerte weitere drei Zigarettenlängen, ehe Georg sich überwinden konnte, zurückzugehen und an der Wohnungstür zu läuten.

«Ja, hallo, guten Abend! Grundgütiger Himmel, Sie sind ja klatschnass! Kommen Sie herein! Jule, bring doch mal ein Handtuch. Marias Vater rinnt ja das Wasser aus allen Knopflöchern!» Zwischen Lachen und Verwunderung baten ihn die Hauswirtin und ihr gerade von der Arbeit gekommener Ehegatte herein. «Nehmen Sie Platz. Dürfen wir Ihnen etwas anbieten? Einen Kaffee vielleicht? Ich habe gerade einen frisch aufgebrüht.»

«Ja, danke, gern», murmelte Georg und fuhr sich dankbar mit dem nach Weichspüler duftenden Handtuch über Kopf und Gesicht.

«Ich will Sie aber gar nicht lange aufhalten. Das Ganze ist mir äußerst peinlich. Ich wollte Sie eigentlich nur fragen ...»

«Ja?» Erwartungsvolles Schweigen, als er drucksend stockte.

«Ja, also, die Sache ist die, ich kann hier nicht – wie soll ich das sagen, es geht nicht, dass ich bei meiner – ich meine, ich ...» Georg schwieg erneut. Sekundenkurz presste er die Augenlider zu. Als er aufblickte, begegnete er dem verstehenden Blick der Hauswirtin, die gleichwohl schweigend abwartete und die Hand ihres Mannes genommen hatte, als wolle sie diesem bedeuten, ebenfalls geduldig Ruhe zu bewahren.

Georg räusperte sich. «Sie wissen, dass ich der Vater von der Maria bin», murmelte er. «Und dass ich sie alle vier Wochen besuche, wenn es geht. Ich komme aus Schwaben, das sind fünfhundert Kilometer eine Strecke. Jetzt ist es aber so, dass ich bei Marias Mutter nicht mehr übernachten kann. Und ich kann mir nicht leisten, ins Hotel zu gehen. Ich hab das Geld einfach nicht. Ich kann nicht mehr arbeiten, seit das Kind weg ist. Sie lässt mich die Kleine fast nicht mehr sehen. Ständig muss ich betteln, ob ich mal kommen darf. Und dann schmeißt sie mich raus, weil wir ja kein Paar mehr sind. Ich weiß nicht – ich weiß einfach nicht mehr, was ich machen soll. Und da wollte ich Sie fragen, ob ich – also, ob ich nicht vielleicht einmal im Monat in Ihrer Dachkammer übernachten kann?»

Die Hauswirtsleute warfen sich einen raschen einvernehmlichen Blick zu. «Ja, sicher, das ist kein Problem», ergriff der Hausherr das Wort. «Rufen Sie uns nur kurz vorher an, damit wir daheim sind, wenn Sie kommen.»

Vielleicht war es das Mitgefühl in den freundlichen Worten, vielleicht die Wärme in den Blicken, die seine Augen suchten, vielleicht das Spitzmausgesicht des jüngsten Kindes, das neugierig um die Wohnzimmertür lugte. Irgendwo brach in Georg der Damm. Da saß er, ein fast fünfzigjähriger Mann, und schluchzte sich die Seele um sein Kind, die zerbrochene Liebe und sein aus den Angeln gerissenes Leben aus dem Leib, vor wildfremden Menschen.

Die Arbeit im «Pica-Pao» rieb Georgs Kräfte auf.

«Ich bin nicht mehr der Allerjüngste, Antonis», witzelte er manchmal mit dem Freund. «Ich steig aus. Ich bring das nicht mehr, jede Nacht auf den Beinen. Und dein bester Kunde will ich auch nicht werden.» Diesen Teil meinte er ernst.

Natürlich war Antonis wenig begeistert; gleichwertigen Ersatz zu beschaffen war trotz der hohen Arbeitslosenzahlen schwer. Und ebenso natürlich ließ Georg den Tresen nicht von heute auf morgen links liegen. Trotzdem war ihnen beiden bewusst, dass seine künstlerische Auszeit vorüber war.

Angeregt durch die Metallarbeiten für das «Pica-Pao» hatte er wieder begonnen, an Metallskulpturen zu arbeiten, die für die Aufstellung im Freien gedacht waren und rasch erste Liebhaber unter Gartenbesitzern fanden.

Uschi hatte sich erweichen lassen, Maria zum Spätherbst nochmals in die Stadt zu bringen. Wie mit Herrn Marpien vereinbart, hatte Georg sich an den Kosten zu beteiligen. Das Wichtigste, Wunderbarste aber: Er hatte seine Tochter zum allerersten Mal für eine Nacht bei sich behalten dürfen, ganz allein, während Uschi bei ihrer Freundin wohnte.

Sogar ein zweiter Besuch wurde möglich, bei dem Uschi ihre strikte Weigerung aufhob, je wieder etwas gemeinsam mit Georg zu unternehmen, und ihn zu einer Einladung zum Mittagessen ermunterte. Bedeutsamer als diese versöhnliche Geste war, dass Maria diesmal zwei Tage und zwei Nächte bei ihrem Papa verbringen durfte und anschließend von ihrer Mama im Atelier abgeholt werden sollte.

Zaghaft und zuversichtlich zugleich keimte in Georg die Hoffnung, dass Uschi und er die Trennung endlich doch gemeistert hätten und sich auf dem Weg zu einer gut zu lebenden Elternschaft befanden.

Vertrauensvoll war er gern einverstanden, Uschi seine neuesten Kunstwerke im Atelier zu zeigen. Einige noch Rohlinge, andere bereits weitestgehend fertig gestellt, führte er ihr die obeliskenförmigen unterschiedlichen Skulpturen vor, die er aus Metallteilen sauber geschweißt und anschließend in der für ihn typischen Farbigkeit gestaltet hatte.

«Wenn ich die Dinger fertig habe, können die ganz gutes Geld machen», meinte er. «Ich hab ziemlich viele Interessenten, denen ich die Prototypen gezeigt hatte. Mit ein bisschen Glück bring ich da leicht ein paar Mille rein.»

Uschi war blass geworden. «So, ein paar Mille, dann bist du ja endlich wieder flüssig. Wie schön für dich. Und wann krieg ich dann mein Geld von dir?»

Georg wusste, was gemeint war. In ihrer guten Zeit noch hatte Uschi ihm Geld zur Anlage in US-Dollars anvertraut. Damals war sie überzeugt gewesen, den Betrag langfristig in Devisen anlegen und ein wenig spekulieren zu wollen. Keiner von ihnen hatte Ahnung im Anlagegeschäft.

Aber ein Bekannter hatte die schnelle Mark damit gemacht. Warum also nicht auch etwas abschöpfen? Dass Devisen etwa so krisenfest wie zwei Drittel aller Ehen sind, hatte Georg spätestens dann gemerkt, als Uschi ihn kurz nach der Trennung erstmals auf ihre Anlage angesprochen und er von seinem Banker erfahren hatte, dass ein Verlust von nahezu der Hälfte bei raschem Verkauf der Dollars zu kalkulieren sei.

Gemeinsam hatten sie damals beschlossen, das Geld vorerst noch liegen und sich hoffentlich mehren zu lassen. Doch leider war der «Eagle» flügellahm geblieben.

Georg schob die Hände in die Hosentaschen, während ihn bei Uschis Anblick ein Gefühl böser Vorahnungen beschlich. «Ich hab die Kohle nicht, Uschi. Du weißt, dass der Dollar im Keller ist. Ich hab das damals für dich angelegt. Klar. Es war ein Fehler. Und es tut mir verdammt Leid. Ich weiß, was der Verlust für dich bedeutet. Aber ich kann dir das Geld nicht wieder herzaubern. Es ist verspekuliert, weg.»

Während Maria entsetzt in jämmerliches Geschrei ausbrach und sich mit beiden Armen an Uschis Knie festklammerte, brüllte diese in fassungsloser Wut los: «Du willst mich schon wieder betrügen. Du Schuft! Lebst hier wie die Made im Speck in deinem Atelier und verdienst dir eine goldene Nase an deiner Kunstscheiße, und ich muss mit deiner Tochter von Sozialhilfe leben. Von wegen der große Reibach mit Dollars! Von wegen du kennst dich da aus! Nichts weißt du, einen Scheiß weißt du! Und jetzt stehst du da und grinst mich doof an und sagst mir frech ins Gesicht, dass alles weg ist, mein ganzes sauer erspartes Geld, alles, was ich hatte! Das machst du doch bloß wieder, um mich fertig zu machen. Aber das könnte dir so passen, du Schwein. Nicht mit mir! Mit mir nicht!»

«Uschi, bitte!» Georg flatterten die Knie. «Das stimmt so nicht. Ich hab das nicht absichtlich gemacht. Wir wollten das Geld damals beide so anlegen. Ich hab dich nicht damit überfahren. Außerdem hab ich dir in der Zeit, seit du mit Maria von mir weg bist, mindestens die Hälfte schon wieder so zugeschoben. Und das weißt du auch. Bitte, nimm doch Vernunft an!»

«Vernunft, pah! Das sagt mir gerade der Richtige!», knallte Uschi dazwischen.

«Komm, bitte, du, wir kriegen das hin. Pass auf: Der Verlust ist da. Psst», Georg hob Ruhe heischend die Hand. «Damit musst du dich abfinden. Da ist nichts zu machen. Geh auf deine Bank, frag deinen Banker. Prüf das nach. Die haben garantiert keine besseren Kurse als meine. Aber ich sag dir was. Damit Ruhe ist. Damit das endlich aus der Welt ist zwischen uns. Ich geb dir jetzt alles, was ich selber zusammenkratzen kann. Von mir aus jede müde Mark, die ich auf dem Konto habe. Und damit lässt du es dann gut sein. Dann ist die Sache zwischen uns erledigt. Und du bist wieder vernünftig. Schau doch, die Kleine! Bitte!»

Uschi atmete schwer. Sie hatte sich Maria auf den Arm hoch

gerissen, als sei sie drauf und dran, sofort die Flucht anzutreten. «Alles?», fragte sie misstrauisch. «Echt alles, was du hast?»

Georg nickte.

«Und wie viel ist das?»

«Sechs Mille.» Georg wusste es so genau, weil er erst vor zwei Tagen auf der Bank gewesen war, um etwas Geld aus dem Verkauf eines Obelisken einzuzahlen.

Uschis Gesicht verzog sich zwischen Verachtung und Enttäuschung. «Okay, du schickst mir den Kontoauszug. Dann sehen wir weiter.»

«Und wann kann ich Maria wieder sehen?» Georg wagte die Frage kaum.

Immerhin hatten sie ausgemacht, dass er die Kleine zu Weihnachten besuchen dürfe. Sogar die Überlegung war angeschnitten worden, zusammen in die Provence zu fahren.

Lächelnd begann Uschi ihr Kind zu herzen und ihm die dicken Tränen von den Wangen zu wischen. «Wann?» Sie blickte zu Georg auf und zog die Antwort genüsslich in die Länge. «Erst wenn du zahlst.»

«Briefe, immer wieder diese verdammten Briefe! Ich will mein Kind sehen und keine Briefe!» Georg stand mit Uschis neuestem Zehn-Seiten-Manifest am Fenster und kämpfte gegen die Tränen. Wut, Verzweiflung und Schmerz zogen ihn in ein Tauchbad der Leidenschaften.

Daniela legte den Arm um ihn und las über seine Schulter stichwortartig mit. «Na also», murmelte sie, «sie ist ja einverstanden, dass du ihr die sechstausend Mark gibst. Alles andere kannst du abhaken.»

«Von wegen!» Georg schüttelte heftig den Kopf. «Siehst du, was sie weiter unten schreibt? Es tue ihr Leid wegen Maria. Die spüre natürlich auch, dass sie mit mir überhaupt nichts mehr zu tun haben will. Ja, klar, spürt sie das. Und wozu führt das? Dass die Kleine mich demnächst nicht mehr sehen will! Und das schreibt sie so scheinheilig und stößt mir das Messer ins Herz, und ich, ich muss das hinnehmen. Muss zusehen, wie sie das Kind kaputtmacht, und krieg auch noch gesagt, dass es meine Schuld ist, weil ich ja so verantwortungslos bin.»

Daniela zog ihn neben sich auf das Sofa. Sie hatte keine eigenen Kinder, aber ging als Grundschullehrerin nahezu täglich stundenlang mit kleinen Kindern um. Sie wusste, wie gerade die Kleinen unter den Zerwürfnissen ihrer Eltern litten und sich selbst nur allzu oft die Schuld daran gaben. «Deine Tochter ist lebhaft und blitzgescheit. Sie merkt natürlich, was in der Mama vorgeht. Schließlich hat sie sie lieb.»

Georg saß mit hängendem Kopf.

«Aber sie liebt auch den Papa», fuhr Daniela fort. «Und das ist ein Konflikt, den sie gar nicht allein bewältigen kann. Sie kann da keine eigenen Entscheidungen treffen. Wenn die Mutter sagt, die Kleine soll sich eine eigene Meinung über den Vater bilden und sich damit unabhängig von der Meinung der Mutter machen, ist das völlig absurd. Kein Kind kann so eine Entscheidung treffen. Und schon gar nicht in dem Alter. Irgendwann muss die Kleine die Meinung der Mutter übernehmen, um sich aus diesem Konflikt zu befreien. Das ist der Selbsterhaltungstrieb. Instinktiv spürt sie, dass sie das machen muss, wenn sie seelisch nicht zerbrechen soll. Die Mutter weiß anscheinend gar nicht, was sie ihr damit antut, wenn sie es nicht schafft, ihre negative Einstellung zu dir für sich zu behalten.»

«Also denkst du auch, dass sie mich irgendwann ablehnt?», hakte Georg nach.

«Zumindest ist die Gefahr sehr groß», räumte Daniela ein.

«Ich denke, du musst dir einen Anwalt nehmen. Allein schaffst du das mit der Mutter nicht mehr.»

«Ja, kann sein.» Georg hatte eine neue Stelle in Uschis Brief entdeckt, die er ihr unbedingt zeigen musste. «Jetzt regt sie sich schon darüber auf, dass ich Fotos von Maria aufgestellt habe. Das scheint ihr wie eine Anbetungsliebe. Ich hätte einen Altar aufgebaut. Und das wäre in ihren Augen verrückt. Ich soll, schreibt sie, Maria keine Schauspielerei und keinen künstlich trauernden Vater vorführen, sondern Verantwortung übernehmen.»

Daniela wusste nichts zu sagen.

«Künstlich trauernd!» Georg konnte nur flüstern. Der Zorn schien ihn zu lähmen. «Für sie spiele ich Theater, ja? So wie bei Molierè, der eingebildete Kranke, oder was? Echte Gefühle haben nur Mütter, ja? Väter tun bloß so? Kann ich mir deshalb die Gefühle wegtherapieren lassen, weil sie Einbildung sind? Alles bloß Show?»

Auflachen. An die Stirn schlagen. Mit beiden Händen die pochenden Schläfen pressen, damit der Schädel nicht zersprang, in dem es rumorte.

«Und Verantwortung! Was ist das denn, was ich bisher übernommen habe und ständig übernehmen will und nicht darf, weil sie es verbietet? Bin ich deshalb fünfzehntausend Kilometer auf der Autobahn gewesen? Hab ich mir deshalb jede Gemeinheit gefallen lassen? Bin ich deshalb ins Jugendamt mitgekommen und zu ihrer Therapeutin und hab zig Stunden damit vertan, über unsere Probleme zu reden und nach Lösungen zu suchen, obwohl es für uns nichts gebracht hat?»

«Reg dich nicht so auf», versuchte Daniela zu begütigen.

Doch Georgs Puls jagte. «Wie ich mir anmaßen kann, ihr ein Datum vorzuschlagen, an dem sie mit Maria zu mir kommen soll, schreibt sie. Da steht's, schwarz auf weiß. Ich hätte kein Recht, ihr Leben mit dem Rechenstab zu organisieren. Und ich soll mir aussuchen, was ich für Maria sein will. Der schauspielernde Künstlerpapa, der zu schön ist, um wahr zu sein, oder der andere, der zuverlässige, ehrliche also, den sie mir aber nicht zutraut.»

«Das ist alles Blödsinn!» Daniela schüttelte den Kopf. «Wenn hier einer eine Rolle spielt und eine Show abzieht, dann ist sie das wohl. Sie gefällt sich als Märtyrerin. Und sie hat ein Problem damit, Künstler ernst zu nehmen. Vergiss es! Aber guck mal, sie bietet dir trotzdem ein Besuchswochenende an. Sobald du gezahlt hast, sollst du kommen und die Kleine abholen.»

«Gott sei Dank!» Georg hatte die Passage erst jetzt entdeckt. «Aber gleichzeitig droht sie, dass sie den Kontakt zu mir abbricht, wenn ich sie in Zukunft weiter belügen oder hintergehen oder sie bedrohen oder beleidigen würde. Und dass sie ihren Frieden beschützen will, den sie in ihrem blöden Kaff vor mir hat. Ja, wer bin ich denn, dass die mich für einen Verbrecher hält, oder was?»

«Lass es!» Daniela nahm ihm den Brief aus der Hand und steckte ihn in den Umschlag zurück. «Solange sie dir das Kind lässt, kannst du mit diesem Geschwätz gut leben.»

Georg zog sie in die Arme. «Dass ich dich gefunden habe!»

Daniela schmunzelte. «Wie war das doch mit dem blinden Huhn und dem Korn?»

«Wenn schon, dann Hahn, bitte!», flachste Georg zurück.

Doch beide ahnten die düster drohenden Wolken heraufziehenden Unglücks.

«SPD Niedersachsen – Öffentlichkeitsarbeit für Bürgernähe – Bundestagsabgeordnete Monika Ganseforth verfasst Hetzschrift gegen Väter. Zitate aus dem Machwerk: ‹Vorsicht, militante Väter!!! Dass die Unterhaltsvorschusskassen ausbluten, liegt an den flüchtigen Vätern. Gäbe es nicht das Machtgefälle zwischen den Geschlechtern und die Militanz der ‹organisierten Väter›, wäre es leichter. Schlimmer als die Lebensschützer – Vorsicht Väterorganisationen.› »

Der Text der knallroten Postkarte im Wohnungsflur fiel Georg als Erstes ins Auge, als er Uschi das nächste Mal sah. Auch sie musste seinen Blick bemerkt haben. Er kannte diese Karte. Sie lag in seinem Verein aus. Und natürlich war sie bestimmten Frauen ein Dorn im Auge. Provozierte Uschi ihn, eine Bemerkung loszulassen? Wartete sie auf einen Grund, ihm das Kind im letzten Moment doch noch zu verweigern?

«Keine Chance», dachte er und fragte stattdessen, ob sie ihm seine Thermoskanne mit Tee für unterwegs auffüllen würde.

«Nein!» Brüsk wandte sie sich ab.

Maria hüpfte schon ungeduldig von einem Bein aufs andere. «Mit Papa fahren! Mit Papa fahren!»

Uschi verabschiedete sie mit Kuss und Winken, bis Georgs Auto um die nächste Ecke verschwunden war. Er fasste es kaum, dass er tatsächlich mit seiner Tochter unterwegs zu sich nach Hause war. Dass er ihr Plappern beantwortete und immer wieder im Rückspiegel beobachten konnte, wie ihre Augenlider schwerer wurden und schließlich der Kranz pechschwarzer Wimpern im Bogen auf der südlich getönten Haut liegen blieb, die sie von ihm geerbt hatte.

Er war Uschi für diese Stunden unsäglich dankbar. Er würde ihr Vertrauen nicht enttäuschen. Sie sollte sehen, dass er seine Aufgabe als Vater ernst nahm und nur das Beste für ihr gemeinsames Kind tun würde. Mochte sie ihn als Mann und Künstler für einen Tagedieb halten. Als Vater sollte sie ihm nichts Übles nachsagen können. «Ich schwör's dir, Uschi!», versicherte er ihr in Gedanken. «Ich pass gut auf sie auf. Du kriegst sie gesund wieder. Vertrau mir!»

Jede Minute mit Maria in seinem Atelier erschien ihm als das wundersamste Glück. Er spielte, malte mit ihr und bekochte sie den ganzen Tag, besuchte Freunde mit ihr, die Kinder in ihrem Alter hatten, andere Freunde mit Kindern kamen zu Gast. Welches Tönchen auch immer Maria von sich gab, es wurde bewundert und gelobt. Sie stand nicht nur im Mittelpunkt, sie war der Mittelpunkt und genoss es.

Am Sonntag sollte Georg sie zu Uschi nach Hause zurückbringen. Doch Maria wollte nicht. Sie wolle nicht zur Mama. Es gefalle ihr beim Papa. Nein, sie wolle nicht ins Auto. Sie wolle spielen. Beim Papa bleiben.

Nur zu gern hätte Georg ihr nachgegeben. Aber er hatte Uschi sein Wort verpfändet. Maria konnte nicht bleiben. «Komm», er nahm sie auf den Arm und drückte die Lippen zärtlich an ihre Stirn.

Doch, halt, was war das? «Daniela! Hast du ein Fieberthermometer?»

Vielleicht hatte der Witterungsumschwung zwischen dem eher milden Rheinland und dem rauen Klima Schwabens es verursacht, vielleicht waren die Umtriebigkeiten der Besuchstage für den jungen Körper zu viel gewesen. Jedenfalls hatte Maria Fieber und wohl auch Schnupfen.

«Willst du wirklich fahren?», fragte Daniela besorgt.

«Wollen?» Georg lachte kurz auf. «Wenn es danach ginge! Ich muss. Was glaubst du, was passiert, wenn ich das Kind nicht rechtzeitig zurückbringe?»

Als er Maria ins Auto packte, saß sie weinerlich und sehr klein, sehr zerbrechlich allein auf der großen Rückbank in ihrem Kindersitz. Sie tat Georg furchtbar Leid. Und er machte sich Sorgen. Würde sie die weite Fahrt dort hinten, unerreichbar für seine Hand, gut überstehen? Was, wenn sie wieder weinen würde? Wenn ihr übel wäre? Wenn sie ein bisschen Nähe und Zärtlichkeit brauchte? Wenn das Fieber stiege? Auf der Autobahn konnte er nicht einfach schnell mal am Straßenrand stoppen. Es war zum Verrücktwerden! Er hatte offiziell ja nicht einmal das Recht, mit Maria zum Arzt zu gehen, wenn Uschi es nicht ausdrücklich gestattete. Und wie sie reagieren würde, wenn er ihr sagte, dass das Kind krank sei, konnte er sich an einem Finger abzählen. Sie mussten fahren. Es gab keine andere Wahl.

«Ruf mich an, wenn ihr angekommen seid», bat Daniela.

Georg nickte.

Schon während der beiden vergangenen Tage hatte es abwechselnd geschneit und getaut. Auch jetzt wurden die Scheibenwischer der stiebenden Schneeflocken kaum Herr. Allmählich zog Frost auf. Gefrierender Schneematsch ließ die Fahrbahn vor allem an Brücken und Waldstücken zur spiegelnden Schlitterbahn werden. Mit wachsendem Unbehagen dachte Georg an die schon bei Schönwetter unfallträchtige Geislinger Steige, die unvermeidbar auf dem Weg lag. Schon meldete der Nachrichtensprecher den ersten Stau. Und auf dem Rücksitz greinte Maria, die wegen der verstopften Nase trotz Übermüdung nicht einschlafen konnte.

Kurz vor der nächsten Verzweigung der Autobahn, die im Bogen in die Ebene zurückführte, hielt Georg es nicht mehr aus.

«Wollen wir heimfahren zum Papa?», fragte er, Marias Blick im leicht verstellten Rückspiegel suchend.

«Ja, heim, Papa!», kam es schniefend zurück.

«Soll der Papa die Mama anrufen, dass wir erst morgen kommen?»

«Mama anrufen!»

Als hätte wirklich die Meinung des Kindes den Ausschlag gegeben, stimmte Georg zu: «Ja, gut, Kleines. Wir rufen die Mama an. Wir sagen ihr, dass du krank bist und dass wir morgen kommen.»

«Mama anrufen!»

Im letztmöglichen Moment steuerte Georg den schlingernden Wagen an der Verzweigung der Autobahn stadteinwärts zurück. Ein Doppel-Stein drückte auf seiner Brust. Die eine Hälfte hieß Angst vor den Folgen seiner Eigenmächtigkeit. Die andere war die Angst um Marias Gesundheit und Angst vor Uschis Vorhaltungen. Einmal nahm er sein Kind mit zu sich, und prompt wurde es krank. Wenn es umgekehrt gewesen wäre und Uschi hätte Maria bei ihm abgeholt, hätte er nicht auch geglaubt, dass Uschi etwas falsch gemacht hätte?

Andererseits war auch ein Stein von ihm abgefallen, und der hieß Abschiednehmen von Maria. Ihr Fieber verschaffte ihnen eine Galgenfrist.

Und genau in diese Richtung würden Uschis Gedanken gehen.

«Was ist, wenn sie dir die Kleine nie mehr gibt?» Georg stellte sich die Frage nicht laut. Aber sie hämmerte in seinem Kopf, als sollte sie ihm auf dem Amboss eingeprägt werden.

Hochgradig besorgt, fast blindlings, ohne die geringste Diplomatie, ohne jene Vorsicht, die er bei Uschi so schmerzvoll erlernt hatte, stieß er eine knappe Stunde später die Botschaft ins Telefon: «Du, wir kommen erst morgen zurück.»

Ein scharfes Atemholen in der Leitung. Dann ein Aufschrei. «Nein, ihr kommt sofort, auf der Stelle!»

«Uschi, die Kleine ist krank», suchte Georg den Fehler seiner voreiligen Zunge wettzumachen. «Es schneit. Die Straßen sind spiegelglatt. Dauernd Staus. Wir können nicht fahren. Ruf den ADAC an, wenn du mir nicht glaubst.»

«Dann nehmt den Zug!» Uschi war nicht zu beruhigen.

«Sie hat Fieber, hörst du. Sie ist krank. Und ich hab keinen, der hinten bei ihr sitzen kann, der ihr hilft, wenn was ist», warb er um ihr Verständnis. «Lass mich bitte den Arzt rufen. Sie braucht etwas gegen das Fieber.»

«Ihr Arzt ist hier. Ich gehe mit ihr zum Arzt. Untersteh dich und gib ihr was! Ich will, dass ihr kommt! Sofort!» Uschi hatte sämtliche Antennen eingefahren.

Georg kniff die Augen zu, um sich besser konzentrieren zu können. «Bitte, lass sie wenigstens in Ruhe ausschlafen», sagte er so besonnen wie möglich. «Wir sind hier in meinem Atelier. Ihr passiert nichts. Sie ruht sich nur ein bisschen aus, damit das Fieber sinkt. Morgen sind wir bei dir. Ich verspreche es!»

«Und du meinst, dir traue ich?»

Georg schwieg.

«Also gut.» Georg hörte, dass sie mit den Tränen kämpfte. «Aber wenn ihr morgen bis fünfzehn Uhr nicht hier seid, benachrichtige ich die Polizei und lass die Maria bei dir abholen.»

Als sei jedes weitere Wort überflüssig, legte sie den Hörer auf.

Von nun an herrschte Krieg.

Eine Bitte um Vermittlerdienste bei Uschis Mutter. «Maria braucht einen Vater. Bitte, wirke doch auf Uschi ein.»

«Ich habe keinen Vater gebraucht, Uschi ist ohne Vater gut geraten, also braucht auch Maria keinen. Und im Übrigen kann ich dir nur sagen: Besser keinen Vater als einen schlechten! Lass uns endlich in Ruhe!»

Anrufe bei Herrn Marpien in der Elternberatung. Er sei nicht mehr zuständig, eine Frau Malin die neue Ansprechpartnerin. Eine Woche des Wartens auf den versprochenen Anruf der Dame. Dann die lapidare Auskunft, er solle sich an Herrn Marpien wenden. Dies sei nicht ihr Ressort.

Von Uschi kein Wort. Sie nahm das Telefon nicht ab, reagierte auf keinen Brief.

Zwei endlose Monate später ein Schreiben. Hart. Unversöhnlich. Uschi zog erneut Bilanz. Georg habe sich in keinem Punkt an ihre Anweisungen gehalten und alle Absprachen verletzt. Er habe mit ihren Ängsten und Gefühlen als Mutter grausam gespielt, als er Maria nicht rechtzeitig nach Hause brachte. Außerdem habe er sie belogen, der Wetterdienst habe an diesem Tag überall freie Fahrt gemeldet. Maria sei noch Tage nach dem Besuch bei ihm verändert, verschlossen, verkrampft und angespannt gewesen. Auch habe sie Fieber und Durchfall gehabt, ohne dass eine Krankheit nachzuweisen gewesen wäre.

Georg ließ den Brief ratlos sinken. «Wenn ich ihr sage, die Kleine hat Fieber, es ist Glatteis und es schneit, dann lüge ich. Wenn ich ihr sage, ich kann so keine fünfhundert Kilometer mit ihr im Auto fahren, weil keine Begleitperson dabei ist, die sich um sie kümmern kann. Das ist dann verantwortungslos gegenüber dem Kind und grausam gegenüber der Mutter? Obwohl ich sie sofort und Stunden, ehe sie uns erwartet, anrufe, um ihr das zu sagen – also ehe sie sich überhaupt Sorgen machen musste?»

Daniela, die zum Kaffee gekommen war und bei ihm saß, während er seiner in Krisen nun schon bewährten Beschäftigungstherapie des Bilderrahmenstreichens nachging, verstand es auch nicht.

«Außerdem beschwert sie sich, dass ich mich ständig bei

Dritten über sie beklage und um Hilfe bitte und sie sich dauernd rechtfertigen muss. Maria würde das alles hören und eine schöne Meinung von mir bekommen.»

«Und was schreibt sie zum Umgang?» Daniela war aufgestanden, um selbst in den Brief zu schauen.

«Dass ich sie nie mehr mitnehmen darf. Sie gestattet mir lediglich alle drei Wochen einen Tag von neun Uhr bis sechzehn Uhr mit ihr. In der Zeit darf ich sie im Kindergarten zum Spielen abholen. Vorbehaltlich, dass Maria mich noch will. Das soll sie jedes Mal selbst entscheiden, wenn sie mich sieht.»

«Weiter nichts?» Daniela fand die betreffende Stelle nicht so rasch.

«Doch.» Georg lehnte sich weit im Sessel zurück. «Sie hat einen Anwalt eingeschaltet. Ich soll sie ruhig verklagen. Dem sieht sie gelassen entgegen.»

«Und wo ist der Kindergarten?» Daniela, praktisch wie immer, schob allen Ballast beiseite und widmete sich den handfesten Dingen.

«Ziemlich in der Nähe ihrer Wohnung.» Georg hatte den Betreuungsort schon einmal im Vorbeifahren gesehen. Er war ihm wegen der Kinderzeichnungen aufgefallen, die an der Schaufensterscheibe leuchteten.

«Fährst du?», fragte Daniela.

Georg nickte. Er wusste, dass Maria ihn mit Ungeduld erwartete.

«Da mein Papa!» Ein Jubelruf. Fliegende Beinchen. Zwei Arme, die sich um ihn schlangen. Ein Kopf, der sich bis weit in den Nacken beugen musste, damit die strahlenden Olivenaugen ihn anschauen konnten.

Georg fühlte, wie ihm schwindlig wurde. Vor Erschöpfung? Er

war nachts um drei aufgestanden, ohne Frühstück losgefahren, um mit seinem fast schrottreifen Peugeot rechtzeitig im Kindergarten zu sein, hatte voll Panik vor dem Zuspät- und damit Umsonstkommen in mehreren Staus gestanden. Seine Herzschwäche und die Bypassgeschichte standen immer noch im Raum. Trotzdem war er sicher, ihn schwindelte hauptsächlich vor Glück.

Die ersten vier Stunden verbrachten sie in einem nahe gelegenen Schwimmbad, bis Maria von Hunger und Müdigkeit gequält wurde. Nach dem Essen schlief sie auf der Eckbank des Italieners ein, bei dem sie zusammen mit Georg eine Pizza verspeist hatte. Als sie aufwachte, fuhren sie zu einem Park. Doch zum Spazierengehen war es zu nass und kalt.

Was nun?

Ein Zelt, Spielzeug, Musikkassetten, Malsachen und Papier, Georg hatte an alles gedacht. Im Handumdrehen war das Zelt über den zurückgeschlagenen Autositzen aufgebaut.

«Schön!», fand Maria. «Ein Auto-Zuhause.» Neue Worte erfand sie gern.

Georg lachte. So gut es ging, faltete er seine stattliche Gestalt zusammen, kuschelte sich neben seine Tochter, die eifrig zu malen begann, und erzählte ihr eine Geschichte. Sie fiel ihm beim Anblick der dicken Mal-Pinsel ein, die er Maria mitgebracht hatte, und handelte von einem Pinseläffchen namens Ouistiti und seinen Freunden, zwei kleinen Löwen.

«Mehr, Papa, mehr! Noch eine Geschichte, bitte, bitte.» Maria klatschte begeistert in die Hände.

Doch die Uhrzeiger waren unerbittlich vorgerückt. Es hieß, Maria in den Kindersitz zu packen und dann auf dem schnellsten Wege zum Kindergarten zurück.

«Nächstes Mal», versprach Georg. «Wenn ich wiederkomme, gibt's eine neue Geschichte. Abgemacht?»

Bestätigend patschte die kleine Hand in seine große.

Obwohl Uschi Georg schriftlich untersagt hatte, sich je wieder in ihre Nähe zu wagen, schienen für sie selbst andere Regeln zu gelten. Mit diesem Lächeln, das sie immer aufsetzte, wenn sie auf Provokation aus war, kam sie ihnen bei seiner Ankunft im Kindergarten entgegen. Georg zögerte.

«Papa, gib Mama Hand!», forderte Maria ihn mit der energischen Stimme ihrer Mutter auf.

Schweigend und mit der Begeisterung, wie man Ungeziefer anfasst, reichten Georg und Uschi sich unter den prüfenden und schließlich zufrieden aufleuchtenden Augen ihrer Tochter die Hand.

«Mein Gott, wie dieses kleine Kind uns zwei verbohrte Streitmacher beschämt!», dachte Georg und machte sich beinahe fluchtartig auf den langen Heimweg.

«Kein Anschluss unter dieser Nummer – Tüdelüdü! – Kein Anschluss unter dieser Nummer!»

Irritiert schüttelte Georg den Kopf. Hatte er sich verwählt? Noch einmal von vorn. Wieder diese automatenfreundliche Stimme.

Ein Anruf bei der Auskunft. Kein Eintrag unter Uschis Namen. Sie hatte eine Geheimnummer beantragt. Georg legte den Hörer auf. Wieder einmal hatte Uschi sich klammheimlich davongemacht und Fakten geschaffen. «Nimmt das denn nie ein Ende?» Mit einem Aufstöhnen barg er die Stirn in den Händen.

Herr Marpien und Frau Malin vom Jugendamt, die er um Intervention bat, schoben sich abwechselnd die Zuständigkeit in die Schuhe, unternahmen jedoch nicht das Geringste.

«Bin ich als Vater denn wirklich der allerletzte Depp?», fragte

Georg sich immer wieder, wenn er den Telefonhörer nach einem weiteren vergeblichen Bittgang in die Gabel warf oder ein neuerlich nichts sagendes Fax zerknüllte, ehe ihm einfiel, dass er es zu den Akten heften müsse.

«Sie hat das Recht auf ihrer Seite», meinten seine Freunde. «Gegen die Mutter kommt kein Vater an.»

«Es muss doch auch ein Gesetz geben, dass Kinder und ihre Väter schützt», sagte Georg dann immer wieder.

Rechtsanwalt Lehmann hatte einen Hund in seinem Büro, einen Boxer, der anscheinend ein Lederfetischist war und Georg hingebungsvoll die Schuhe leckte, bevor er versuchte, ihm auf den Schoß zu hüpfen.

Trotz Georgs verschämter Beinarbeit, mit der er ebenso angestrengt wie vergeblich der schlabbernden Hundezunge und weiteren Liebesbeweisen des schnaufenden Vierbeiners auszuweichen versuchte, gelang es Herrn Lehmann, die Geschichte leidlich zu verstehen und in etwa auf seinem Diktiergerät aufzuzeichnen. Im Ergebnis kamen ein bedauerndes Kopfschütteln und der Hinweis auf die Rechtslage bei unehelichen Kindern, ein dreiseitiger Brief an Uschi, auf den sie nie reagierte, sowie eine Rechnung über rund fünfhundert Mark dabei heraus.

«Der totale Schuss in den Ofen», meinte Georg. «Als Vater hat man tatsächlich keine Chance.»

Im «Väteraufbruch» sah man das etwas anders. «Schalte die Öffentlichkeit ein», riet man. «Mach die Medien auf die Sache aufmerksam. Das bewegt was. Vor allem, weil demnächst ein neues Kindschaftsrecht kommen soll, das eheliche und nicht eheliche Kinder und ihre Väter gleichstellt.»

«Und wie soll ich das anstellen?» Georg hatte zwar schon Interviews gegeben, wenn etwas über ihn als Künstler und seine

Ausstellungen publiziert worden war – doch als Vater mit der eigenen Geschichte?

«Ich kenne da einen Regisseur, der will einen Film über unsere Situation und den Verein drehen. Kannst dir ja überlegen, ob du dabei sein willst.»

Einer der Väter legte ihm eine Visitenkarte hin.

«Das musst du selber wissen», meinte Daniela, die mit den Medien und vor allem dem Fernsehen lieber nichts zu tun haben wollte. «Ich kann dazu nichts sagen. Das ist eine Gewissensfrage. Die musst du für dich allein klären.»

Für Georg war alles klar. Er stand mit dem Rücken an der Wand. Hilfe von offiziellen Stellen oder dem Gesetz gab es für ihn und sein Kind nicht. Vielleicht würden Menschen, auf deren Meinung Uschi etwas gab, den Film sehen und Partei für Maria ergreifen, wenn sie sich mit eigenen Augen überzeugen konnten, wie gern sie mit ihrem Papa zusammen war. Uschi war beeinflussbar. Sie würde sich dem Druck nicht entziehen können, wenn die Menschen in ihrem Umfeld ihr klarmachen würden, dass sie falsch an ihrem Kind handelte. An diesem Film mitzuwirken erschien Georg wie der Rettungsring. Selbst auf die Gefahr hin, wie Don Quichotte beim Kampf gegen Windmühlenflügel gefilmt zu werden – er war dabei.

Hartmut Schwenk, Drehbuchschreiber und Regisseur bei der Fernsehanstalt, sprang wie ein warmer Diesel auf die Möglichkeit an, einen nicht verheirateten Vater beim erschwerten Umgang mit seinem Kind filmen zu können.

«Okay.» Georg schlug in die gebotene Hand ein. «Aber unter einer Bedingung. Ihr fragt auch die Uschi. Erstens wäre es unfair, wenn sie übergangen würde, und zweitens wäre es total geil, wenn sie etwas sagen würde, mit dem ich sie beim Jugendamt packen könnte.»

Zwei Männer mit verschiedenen Zielen im gleichen Boot – da hieß es nur noch, Uschi einen außerplanmäßigen Besuchstermin bei Maria abzuringen.

«Es war verdammt schwer und fast Detektivarbeit, bis ich die Uschi mal erwischte», notierte Georg in seinem Kalender. **«Aber endlich hatte ich das irre Glück, sie im Kindergarten ans Telefon zu kriegen. Ich redete mit Engelszungen, bis sie mürbe wurde und nachgab. Ich komme mir eigentlich ziemlich mies vor, weil ich sie so reingelegt habe, gleichzeitig bin ich aber auch mit mir zufrieden. Denn endlich bewegt sich was in der Szene, und die Öffentlichkeit wird mal die Ohren spitzen, was da hinter den Kulissen bei den Kindern abgeht.»**

Maria vom Kindergarten abholen, danach die Stunden im Schwimmbad, das Malen und Spielen im Park, die Rückkehr zum Kindergarten – alles wurde gefilmt.

«Wir brauchen zwar bloß ein paar Minuten», meinte der Regisseur. «Aber je mehr Material zur Auswahl, desto besser.»

Tags darauf eroberte das Filmteam Georgs Atelier. Scheinwerfer, Lichtfilter und Reflektoren stellten fast jede freie Fläche zu. Die optimal auszuleuchtende Ecke mit möglichst vielen Stimmungselementen wurde ausgewählt. Ein wenig Kosmetik, um den Glanz auf Georgs Haut zu mattieren. Ein Gespräch in möglichst lockerer Atmosphäre, bei dem der Interviewer vornehm unsichtbar blieb und der Hauptdarsteller in Großaufnahme in Millionen Wohnzimmer gezoomt werden sollte. Für Stunden war die Illusion geschaffen, die Welt interessiere sich ernstlich für das Problem eines Einzelnen.

Für Georg geriet die stundenlange innere Anspannung in dieser Situation zur Zerreißprobe. Der Wunschtraum eines jeden Dokumentarfilmers ging in Erfüllung: Ein gestandener Mann brach vor laufender Kamera minutenlang in Tränen aus.

«Nein, natürlich zeigen wir das nicht!» Beteuerungen als Beruhigungspillen für flatternde Nerven. «Wenn Sie das nicht wollen, machen wir das nicht. Wir haben genug anderes Material. Das schneiden wir raus.»

Schriftlich wurde nichts ausgemacht. Warum auch? Man vertraut doch einem freundlichen, verständnisvollen Menschen, dem man die eigene Lebensgeschichte in allen Details anvertraut hat. Dass Vertrauen gut, aber Kontrolle besser gewesen wäre, zeigte sich erst bei der Ausstrahlung des Films.

Uschi war gewitzter und nicht so vertrauensselig. In einer furiosen Attacke schickte sie zuallererst den Anrufer des Fernsehteams zum Teufel, der sie zum Thema Kindesvater interviewen wollte, und ließ anschließend durch ihre Rechtsanwältin das Veröffentlichen und Senden des gesamten Filmmaterials verbieten, auf dem ihre Tochter abgelichtet und in ihrem Persönlichkeitsrecht verletzt worden war.

Georg begriff erst sehr viel später, dass er sich mit diesem Film selbst und somit auch seiner Tochter einen Bärendienst erwiesen und Uschi völlig unsinnig bis aufs Blut gereizt hatte. Als nämlich der Film nicht das geringste Positive in seiner inzwischen juristischen «Sache» in Gang setzte, sondern ihm im Gegenteil den Vorwurf eintrug, er habe dem Wohl des Kindes geschadet. Erstmals hatte Uschi ein wirklich hieb- und stichfestes Argument, um ihn als Vater schachmatt zu setzen.

Gleichzeitig wurde die bis dahin eher im Verborgenen rumorende Väterbewegung Zielscheibe für einen in aller Öffentlichkeit praktizierten hämischen Angriff par excellence. In einer unter Fernsehmachern bekannten und gefürchteten Aktion prämierten «Frauen in den Medien» den Film «*Vom Verschwinden der Väter*» mit dem «Wanderpreis der sauren Gurke».

«Der Autor», so schrieben sie in der öffentlichen Verleihungsurkunde, «rechnet mit den Müttern ab, denen nach der Scheidung das Sorgerecht für ihre Kinder zugesprochen wird. Der Film denunziert diese Frauen und weckt in rührseliger Manier das Mitleid mit den verlassenen Vätern.»

Diese Kritik galt Georgs Tränenausbruch.

«In einer perfiden Mischung von Desinformation und Demagogie» sende der Film «die Botschaft: Mütter im Komplott mit Gerichten sind schuld an der Verrohung der Söhne, an der Brutalisierung der Gesellschaft. Der Autor zieht Parallelen zu Schwarzen-Ghettos in den USA. Drogen und Gewalt bestimmen den vaterlosen Alltag; denn – Filmfazit: Der Vater ist als Kulturgut abgehakt. Man weint ihm keine Träne nach.» Dafür mache der Filmemacher die Mütter verantwortlich. «Ein Film, getragen von Frauenverachtung und Frauenhass.»

Mit diesem vehementen Verriss bekamen der für Buch und Regie verantwortliche Hartmut Schwenk sowie seine die Redaktion betreuende Kollegin Juliane Endres vom Sender einen empfindlichen Rüffel. Gleichzeitig bekamen so alle potentiellen Trittbrettfahrerinnen und -fahrer, die auf das noch unverbrauchte Thema hätten aufspringen können, einen Warnschuss vor die Kamera.

Wie nachhaltig erfolgreich die Preisverleihung war, konnten in den folgenden Jahren alle feststellen, die sich des Themas erneut in dokumentarischer Weise annehmen wollten. Die Branche hielt Abstand. Und wenn doch einmal ein kurzer Beitrag zum Thema ausgestrahlt wurde, war er auffallend mütterzentriert und somit eher väterfeindlich. Ausnahme waren die Talkshows, die an der emotionalen Schlammschlacht der verfeindeten Eltern ihr voyeuristisches Mütchen kühlten und Frauen-Quote machten, wenn sie die ins Studio geladenen Väter möglichst «alt aussehen» ließen.

Georgs Tagebuch-Kommentar zu seinem «Abenteuer Filmprojekt»: «Wenn ein Vater um sein Kind weint, das ihm nachweislich von der Mutter genommen wurde, wird er von Frauen als Schwächling verspottet, der in rührseliger Manier auf der Mitleidsschiene reist. Richtige Männer weinen nicht. So viel zum Thema «neue Frau» und «neuer Mann» und was Frauen von Männern wollen. Tränen jedenfalls nicht.

Frauen interpretieren Tränen verlassener Väter als Denunziation von Frauen und als Hass-Beweis. Im Umkehrschluss heißt das: Vätertränen sind der Beweis für das hassenswerte Verhalten von Frauen. Und darum dürfen Väter nicht weinen. Sie dürfen nicht verraten, dass sie von Frauen in hassenswerter Weise verletzt und geschädigt wurden.

Schon kleine Jungs lernen ja, dass sie kleine Mädchen beschützen müssen und auch dann nicht schlagen dürfen, wenn sie von ihnen geschlagen werden.

Wer die Tränen eines verlassenen Vaters öffentlich zeigt, muss sich als Frauenhasser und Frauenverächter beleidigen lassen? Womöglich verstößt er sogar gegen das Grundgesetz, in dem Frauen und Mütter als besonders schützenswerte Art aufgeführt werden? Wer die Tränen einer verlassenen Mutter zeigt, denunziert Väter und ist demnach logischerweise ein Frauenschützer?

Fazit: Nur verlassene Mütter dürfen leiden und weinen und sich über das ihnen widerfahrende Unrecht beschweren. Männer dürfen nicht weinen, denn sie haben keine Seele, sie müssen böse sein und bleiben.

Seit ich das weiß, bin ich Hartmut Schwenk nicht mehr böse, dass er meine Tränen öffentlich gezeigt hat. Kein Kommentar könnte besser beweisen als die Reaktionen der ‹Medienfrauen› und die Bewertung des Films, dass diese Preisverleihung von Männerverachtung und Männerhass getragen wurde.»

Die Ereignisse überschlugen sich und zogen Georg in ihren Strudel, in welchem sein bisheriges Leben nahezu spurlos verschwand. Wo früher seine eigene Kunst und der Genuss von Kultur aller Art, das Zusammensein mit Freunden, Reisen, Ausstellungen und Kontakteknüpfen in alle Welt vorherrschten, reduzierte sich nahezu alles auf den Kampf um Maria.

Uschi tauchte gänzlich ab, verzog unbekannt. Die inzwischen auf beiden Seiten eingeschalteten Rechtsanwältinnen waren abwechselnd in Urlaub oder krank oder überlastet und baten sich gegenseitig mit vorzüglicher Hochachtung um immer neuen Aufschub für die Verabredung eines neuen Umgangstermins zwischen Vater und Kind. Georg rotierte.

Seine Telefonrechnungen erreichten wegen der nahezu täglichen Bemühungen, Hilfe beim Jugendamt zu erhalten und der Jagd nach dem Zufall, Uschi oder seine Tochter irgendwann doch einmal im Kindergarten zu erreichen, sowie wegen des bundesweiten und bald auch internationalen Informationsaustausches mit anderen betroffenen Vätern astronomische Höhen.

Nervös und ungeduldig, gelangen ihm keine verkäuflichen Bilder. Wenn überhaupt, nahm er den Pinsel zur Hand, weil er sich einredete, etwas Schönes für Maria malen zu wollen. Doch schon nach wenigen Strichen überkam ihn der Katzenjammer, weil er seine Tochter seit Monaten nicht gesehen hatte. Würde er sie überhaupt jemals wiedersehen? Er wusste nicht, wo sie wohnte, hatte keine Telefonnummer, unter der er sie erreichen konnte, bekam keine Auskunft beim Einwohnermeldeamt, seine Rechtsanwältin drehte Däumchen und vertröstete ihn auf die Zeit, wenn das neue Kindschaftsrecht käme. Wozu sollte er auch nur ein einziges Bild noch für Maria malen? Bildete er sich ein, sie würde es per Telepathie sehen können?

Wieder einmal verlor er jeden Kontakt zu Galeristen oder privaten Interessenten, die seine Bilder oder Metallarbeiten hätten ausstellen oder kaufen wollen. Wenn doch einmal ein Verkauf zustande kam, war der Erlös verschwindend gering, da die Kaufkraft allgemein im Keller war. Alles ging zur Neige: Farben, Leinwände, Papier, die Kräfte und das Geld.

Als die Nachricht eintraf, dass Georgs Mutter bei einem Busunglück lebensgefährlich verletzt worden war und mit dem Tode rang, fiel der letzte Vorhang für Georgs provenzalisches Paradies.

«Ich muss nach Athen.» So viel stand für ihn fest. «Und ich hab die Kohle nicht. Aber ich hab das Haus. Freunde, wer leiht mir was gegen Pfand auf das Haus?»

Antonis, der ihm gern aus der Klemme geholfen hätte, musste passen. Ihm stand selbst das Wasser bis zum Hals, weil er die Kredite für das «Pica-Pao» abstottern musste. Martin und Hans hatten auch nichts zuzusetzen. Die Freunde aus der «Spinne» hoben hilflos die Hände. Wie Antonis rackerten sie sich für die Rückzahlung der Bankkredite ab, mit denen sie ihr Bahnwärterhäuschen eines Tages doppelt und dreifach bezahlt haben würden.

Daniela war es, die sich schließlich dazu durchrang, mit Georg einen Vertrag zu schließen. «Auf Handschlag oder so will ich das nicht», meinte sie. «Nicht, weil ich dir nicht traue, aber weil man nie weiß, wie sich das zwischen uns entwickelt. Was ist, wenn wir uns nicht mehr ausstehen können? Wenn dann nicht alles seine Ordnung hat, stehen wir beide dumm da. Und außerdem will ich nicht, dass diese Geldsache unsere Beziehung belastet.»

«Okay.» Georg seufzte. «Geht das mit der Ordnung schon wieder los. Aber schon gut, ich hab mein Lehrgeld bezahlt. Lass uns einen Notar suchen, der das für uns über die Bühne bringt.»

Georgs Mutter kam glücklicherweise über den Berg. «Mein lieber Junge», lachte sie unter Schmerzen, als er sie im Krankenhaus besuchte und kaum in die Arme zu schließen wagte, «ich hab das KZ überstanden und das Auspeitschen und die Kartoffelberge, da wird mich doch so ein bisschen Geschnipple an der Milz nicht gleich umbringen.»

Die Trauer, die Georg um sein Häuschen empfunden hatte, verflog beim Anblick ihres runzligen Gesichtes und der müden, so liebevoll auf ihm ruhenden Augen.

Danielas Stimme am Telefon rief ihn nach Deutschland zurück. Seiner Anwältin war es nach über einem Vierteljahr endlich gelungen, einen neuen Besuchstermin für ihn bei Maria zu arrangieren.

Die Szenerie war seltsam bekannt. Die Autobahn, der übliche Stau-im-Stau rund um die Ballungszentren in Uschis Nähe, die Angst vor dem Zuspätkommen, das Zuspätkommen selbst und Maria, die ihn mit ihrer Puppe an der Hand erwartete.

Eine kleine, handfeste Person, die dem fremd gewordenen Vater mit der dunklen Haut und den weißen Haaren nicht mehr glückselig in die Arme sprang, sondern ihn großäugig und abwartend musterte.

Georg spürte sein Herz, es holperte wie ein Motor, dessen Vergaser falsch eingestellt war. Tastend griff er nach einer Stuhllehne, musste sich setzen.

«Könnte ich vielleicht einen Kaffee haben, bitte?»

Die groß gewachsene Erzieherin, die er vom ersten Tage an kannte, seit er Maria abholte, schüttelte den Kopf. «Gleich um die Ecke ist ein Stehcafé, da kriegen Sie einen.»

«Ja», grinsend schob sich die Dicke neben ihre Kollegin. «Wer zu spät kommt, den bestraft das Leben. So ist das.»

Immer noch stand Maria stumm. Georg sah sie an, versuchte ein Lächeln. «Kennst du den Papa nicht mehr?»

«Doch.» Ein Nicken. «Du hast mir Geschichten vom Äffchen Ouistiti erzählt.» Ein kurzes Atemholen, hoffnungsvoll dann, mit einem kleinen Schritt auf ihn zu: «Weißt du noch welche?»

Ehe Georg antworten konnte, kam eine Frauengestalt aus dem Hintergrund. Uschi!

«Ich dachte, du willst mich nicht sehen, wenn ich komme», entfuhr es Georg.

Wortlos drehte sie sich zu Maria um und zog das Kind in die Arme. «Wenn du nicht mit deinem Vater mitgehen willst, musst du es nicht. Du darfst das allein entscheiden. Hörst du?»

Maria nickte, scheu einen Seitenblick auf Georg werfend.

«Willst du mit ihm mitgehen?» Uschi hielt ihr Kind ganz fest.

«Nein.» Maria schüttelte den Kopf. Ganz langsam füllten sich ihre Augen mit Tränen.

Georg rang um Fassung. Er wollte nicht aufspringen, sich nicht auf Uschi stürzen. «Kann ich nicht doch einen Kaffee haben, bitte?» Er hatte ein Gefühl im Mund, als sei er soeben vom Zahnarzt gekommen, der ihm eine Spritze ins Zahnfleisch gejagt hatte.

«Jetzt nehmen Sie das Kind und machen Sie die Fliege!», rief die Dicke der beiden Betreuerinnen.

Fluchend schob Georg die beiden Frauen beiseite, um sich auf eigene Faust in der Küche ein Glas Wasser aus dem Wasserhahn zu zapfen. «Verdammt noch mal, ich bin kein Leprakranker, ich bin weiter nichts als ein Vater, der sein Kind sehen und hier abholen will. Und ich probe bei euch keinen Banküberfall, sondern bitte ganz höflich um einen Schluck Kaffee, weil mein Kreislauf im Keller ist. Habt ihr hier noch nie was von Gastfreundschaft oder unterlassener Hilfeleistung gehört?»

Uschi versuchte, Maria mit sich zu zerren, doch Georg war schneller. So sanft er konnte, hielt er die Kleine an einem Arm zurück und sah sie an. «Willst du wirklich nicht mit dem Papa mitkommen? Ich erzähle dir etwas Neues vom Ouistiti und den beiden kleinen Löwen. Weißt du noch? Und dann machen wir alles, was du willst. Was meinst du?»

Maria entzog sich der Mutter. Vertrauensvoll schmiegte sich die kleine Hand in seine große. «Hast du auch Malsachen dabei und das Zelt?»

Georg nickte und versuchte, den erneuten Schwindel und die aufsteigende Übelkeit zu unterdrücken, die ihn auf dem Weg zum Auto überfielen. «Willst du zuerst ins Schwimmbad?»

«Nö, keine Lust.» In ihrem Entschluss unsicher geworden, schaute Maria sich zur Kindergartentür um, wo sich Uschi umrahmt von den beiden Erzieherinnen zeigte.

«Und was möchtest du?» In Georgs Mund sammelte sich bittere Galle. Der Drang, sich zu erbrechen, ließ sich nicht länger beherrschen. Mit einem Satz kehrte er um, rannte an den aufkreischenden Frauen vorbei ins Haus und übergab sich in die Toilette. Mit weichen Knien wartete er, dass sich das Brausen und Drehen in Kopf und Magen und der holprige Schlag seines Herzens beruhigten.

Als er sicher war, wieder einigermaßen stabil zu sein, und das WC verließ, lag Maria in den Armen ihrer Mutter. Das Gesicht in ihren Schoß gepresst und beide Arme um ihren Leib geschlungen, schrie sie: «Ich will nicht mit dem Papa mit! Ich will nicht mit dem Papa mit!»

«Machen Sie, dass Sie verschwinden!», zeterten die beiden Erzieherinnen und versuchten, Georg zur Tür hinauszuschieben. «Was Sie hier machen, ist Hausfriedensbruch. Hauen Sie ab, oder wir rufen die Polizei!»

«Maria, willst du wirklich, dass der Papa geht?» Georg schüttelte die Hände der Frauen unwillig ab.

Die dunklen Kinderaugen lugten auf. Wollte Maria ihm antworten? Wenn ja, hatte sie keine Chance mehr. Uschi drückte den kleinen Kopf fester an sich und erstickte jedes mögliche Wort. Mit Wucht schlug die Kindergartentür hinter Georg ins Schloss.

Die Dunkelheit im Atelier schien aus allen Ecken zu schleichen. Nur eine Schreibtischleuchte warf einen matten Lichtkegel auf Georgs Hand, ein Blatt Papier mit Datum und Absender sowie den Füller, den er nun schon zum ungezählten Mal aufschraubte, zum Schreiben ansetzte und tatenlos wieder zuschraubte.

Uschi hatte ihm anwaltlich mitteilen lassen, dass er Maria auf unbestimmte Zeit nicht mehr sehen könne und ihm künftig jede Annäherung an den Kindergarten untersagt werde. Sein aggressives Benehmen habe das Kind geängstigt. Maria wolle den Vater nicht mehr sehen. Seine Besuche seien daher dem Kindeswohl abträglich.

Georg stützte den Kopf schwer in die Hände. Wie nur sollte er Uschi klarmachen, dass er vor zwei Tagen mit den besten Vorsätzen in den Kindergarten gekommen war und nicht aus Bosheit, sondern aus höchster Not überreagiert hatte? Welche Worte würden sie überzeugen, dass sie das Umgangsverbot revidieren müsse, um Marias willen? Wie sollte er ihr glaubhaft machen, dass sie ihm als Vater vertrauen könne, auch wenn er als Mann einmal mehr die Nerven verloren hatte?

Würde sie überhaupt lesen und verstehen wollen, wenn er ihr schrieb:

«Ich leide unter der Trennung sehr und habe Angst, das Kind

zu verlieren. Die andauernde Trennung setzt mir sehr zu. Oft bin ich verzweifelt, dass ich ihr meine Liebe nicht so zuteil werden lassen kann, wie sie, wie jedes Kind es braucht. Ich will ihr diese Liebe geben. Ich weiß, dass Maria sie braucht. Aber die Umstände sind so schwer für uns.»

Würde Uschi sich nicht wieder einmal nur köstlich amüsieren über den Vater, der zum jammernden Häufchen Elend geworden war?

«Und wenn schon!», dachte Georg. «Soll sie von mir halten, was sie will. Soll sie doch an mir ihr Mütchen kühlen und auf mir herumtrampeln, wenn sie nur das Kind verschont.»

Die Füllfeder spreizte sich unter dem Druck seiner Hand, als stammelten selbst die Buchstaben.

«Uschi, ich möchte mich für mein Verhalten entschuldigen. Es war nicht böse gemeint. Nicht nur deine, auch meine Nerven sind leider zum Zerreißen gespannt und lassen mich in Stress-Situationen im Stich.

Jedes Mal, wenn ich zu unserem Kind fahre, stehe ich unter einer großen nervlichen Belastung. Ich freue mich, Maria zu sehen. Aber da ist auch Angst. Was wird mich erwarten – zuerst auf der Autobahn, dann dort, wo ich Maria abholen darf, und später in den Straßen und Parks, auf den öffentlichen Plätzen, auf denen ich mich mit ihr herumtreiben muss? Wo soll ich mit ihr hin, wenn sie keine Lust hat, draußen zu sein? Wie wird das Wetter dann für uns zwei Obdachlose sein, unsere kleine Tochter und mich, ihren Vater? Wenn es kalt ist, wenn es regnet – wohin dann?

Du beschimpfst mich, weil das Kind oftmals nach Rauch stinkt, wenn ich es dir zurückbringe. Aber wo soll ich mit ihr hin, wenn sie Hunger hat? Überall, wo wir essen können, sitzen Raucher. Auch, wenn ich nicht rauche. Und ich rauche nicht, wenn sie bei mir ist. Soll ich ihr kein vernünftiges Essen zukommen lassen? Ich bin sicher, es würde dir noch mehr missfallen, wenn ich mit ihr lediglich an die Imbissbude gehen würde.

Du hast verlangt, ich solle zeigen, dass ich mit der Situation umgehen kann. Gut, ich habe mich also für alle Eventualitäten gerüstet: ein Zelt im Auto, Spielsachen, Kekse, Obst, Schwimmsachen etc. Aber was soll ich mit Maria unternehmen, wenn sie nicht schwimmen will? Soll ich einem kleinen Kind die Museen und kirchlichen Sehenswürdigkeiten seiner Stadt nahe bringen? Mit ihr im Kino sitzen? Wo soll sie sich ausruhen, wenn sie müde ist? Wohin gehen, wenn etwas passiert, ein Unfall oder so?

Hast du als ihre Mutter eine solche Situation schon einmal erlebt? Einmal meistern müssen? Nie, sage ich dir. Du kannst ihr ein Zuhause bieten. Wohin du mit ihr gehst, ist dieses Zuhause im Hintergrund oder ist sie bei Freunden mit dir willkommen. Wenn ich sie sehe, muss ich sie wie ein Landstreicher mit mir nehmen.»

Georg hielt im Schreiben inne. Er konnte Uschis Lachen förmlich hören, wie sie antwortete, er sei doch kreativ, solle sich Lösungen einfallen lassen, prahle doch so mit seinen Freunden in aller Welt. Ihn überkam das dringende Bedürfnis, den Brief durch den Reißwolf laufen zu lassen und sein Bisschen Privatheit zu schützen. Aber er biss die Zähne zusammen. Für Maria war er bereit, sich an Uschis Pranger zu stellen und sich jede Blöße zu geben.

«Schon unterwegs im Auto, auf dem Weg zu unserem Kind, hadere ich mit mir, weil mir diese quasi obdachlose Lebenssituation so absurd und falsch vorkommt. Ich möchte, dass Maria es so schön wie möglich bei mir und zusammen mit mir hat, aber ich kann ihr bei meinen Besuchen nichts von allem bieten, was gut für sie wäre und was Kinder brauchen, außer meine Liebe. Und an der lehrst du, Uschi, sie Zweifel, schon, wenn ich nur ein paar Minuten nach der vereinbarten Zeit eintreffe, weil ich im Stau stecken geblieben bin.

Dann bin ich der unzuverlässige Papa, der sich nie an Abmachungen halten kann.

Du hast es nicht nötig, mich schlecht vor Maria zu machen. Unsere Tochter sieht, dass du als Mutter die bessere Alternative bist und sie es bei mir, ihrem Vater, schlechter hat als bei dir. Sie sieht, dass ich kein Zuhause für sie habe und wie ein Penner mit ihr in meinem alten Auto hausen oder in irgendwelchen Kneipen sitzen muss. Sie sieht mich, wenn ich nervös und aufgeregt bei ihr ankomme und mich dir gegenüber so benehme, wie Maria es – völlig richtig – als ungezogen und verboten beigebracht bekommt und logischerweise auch so bewertet. Zum Beispiel, dass ich dich ignoriere, wenn wir uns sehen, dass ich kein Wort an dich richte und dir zum Gruß nicht die Hand gebe. Sie weiß nicht, dass du dies alles von mir verlangst, denn in Marias Beisein tust du so, als sei dies meine freie Entscheidung und somit meine Rüpelhaftigkeit.

Maria sieht auch nicht, dass du mich mit deinem Verhalten bewusst provozierst und gezielt in Situationen drängst, in denen ich vor unserem Kind versagen muss. Sie erkennt nur, dass ich oft bei einer Kleinigkeit schon laut werde und ausraste, also böse bin. Und so sieht sie mit eigenen Augen immer öfter, dass ich wirklich so bin, wie du mich schilderst, wenn sie dich fragt, warum du mit mir nicht leben kannst und mich nicht mehr sehen willst – nämlich ein Tagedieb ohne richtiges Zuhause, ein Wüterich, der ungezogen und böse ist, einer, der die geliebte Mutter seines Kindes schlecht behandelt, einer, den man nie mehr sehen will.

All das weiß ich, Uschi. In jeder Sekunde meines Lebens. Das vorhersehbare Ende dieser von dir so unglaublich geschickt inszenierten Tragödie hängt wie ein Damoklesschwert über mir. Was immer ich versuche, um auszuweichen, es wird mich treffen.»

Georg legte den Stift abermals beiseite. Er machte sich keine Illusionen. Uschi würde sich nicht mit seinen Worten auseinander setzen. Sie würde lediglich Anklagen wahrnehmen und jede Einzelne als Blasphemie von sich weisen. Vermutlich würde sie die Seiten säuberlich in ihren Ordner heften und als nächsten Racheakt noch ein Stück mehr für ihn «gestorben sein» und unerreichbar.

Und dennoch, selbst wenn er diesen Brief lediglich für Uschis Aktenordner schrieb – er wollte ihn schreiben und die vage Chance nutzen, dass der Tag kommen könnte, an dem Maria ihn finden und lesen würde.

«Verstehst du tatsächlich nicht, was in mir vorgeht, wenn mir nach einer anstrengenden Autofahrt mit der Hypothek all dieses Wissens und angstvoller Erwartungen körperlich übel wird, sobald ich bei euch ankomme und unsere Tochter sehe, die mich tatsächlich anschaut, als wäre ich ihr fremd oder sogar unheimlich? Begreifst du wirklich nicht, dass plötzlich mein Kreislauf streikt? Der sowieso angeschlagen ist, wie du weißt. Ist es so unmöglich, dass ich in dieser Lage um eine Tasse Kaffee bitte? Und ist es menschlich, ist es sittlich und moralisch für dich in Ordnung, dass mir selbst diese kleine Gefälligkeit höhnisch verweigert wird, weil du den Leuten im Kindergarten gesagt hast, ich müsse sofort mit dem Kind verschwinden, sobald ich aufgetaucht bin?»

Es war ein langer Brief geworden. Man sah der Schrift an, wie oft die Feder stockte, wie unsicher die Hand war, die sie bald zu hoch, bald zu tief über die gedachten Linien führte. Wahrscheinlich würde Uschi sagen, dass das Schriftbild seinen Charakter spiegele, und mit ihrem Spruch kommen, dass sich anklagt, wer sich verteidigt. Noch eher aber würde sie sagen, dass er ja die Wahl habe und für immer wegbleiben könne und sie Maria sagen werde, dass der Papa keine Lust habe, Verantwortung für sie zu übernehmen. Sie habe ja immer schon gewusst, dass er dazu nicht in der Lage sei.

Georg drängte die schwarzen Gedanken beiseite und unterschrieb. Als er den Brief im Kuvert verschlossen hatte, fühlte er sich müde wie nach einem tagelangen Marsch durch feindliches Gebiet.

Was für Georg der bundesweit agierende Verein «Väteraufbruch für Kinder» war, war für Uschi der ebenfalls in ganz Deutschland präsente «Verband allein erziehender Mütter und Väter» (VAMV). Womit sie den weitaus bekannteren Partner zur Seite hatte. Anders als jede der im Internet unter dem Kürzel *papPa.com* abzurufenden Gruppierungen der neuen Väterbewegung, die auf rein privaten Initiativen ihrer Mitglieder aufbauen, arbeitet der VAMV von politischer Frauensolidarität getragen und wird mit Fördergeldern unterstützt. Kaum eine kinderorientierte Entscheidung des Bundesfamilienministeriums fällt ohne Mitsprache des Verbandes.

Wie jede der meist weiblichen Ratsuchenden erhielt auch Uschi hier kostenlos eine Broschüre über Trennungs- und Scheidungsmodalitäten mit Tipps von Therapeutinnen und Rechtsanwältinnen, wie sie ihr Leben allein, ohne den Vater ihres Kindes, meistern könne.

Georg rang im «Väteraufbruch für Kinder» um jede Chance, der Öffentlichkeit bewusst zu machen, dass die zwangsverwaisten Väter ebenso unter dem Verlust ihrer Kinder leiden wie im umgekehrten Fall die Mütter. Uschi dagegen hatte die Unterstützung einer speziellen Projektgruppe für Alleinerziehende, deren individuelle Erfahrungen unter der Leitung eines Psychologen Gegenstand gemeinsamer Beratungsgespräche waren, die ihren Niederschlag in einer Forschungsarbeit fanden und in einer Studie veröffentlicht werden sollten.

Als die Bundesregierung zu einer Tagung über die Arbeitsweise der Jugendämter in die Evangelische Akademie Bad Boll einlud, ergriff Georg die Gelegenheit, das allgemeine Anliegen «seines» Vereins mit seinen ganz privaten Belangen zu einer neuen öffentlichen Aktion zu verknüpfen. Spontan fand sich die Künstlergruppe des Vereins bereit, Bilder und Objekte zu einer Wanderausstellung unter dem Motto *Ein Stück von mir und doch nicht meins* zusammenzustellen. Nach der Tagung *Kindeswohl – Dilemma und Praxis der Jugendämter* wurde sie bundesweit gezeigt.

Kurz vor der Vernissage ließ Georg die verschiedenen Exponate noch einmal auf sich wirken. Bilder, die Orientierung und Zuwendung eines Vaters an seinen Sohn verdeutlichen wollten. Bilder des vor Schmerz gekreuzigten inneren Kindes in der Seele eines Vaters, den der Verlust seiner Tochter in eine tiefe existenzielle Krise stürzte. Bilder von der Mutter als Gefängniswärterin der im Zeichen der Weiblichkeit gefangen gehaltenen Tochter. Bilder aus dem Garten der Liebe, ausgegrenzt und zugleich eingeschlossen ein Kindwesen darin, das keinen Fluchtweg findet.

Auf einem Tisch Stapel von Fallbeispielen, Gutachten und Familiengerichtsbeschlüssen. Dazu ein gelbes Faltblatt zu den Exponaten. Georg überflog nur ein paar Zeilen des vertrauten Textes, an dem sie gemeinsam gefeilt hatten. «Wenn der Tod ein Ende mit Schrecken ist, ein Schrecken, den wir mit Trauerarbeit domestizieren können, so gerät die Wegnahme eines Kindes sehr oft zu einem Schrecken scheinbar ohne Ende, denn wie soll man diese Verzweiflung je bändigen können? Die Künstler der Ausstellung geben Zeugnis von ihrer Zerrissenheit, sie offenbaren ihre Trauerarbeit und bezeugen, dass die Kinder, dass ihre Kinder ein Stück von ihnen sind, auch wenn sie ihnen nicht gehören. Aber man hat sie ihnen genommen: erzwungene, unzeitige Abnabelungen.»

Ob Herr Marpien und Frau Malin aus dem Jugendamt die Ausstellung wohl zu Gesicht bekämen? Ob sie dann wenigstens darüber nachdenken würden, dass eine Moral wie die ihre dazu beitrug, Jugendämter als «Kinderklaubehörden» in Verruf zu bringen?

«Wohl kaum», gab Georg sich selbst die Antwort.

Und Uschi? Würde sie die Ausstellung sehen? Georg wagte keine Prognose. Einer der anderen Künstler, dessen Tochter soeben eingeschult wurde, beteiligte sich nur unter einem Pseudonym. Er war sicher: «Wenn die Mutter mitkriegte, dass ich dabei bin, wäre das der nächste Grund zum Umgangsboykott.» Für Georg ein Unding. Sein Kampf war nicht geheim. Er wünschte sich, dass Uschi kommen und schauen und das Unrecht begreifen würde, das sie Maria antat.

In allen Schaufenstern weihnachtete es. Über den Straßen spannten sich Lichtergirlanden und Leuchtmotive im Tannengrün. Wenn Georg kleine schwarzhaarige Mädchen huckepack auf den Schultern ihrer Väter durch die Fußgängerzone reiten sah, musste er wegschauen. Fünfmal insgesamt hatte er seine Tochter in diesem Jahr gesehen.

Als er die Nachricht im Briefkasten fand, abermals zur Klärung künftiger Umgangstermine ins Rheinland zu fahren, wusste er nicht, ob er lachen oder weinen sollte.

«Vielleicht darfst du sie sehen», meinte Daniela.

«Glaubst du an den Weihnachtsmann?», fragte Georg zurück.

Aber selbstverständlich machte er sich trotzdem auf den Weg.

Herr Marpien, Uschi und Frau Malin erwarteten ihn schon. Sie hatten sich offenbar bereits auf ihn eingeschossen, denn statt des üblichen Höflichkeitsgeplänkels begrüßte Herr Marpien ihn mit der Frage: «Können Sie mir erklären, warum Sie eine Petition an den Landtag richten mussten? Ausgerechnet Sie? Wo Sie Ihre Tochter doch jederzeit sehen können und wir hier ständig bemüht sind, Ihnen zu helfen!»

Georg nahm Uschis Kopfnicken und das beifällige Murmeln Frau Malins aus dem Augenwinkel wahr.

Die Petition, um die es hier ging, lag so lange zurück, dass er sie fast schon vergessen hatte. Er selbst hatte lediglich eine Notiz erhalten, dass sein Bittgesuch um Umgangsgewährung und seine Beschwerde über das untätige Jugendamt bearbeitet werden. Jetzt hatte er den Beweis, dass diese Bearbeitung tatsächlich erfolgte.

«Ich verlange, dass Sie Ihre absurde Petition umgehend zurückziehen!» Herr Marpien schien der Auffassung zu sein, Lautstärke sei ein Zeichen persönlicher Autorität.

Georg konnte sich eines Grinsens nicht erwehren. «Guter Mann, Sie fürchten die Öffentlichkeit ja wie der Teufel das Weihwasser. Ich kann Ihnen nur sagen, erledigen Sie Ihre Arbeit richtig, dann werden auch keine Petitionen mehr nötig sein.»

«Frechheit!» Der Leiter der Elternberatungsstelle riss an seinem Hemdskragen, als fühle er sich dem Ersticken nahe. «Nach allem, was Sie uns schon geboten haben, sollten Sie froh sein, dass wir hier überhaupt noch für Sie da sind!»

«Sie können ja gehen!», gab Georg in bewusstem Kontrast zu Herrn Marpiens Kasernenhofton leise zurück.

Frau Malin, die das Schauspiel ungerührt verfolgt hatte, kam ihrem aufgeplusterten Kollegen zur Hilfe. «Bitte, die Herren, wir wollen doch über den Umgang beraten!»

«Und? Darf ich Maria heute sehen?» Schon Georgs erste Frage erzeugte ein Durcheinander gleichzeitiger Antworten.

«Nein, auf keinen Fall!» Uschis Stimme übertönte die beiden anderen. «Das ist nicht Gegenstand dieses Treffens.»

«Ich fahre tausend Kilometer. Ich habe sie seit fast vier Monaten nicht gesehen. Jetzt bin ich hier. Und du bewilligst uns keine Minute, der Kleinen und mir!» Obwohl er sich seit Tagen auf dieses Nein vorbereitet hatte, überfiel Georg ein inneres Zittern, das sich auf seine Hände übertrug.

«Frau Malin, dieser Mensch soll mich nicht ansprechen. Ich weigere mich, mit ihm zu reden», wandte Uschi sich fast kreischend an ihre Helferin.

«Dann fragen Sie die Mutter meiner Tochter, wann ich Maria endlich sehen kann?», wiederholte Georg seine Frage nun an Frau Malin, die mit der Situation sichtlich überfordert war.

«Da hören Sie's! Das hören Sie's! Wie er schon redet!», rief Uschi. «Es heißt unsere Tochter. Unsere! Er begreift nichts!»

Frau Malin stand steif wie der personifizierte Aktenordner mit Brille. «Ja, also, wie stellen Sie sich den Umgang denn vor?», brachte sie endlich mit Blickrichtung Georg hervor.

«Ich möchte, dass Maria mich einmal im Monat hier sehen kann und einmal im Monat zu mir kommt. Was soll das Kind denn denken, wenn es den Papa dauernd bloß auf der Straße sieht?» Diese Antwort hatte Georg schon so oft gegeben, dass sie automatisch abspulte.

«Das kommt nicht infrage! Sagen Sie ihm das!», fiel Uschi ihm ins Wort und starrte Frau Malin auffordernd an.

«Also gut, wie stellst du es dir also vor?», griff Georg ihren Protest auf.

«Reden Sie nicht mit ihr. Sie will es doch nicht!», kanzelte Herr Marpien ihn augenblicklich ab.

«Ich habe den Eindruck, dass Sie mich entmündigen wollen!», gab Georg zurück. «Sind Sie hier für die Kinder da, die ihren Vater lieben und haben wollen, oder für die Mütter, die den Vater einfach satt haben und in die Wüste schicken wollen?»

«Unglaublich! Unverschämt!» Herr Marpiens Kragenknopf baumelte nur mehr am seidenen Faden.

«Kommen Sie doch endlich zur Sache!» Das Kafkaeske der Situation schlug Georg aufs Gemüt, sodass nur der Griff zur Zigarette blieb, die er hastig verpaffte. «Reiß dich zusammen! Reiß dich zusammen!», beschwor er sich selbst.

In den folgenden drei Stunden musste er wie ein Teppichhändler im Basar um jede Stunde mit Maria feilschen, bis endlich ein zweiseitiges Protokoll erarbeitet war, welches ihnen beiden für drei zur Bewährung ausgeschriebene Monate je zwei aufeinander folgende Tage von neun bis sechzehn Uhr gewährte. Stunden, die in einem Spielzimmer der Elternberatungsstelle verbracht werden konnten, aber nicht mussten. Eine Reise zum Vater wurde nicht gestattet. Auch sollten künftig die Anwältinnen schweigen. Als wichtigstes Zugeständnis sollte Maria den Papa wenige Tage vor Weihnachten endlich wiedersehen.

Während Uschi sich mit Frau Malin verabschiedete, unternahm Georg den Versuch einer Versöhnung mit Herrn Marpien und lud ihn auf ein Bier ein. Zu seiner Überraschung sagte dieser spontan zu. Dicht nebeneinander rannten sie durch den strömenden Regen zu einer Kneipe ganz in der Nähe des Jugendamtes.

«Merken Sie eigentlich nicht, dass die Kindesmutter nur auf Rache aus ist?», fragte Georg über den Glasrand hinweg, als er das zweite Glas Bier absetzte.

Herr Marpien stutzte. Ein überzeugtes Kopfschütteln. «Rache? Nein. Etwas übertriebene Angst, das ja.»

«Haben Sie keine Kinder?», tastete Georg sich ins Private vor.

«Wie man's nimmt.» Herr Marpien schien nichts gegen den Austausch von Vertraulichkeiten zu haben. «Die sehen mich doch fast nie. Schließlich arbeite ich den ganzen Tag.»

«Das würde mir als Vater nicht reichen», merkte Georg an. «Kinder brauchen ihre Väter genauso wie ihre Mütter.»

Herr Marpien wischte eine imaginäre Fliege beiseite. «Meine Güte, sehen Sie das romantisch! Kinder gehören zur Mutter, das ist doch nicht die Frage. Und als Vater – Sie sind doch im Grunde sowieso zu alt für das kleine Kind. Sie könnten doch eher als ihr Opa durchgehen. Geben Sie die Sache doch auf. Sie haben die Mutter ja nicht mal geheiratet. Was soll das jetzt? Sie hat das Kind, und Sie haben das Nachsehen. Und wenn Sie in Ihrem Alter so unbedingt ein Kind wollen, ja, lieber Himmel, dann machen Sie sich doch mit einer anderen noch mal eins.»

Georg saß wie erstarrt. Dieser Typ zeigte keine Empathie mit den Kindern, die er schützen sollte, nichts, nur noch gefühllose Routine. Merkte er denn gar nicht, wie solche Sätze ihn und seine ganze Arbeit entlarvten?

«Haben Sie eigentlich den Aufsatz von Professor Wolfgang Klenner in der FamRZ gelesen? *Rituale der Umgangsvereitelung bei getrennt lebenden oder geschiedenen Eltern?*»

Herr Marpien schaute in sein Bier, als sei auf dem Grund der Stein der Weisen versteckt. «Nee, nie gehört», brummte er. «Ich muss jeden Tag so viel Zeugs lesen, da kommt man nicht nach.»

«Ich gebe Ihnen eine Kopie.» Georg holte den Artikel aus seiner Tasche und drückte ihm die Seiten in die Hand.

Achtlos schob Herr Marpien sie in seine Aktenmappe. «Wahrscheinlich bis zum Nimmerleinstag», dachte Georg.

«Danke.» Herr Marpien hatte sein Bier geleert und stand auf. «Wenn ich Ihnen jetzt auch einen Tipp geben darf: Lassen Sie die Finger von diesem Verein, diesem ‹Dialog›. Sie haben den vorhin ins Spiel gebracht, als wir nach einer neutralen Stelle für den Umgang gesucht haben. Der ist nicht empfehlenswert. Wird Ihnen bloß Ärger machen, wenn Sie weiter mit denen agieren.»

«Querulanten und Sektierer sind das, sagte das Frau Malin nicht schon?»

Georg überschlug die Summe, die er für die Biere schuldig war, und legte das Geld auf den Tisch.

«Genau!» Herr Marpien ließ sich die Tür aufhalten und hielt wie zuvor die Aktenmappe als Schirmersatz gegen den unablässigen Novemberregen über den Kopf.

Für Georg war klar, dass er sich diesen Verein näher ansehen müsste.

«Papa, Papa, wo warst du so lange? Ich hab gedacht, du kommst nie wieder!»

Wenn Georg von Marias Freudenschrei erzählte, mit dem sie sich vier Monate nach ihrem letzten Wiedersehen in seine Arme gestürzt hatte, wurden den Freunden die Augen feucht. Jedes Mal. Genauso wie sich ihre Mienen verfinsterten, wenn er von seinem Neujahrsbesuch in der Elternberatungsstelle berichtete.

«Dieser Typ, dieser Marpien, hatte sich überlegt, dass die Übergabe des Kindes im Flur stattfinden sollte. Da die Uschi mich nicht sehen wollte und sich weigerte, mit mir zu reden, wollte er sich als lebender Schutzschild dazwischenstellen. Er also in der Mitte im Flur. An einem Ende die Uschi mit der Maria, am anderen Ende ich.

Wie die Kleine den alten Kerl sieht, den sie nicht kennt und der mit Riesenschritten auf sie zukommt und sie packen will, kriegt sie die Panik und fängt zu schreien an. Der Typ, als wär nix, nimmt der Uschi das brüllende Kind aus den Armen und rennt damit auf mich zu. Drückt mir also das total verstörte Kind in den Arm und schiebt uns zusammen ins Spielzimmer. Tür zu.»

«Und dann?»

«Natürlich hat sie noch ziemlich lange geheult und geschluchzt. Sie muss eine furchtbare Angst ausgestanden haben. Erst als ich ihr Grüße vom Äffchen Ouistiti ausgerichtet hab, kam sie langsam wieder zur Ruhe.»

«Das ist ja echt Quälerei!», brummte Hans, der Maria von Anfang an ins Herz geschlossen hatte.

Georg nickte. «Zum Glück ist das Spielzimmer ziemlich groß und mit vielen Spielsachen ausgestattet. Unter anderem gibt's da ein Kasperletheater. Und da war eben auch ein Äffchen. Ich hab der Maria mindestens eine Stunde lang Geschichten vom Ouistiti vorgespielt. Das hat uns beiden Spaß gemacht. Aber anstrengend war es. Als ich ihr dann später Geschichten vorgelesen hab, bin ich fast eingeschlafen. ‹Papa, Papa, nicht schlafen! Maria will Geschichten. Bald bist du wieder weg!›, hat sie dann gerufen und mich gerüttelt. Und als die Zeit vorbei war, da wollte sie nicht weg. Sie hat geweint und vor diesem Blödmann Marpien Angst gehabt. Und am nächsten Morgen dieselbe Prozedur.»

«Mann, da ginge mir ja das Messer in der Tasche auf!», schimpfte Hans. «Das ist doch grausam, so was. Welcher Mensch kann sich bloß so einen Schwachsinn ausdenken?»

«Wer?» Georg lachte bitter auf. «Das ist die HUHVVB im Lande, die Herz-Und-Hirnlose-Väter-Vertreibungs-Bürokratie. Gegen die ist mit Logik nicht anzukommen.»

«Ach, das ist es doch gar nicht», stellte Daniela klar, die bis jetzt geschwiegen hatte. «Denkt doch mal an die Stammtischdiskussion, von der ich euch erzählt hatte. Wo eine Kollegin von mir, verheiratet, zwei Kinder, sagt, dass sie dem Vater die Kinder auch nicht geben würde, wenn er ihr auf den Keks ginge. Genau das ist es. Die Mutter hat Narrenfreiheit. Und sie nutzt das aus, um das Kind zu manipulieren.»

«Verstehe ich nicht», brummte Antonis. «Wie soll das funktionieren?»

Daniela nippte an ihrem Bier. «Jetzt darf der Georg die Maria also endlich wieder sehen. Sogar in einem schönen Spielzimmer. Nach außen sieht das so aus, als wäre die Uschi eine Supermutter, die sich für ihr Kind völlig selbstlos aufopfert und alles tut, damit das Kind glücklich ist. Sie weiß, dass Maria der Umgang mit dem Papa in diesem schönen Zimmer wahrscheinlich gefällt. Aber das darf es ja nicht. In Wirklichkeit will die Mutter ja, dass die Maria schreit und nicht zum Vater will.»

«Wieso dann das Theater?» Auch Hans hatte Probleme damit, Danielas Ausführungen zu folgen.

«Ja, gibt's denn da einen besseren Trick als diese miese Show mit dem Kinderschreck vom Jugendamt?», lachte Daniela auf. «Dabei ist die Uschi als Mutter doch fein aus der Sache raus. Sie hat ja ihren guten Willen bewiesen. Wenn die Maria wieder nicht zum Papa will, kann die Mutter also nichts dafür. Und der Marpien, der wird sagen, das Kind hat schon gebrüllt, als sie bloß zum Vater gebracht werden sollte. Die wollte nicht zum Vater. Die hat sich mit Händen und Füßen gewehrt. Dass die Maria nicht zu ihm wollte, weil er ihr Angst gemacht hat mit seiner unsensiblen Art, ja, das wird er doch nicht zugeben. Warum denn auch? Er weiß, was die Mutter will, und ist sowieso der Meinung, dass der Georg zu alt als Vater ist.»

«Genau.» Georgs Magen rebellierte. Heftig schob er sein Glas Wein beiseite. «Für Uschi läuft alles nach Plan. Ich hab neulich einen Eintrag von ihr in ihrer so genannten Ereignisliste gelesen, da erwähnt sie mit keinem Wort, was sich im Jugendamt wirklich abspielt. Der Marpien kommt bei ihr überhaupt nicht vor.»

Er zog einen Zettel aus der Tasche, auf dem er sich den Wortlaut von Uschis Ausführungen notiert hatte. «Stattdessen schreibt sie: ‹Maria will nicht zum Papa. Es wird schwierig, sie zu überreden. Einmal mehr schnappt G. sie – damit bin ich gemeint –, um schreiend zu verschwinden. Sie erzählt mir plötzlich immer wieder, dass sie den Papa besuchen will; also genau das, was G. will. Und später, dass der Papa immer sagt, das sei eine blöde Mama, die bei ihr wohnt.›»

«Und? Hast du das gesagt?» Daniela blickte Georg verwundert an.

«Nein.» Er schüttelte den Kopf. «Das ist genauso wenig wahr wie die Behauptung, dass ich die Kleine schnappe und sie brüllt, weil sie nicht zu mir will. Sie brüllt bei Marpien. Der gibt sie mir, während sie wegen ihm brüllt. Uschi hat sich die Wahrheit schon immer passend gemacht. Und wenn sie das so in ihre Ereignisliste einträgt, dann verfolgt sie damit einen Plan. Wie sie ja alles plant. Immer für den Tag X, an dem Maria wirklich nicht mehr zu mir will. Dann kann sie das alles vorlegen und beweisen, wie sich das allmählich aufgebaut hat und sie daran völlig unschuldig war.»

«Warum schreibst du keine Gegenliste?» Hans spielte mit dem Finger in einer kleinen Bierlache, die sich auf der Theke ausgebreitet hatte.

Georg antwortete nicht. Aber sein Blick sprach Bände.

«Das würde doch kein vernünftiger Mensch glauben», antwortete Daniela für ihn. «Hat er euch schon von dem Tag erzählt, als Maria von der Schaukel fiel?»

Erwartungsvoll blickten die Freunde Georg an, der sich nicht lange bitten ließ. «Ich war mit ihr draußen, weil ich diese Übergaben im Jugendamt nicht mehr aushielt. Ich hab das Weinen einfach nicht mehr ertragen. Das war wie ein Tinnitus im Ohr. Sogar nachts bin ich davon aufgeschreckt. Also bin ich zu diesem Verein, zum Dialog, und hab mit einer Familientherapeutin gesprochen und sie um Hilfe gebeten. Sie hat auch zugesagt und ist mit mir zum Jugendamt. Als die Übergabe stattfinden sollte, hat sie mit der Uschi zu reden versucht. Aber die hat sich von ihr bedroht gefühlt.»

«Wieso? Ist die Frau so ein Brecher?», kicherte Hans.

«Nein, ganz im Gegenteil. Sie ist eine ganz zierliche Person.» Georg schüttelte den Kopf. «Aber dieser Marpien stieß sofort mit Uschi ins gleiche Horn. Wenn ich es wagen sollte, sie nochmals mitzubringen, würde er dafür sorgen, dass ich Maria nie mehr sehe. Da hatte Uschi Oberwasser. Ganz klar.»

«Und was war mit der Schaukel?»

«Ich bin also mit der Kleinen raus aus dem Jugendamt und zu einem Bekannten gefahren, der auch Mitglied im Dialog ist und ein tolles Haus mit Spielplatz und Pferdestall in so einer richtigen Naturidylle hat. Und bei dem ist die Maria dann von der Schaukel gefallen. Auf den Sandboden. Sie hatte ziemliche Schmerzen oder auch bloß einen Schreck. Jedenfalls weinte sie arg. Weil keine Zeit mehr war, konnte ich nicht zum Arzt mit ihr gehen, sondern musste zur Übergabe ins Jugendamt zurück.

Als ich ankam, hatte der Marpien keine Zeit, sondern saß in einer Besprechung. Ich also rein ins Besprechungszimmer und sage ihm, dass Uschi sofort wissen muss, dass Maria gestürzt ist. Da nimmt der Typ die Kleine und schließt sie allein in einem Raum ein. Ich war nahe dran, diesem Seelenverkäufer einen Satz heißer Ohren zu verpassen, und hab den angebrüllt, was er sich denkt und dass er dem Kind schadet und sie sofort rauslassen soll. Und was macht die Uschi in ihrer Ereignisliste daraus? Schreibt: G. verfällt in wilde Brüllerei, als ich Maria abhole.»

Selbst Hans, dem ewigen Spaßvogel in der Runde, auf dessen Kommentare und Zwischenfragen man bei jedem Gespräch Wetten abschließen konnte, verschlug es die Sprache.

«Und was jetzt?», fragte Antonis.

Schulterzucken. Georg wusste es nicht.

Mit dem Jahreswechsel trat für Georg eine Situation ein, die er dreißig Jahre lang für unmöglich gehalten hatte. Er fiel der Fürsorge der staatlichen Solidargemeinschaft anheim.

Wenn er seine Lebenslage in ein Bild hätte umsetzen sollen, hätte er Maria und sich selbst vielleicht in einem kleinen Ruderboot gegen den Strom ankämpfend gemalt. Oder im Sog des Niagarafalls. Oder vor dem Hintergrund einer altertümlichen Staumauer, deren letzten Balken er wie eine Säulenfigur mit seinem eigenen Leibe stützte, um das neben ihm spielende Kind zu schützen.

Wie immer er es ausdrückte, Tatsache war, dass er seit dem Zerbrechen seiner Partnerschaft mit Uschi keine nennenswerten Einkünfte mehr aus dem Verkauf seiner Bilder oder anderer Kunstobjekte erzielte, weil er alle Kräfte benötigt hatte, um Maria nahe zu bleiben und ihr Recht auf einen Vater zu schützen.

Ebenso lange hatte er keine Miete mehr bezahlt. Der Rückstand ging in die Tausende. Mit einer sich auf weitere Tausende belaufenden Summe stand er bei Freunden in der Kreide. Das Häuschen in der Provence, das er erstmals beliehen hatte, um den Flug zu seiner Mutter bezahlen zu können, war längst mit Schulden überladen, die den materiellen Wert der kleinen Immobilie überstiegen. Verpfändet, musste Georg es verloren geben. Ein unwiederbringlicher Verlust, der ihn bis ins Mark traf, weil sein Refugium ihm stets der Garant seiner künstlerischen Freiheit gewesen war.

Arbeitsstellen für Kunstmaler existierten allenfalls in den Bereichen Werbung, Graphik oder Illustration. Aber seine Art zu arbeiten entsprach nicht den erforderlichen Klischees. Mehrfach waren seine Illustrationsvorschläge für Kinderbücher von Verlagen abgelehnt worden. Mit fünfzig Jahren und einigen körperlichen Schäden, die seine Arbeitskraft reduzierten, war er auch in seinem früheren Beruf als Schlosser auf dem Stellenmarkt nicht mehr zu vermitteln. Hatten die Freunde bisher geholfen, so blieb jetzt kein anderer Ausweg mehr, als Sozialhilfe zu beantragen, die umgehend mit der Auflage bewilligt wurde, die bis dahin per Dauerauftrag an Uschi bezahlten Unterhaltsleistungen für Maria wegen eigener Bedürftigkeit einzustellen.

«Jetzt hat sie mich da, wo sie mich haben wollte», stellte Georg fest. «Kind weg, Kunst weg, Ruf weg, Geld weg, Freiheit weg – das macht ihr Spaß. Dass sie jetzt Unterhaltsvorschuss beantragen muss, ist ihr die Sache wert.»

«Glaubst du nicht, dass sie das in der Umgangssache wieder gegen dich wendet?» Bang schaute Daniela Georg an.

Was sollte er darauf antworten? Uschi hatte mehrfach bewiesen, dass sie seine Vaterqualitäten an Geld maß. Sie würde sich etwas einfallen lassen, um ihn noch massiver zu strafen als bisher und ihn als unzuverlässigen Vater anzuprangern, der seiner Verpflichtung gegenüber dem Kind nicht nachkam.

«Du hast doch eine neue Vorladung zur Umgangsregelung bekommen», meinte Daniela. «Vielleicht wollen sie dir da schon einen Strick drehen?»

Georg nickte. «Ich nehme die nette Dame vom Dialog mit», versprach er und legte den Arm um Danielas Schultern. «Die ist Familientherapeutin. Wenn wir zu zweit kommen, sodass ich vor Gericht eine Zeugin habe, trauen sie sich vielleicht nicht, mich wie üblich übers Ohr zu hauen.»

«Hat dir der Marpien nicht verboten, sie mitzubringen?», wunderte sich Daniela. «Weil das kontraproduktiv wäre und die Kindesmutter keine Zeugen will?»

Georg nickte. «Aber ich lass mir das nicht verbieten.»

«Weiß die Frau, dass der Marpien sie nicht dabeihaben will?» So schnell ließ Daniela nicht locker.

Georg nickte. «Komm, lass uns schlafen gehen. Ich muss gegen fünf Uhr losfahren, wenn ich pünktlich um neun im Jugendamt sein soll.»

Wenige Stunden später sah er Josefine, seine Begleiterin vom «Dialog», wartend vor dem Amtsgebäude stehen. «Ich gehe am besten voraus», schlug er ihr zur Begrüßung vor. «Wie Sie wollen», lächelte sie. «Aber fressen wird man mich ja wohl nicht gleich.» Georg war sich dessen weniger sicher.

Und tatsächlich! Kaum hatte er die Bürotür zu Herrn Marpiens Zimmer geöffnet und einen guten Morgen gewünscht, kaum hatte dieser einen Blick auf die Georg nachfolgende Person geworfen, rastete der Experte für elterliches Wohlverhalten aus. Mit einem einzigen Ausfallschritt seines langen Knochengerüstes stürzte er sich auf die um fast zwei Hauptеslängen kleinere Frau und brüllte: «Raus hier!»

Georgs Einwand ignorierend, dass er ihre Anwesenheit ausdrücklich wünsche, packte er sie an den Schultern, um sie aus dem Zimmer zu drängen. Ob er übersehen hatte, dass die Tür geschlossen war? Jedenfalls stieß er die unerwünschte Besucherin mit voller Wucht gegen das Türblatt.

«Wenn ich dem jetzt einen Kinnhaken verpasse, ist der für den Rest seines Lebens auf der Intensivstation», schoss es Georg durch den Kopf, während er die Tür aufschob und Herrn Marpien abdrängte, der sein Opfer hartnäckig festhielt, mehrmals gegen den Türpfosten knallte und mit Schaumbläschen in den Mundwinkeln brüllte: «Hier habe ich das Hausrecht! Hier kommt nur der rein, den ich will!»

«Mensch, Uschi, das hier geht gegen eine Frau!», schrie Georg.

Doch sowohl Uschi als auch Frau Malin saßen seelenruhig in ihren Sesseln und beobachteten genüsslich, wie Herr Marpien, Diplom-Psychologe und Leiter der Elternberatungsstelle, mit der Wucht einer Dampfwalze vorging, um eine Dame platt zu machen, die es gewagt hatte, unaufgefordert sein Büro zu betreten.

Sekunden später fanden sich Georg und Josefine im Fahrstuhl zur Cafeteria wieder. «Am liebsten würde ich auf dem Absatz kehrtmachen und diesem sauberen Herrn zeigen, dass Kunstmaler mehr als Pinselquaste schwingen können», wütete er. Doch Josefine hielt ihn zurück. Noch bleich von dem ausgestandenen Schrecken und trotz ihrer sichtlichen Schmerzen schob sie seine Faust beiseite, die sich drohend geballt hatte. «Den Gefallen tun wir ihnen nicht. Kommen Sie, wir beschweren uns beim Leiter des Jugendamtes, Herrn Asselburg. Schauen Sie da hinten!»

Georg folgte ihrem gestreckten Zeigefinger, der sich auf ein Fenster richtete. Dahinter war Herr Marpien zu erkennen, der nervös auf und ab gehend an einer Zigarette zog.

«Kommen Sie.» Josefine zog an Georgs Arm. «Damit wir schneller bei Asselburg sind als er.»

Zu spät kamen sie trotzdem. Herr Asselburg war bereits im Bilde und schien sie erwartet zu haben, wie Georg aus seinem Auftreten und dem Befehlston schloss, mit dem er ihm bedeutete, auf der Wartebank im Flur Platz zu nehmen. Ein knappes: «Sie kommen, bitte!» zu Georgs Begleiterin. Eine Höflichkeitsgeste zur Tür. Schon hatte er Josefine in sein Büro komplimentiert.

Nach einer Viertelstunde hatte Herr Asselburg den Sachverhalt geklärt und die Vertreterin des Vereins verabschiedet. Herr Marpien habe in Notwehr gehandelt, da er sich von der unerlaubt in sein Büro eingedrungenen Dame bedroht gefühlt habe.

«Bedroht? Von Ihnen?» Georg mochte kaum glauben, was ihm Josefine berichtete.

Diese zitierte wörtlich: «Ein bedauerlicher Akt putativer Notwehr! An einer Dienstaufsichtsbeschwerde könne er sie natürlich nicht hindern, aber ...»

«Aber was?» Georg blieb begriffsstutzig.

«Noch nie etwas von den drei großen F gehört?» Josefine lachte zornig auf. «Fristlos, Formlos, Fruchtlos, die drei großen F der Dienstaufsichtsbeschwerde. Ich schreibe sie. Aber Sie werden sehen, es kommt nichts dabei heraus.»

Erst als Georg Wochen später ein Fax mit der Antwort des Jugendamtsleiters auf ihre Beschwerde wegen Körperverletzung erhielt, musste er einsehen, wie Recht sie hatte. Herr Marpien habe sich nichts vorzuwerfen, insbesondere sei er nie handgreiflich geworden. Dafür habe er Zeugen. Alle Schuld liege bei Georg, der sich nicht an die Vereinbarung zur Vertraulichkeit gehalten und daher die bedauerliche Eskalation zu verantworten habe.

Dass Uschi eine dieser Zeugen war, bewies sie in einem Schreiben an den «Dialog», der ihr ein Beratungsangebot offeriert hatte. Sie halte den Verein für unqualifiziert, aufdringlich und bedrohlich. Die Dame, die Georg beraten habe, entspreche diesem Bild, da sie nicht einmal über die mindesten Umgangsformen und schon gar nicht über die Fähigkeit verfüge, komplizierte Konflikte zu durchschauen.

Fassungslos und in seinem Rechtsempfinden zutiefst erschüttert, suchte Georg erneut einen Anwalt auf. Ein Herr Dr. Montag, hieß es im «Väteraufbruch», sollte wirklich renommiert und durchsetzungsfähig sein. Georg erschien der untersetzte Mann mit Boxernase, der ihm in einem pepitagemusterten Jackett jovial die Hand drückte, allerdings eher klein kariert.

«Sie wissen doch, dass Sie als unehelicher Vater keine Rechte haben.» Mehr als diesen einzigen Rat hatte er nicht zu geben. Aber dreihundertfünfzig Mark verlangte er trotzdem dafür.

«Kunst statt Geld», bot Georg ihm an.

«Nur bei freier Auswahl», verhandelte der Jurist.

Da er keine Zeit hatte, sich in Georgs Atelier umzuschauen, packte dieser fünfundzwanzig bereits vor Jahren gemalte Skizzen, Entwürfe und andere kleinere Arbeiten auf Papier in einen Umschlag und ließ sie dem Herrn per Post zustellen. Eine davon war als Bezahlung vereinbart. Zurück kam keine Einzige. Herr Dr. Montag hatte sie kurzerhand beschlagnahmt. Bis zur Baranweisung der Kostennote. «Zurückbehaltungsrecht» nannte er es. Georg nannte es Diebstahl.

«Eines Tages drehe ich noch durch!» Georg barg den Kopf in den Händen. «Ich hab Freundinnen und Freunde eingeschaltet, die mit der Uschi reden oder ihr schreiben und zwischen uns vermitteln wollten. Vom Väteraufbruch und dem Dialog ganz zu schweigen. Ein paar Rechtsanwälte sind verschlissen. Nichts hat's gebracht außer Kosten. Eine Petition hab ich geschrieben und sogar ans Ministerium für Arbeit, Gesundheit und Soziales. Und was passiert? Nichts. Die Kindesmutter hat das Recht auf ihrer Seite. Also, Vater – Geld her und dann verpiss dich.»

Daniela hatte sich unzählige Male geschworen, sich so weit wie möglich aus Georgs Trennungssache herauszuhalten, um ihre eigene Beziehung nicht damit zu belasten. Doch sein Kummer ließ sie ihre Vorsätze immer wieder verdrängen. «Du hast noch diesen Dr. Pulunter von der Arbeiterwohlfahrt», meinte sie. «Du weißt doch, den dir Herr Asselburg neulich am Telefon genannt hat. Wenn es stimmt, ist das der beste Vermittler dort. Ruf ihn an. Mach einen Termin mit ihm. Am besten gleich.»

«Und was ist mit dieser Frau Scheuertor?», fragte Georg mutlos zurück. «Die von den Sozialen Diensten. Weißt du nicht mehr, wie sie gesagt hat, dass ich die Kleine nie mehr sehe, wenn sie das nicht will?»

«Die zu dir gesagt hat, was du mit Uschis Kind willst? Sie sind doch Maler, wenn Sie eins haben wollen, malen Sie sich eins. Meinst du die?», hakte Daniela nach.

«Genau!» Georg nickte.

«Vergiss es!» Daniela konnte manchmal erfrischend resolut sein. «Halte dich lieber an diesen Mediator, den Herrn Pulunter. Wenn du den auf deine Seite ziehst, läuft die Sache. Wenn du gleich anrufst, erwischst du ihn noch im Büro.»

Ein paar Minuten später hatte Georg seinen ersten Termin bei der AWO, der Arbeiterwohlfahrt.

«Na, zufrieden?» Hoffnungsvoll blickte Daniela zu ihm auf.

«Ja und nein.» Georg zog sie näher an sich. «Die hatten den Anruf erwartet. Der Termin kam wie aus der Pistole geschossen. Und ich soll allein kommen. Erinnert mich irgendwie an Gangstermethoden im schlechten Krimi: Wenn Sie die Polizei einschalten, sehen Sie Ihr Kind nie wieder.»

«Du übertreibst», versuchte Daniela seine Bedenken zu zerstreuen.

Georg schüttelte den Kopf. «Warum wollen die, dass ich keine Zeugen mitbringe? Was haben die zu verbergen? Dass sie genau die Kinderklaubehörde sind, von der auf der Tagung in Bad Boll die Rede war? Sie selbst wollen aber mit sechs Personen anrauschen. Irgendwas ist da doch oberfaul.»

«Und?», fragte Daniela. «Was ist herausgekommen? Hast du etwas erreicht?»

Schwer ließ Georg sich in seinen Sessel fallen. Er hatte das Gefühl, dass die tausend Kilometer Autobahn immer seltener spurlos an ihm vorübergingen. «Machst du mir einen Kaffee?», bat er. «Ich erzähle dir dann alles.»

Daniela nickte. «Ich hör dich ja auch, wenn ich in der Küche bin. Kannst also gleich loslegen.»

«Es war, wie ich vermutet hatte. Sie kamen zu sechst: Ein Rothaariger mit Bart, eine gewichtige Dame im Batikumhang, dann die Frau Malin, die Uschi, geschminkt und im kurzen Rock, der Dr. Pulunter, der mir auf den ersten Blick ganz sympathisch war, und der Marpien. Der kam als Erster rein. Ich zu ihm: ‹Hallo, Feigling! Schämst du dich denn nicht, kleine Frauen zu schlagen?› Fing der mit seiner Feldwebelstimme an zu pöbeln. ‹Noch ein Wort, und du hast eine gefangen!›, sag ich und mach mich ein bisschen breiter im Jackett. Hui, ist der hinter die arme Frau Malin und verkriecht sich.»

«Und was haben die anderen dazu gesagt?», wollte Daniela schmunzelnd wissen.

«Die hatten das alle mitgekriegt. Aber außer der Uschi hat sich keiner daran gestört. Die wollte sich natürlich gleich wieder abseilen, blieb dann aber doch, weil der Pulunter sie dazu aufforderte. Anschließend setzte sich die ganze Mannschaft mir als Angeklagtem gegenüber.»

Georg zündete sich eine Zigarette an, inhalierte tief und nippte dankend an der Tasse Kaffee, die Daniela eingeschenkt hatte.

«Der Pulunter fing fast sofort an, psychochinesisch zu dozieren. Zehn Minuten lang. Die anderen, sogar die Uschi, richteten ihre Blicke auf mich und schwiegen. ‹Herr Pulunter›, erlaubte ich mir schließlich, ihn zu unterbrechen, ‹wann, wie und wo sehe ich meine Tochter Maria?› Alle im Raum starrten mich an, als wäre ich aus der Klapse ausgebrochen. ‹Uschi, wie geht es Maria? Sehe ich sie heute?› Sie schüttelte den Kopf. Inzwischen redete der Pulunter weiter, als hätte ich kein Wort gesagt. Irgendwas von ‹prozessbegleitender Diagnostik›, was weiß ich. Ich wies darauf hin, dass meine Frage, wann ich Maria sehe, noch unbeantwortet war. Sagte der Pulunter, dass es heute und in absehbarer Zeit nicht dazu kommt. Zuerst müssten Einzelgespräche zwischen ihm und mir stattfinden. ‹Warum nur mit mir?›, fragte ich. ‹Ich will, dass Sie mit uns beiden reden.› In dem Moment mischte sich dieser blöde Gockel Marpien ein und bellte, dass ich ja wohl mit nichts zufrieden wäre. Ich hab ihn höflich gebeten, den Raum zu verlassen, sonst würde ich mich gezwungen sehen, meine Drohung von vorhin wahr zu machen, hier vor versammelter Mannschaft.»

«Und dann?» Daniela fieberte mit.

«Der hat sich wieder hinter die Frau Malin geduckt und kein Wort mehr von sich gegeben. Die Sprache hat er anscheinend verstanden.»

«Und du hast keinen Rüffel bekommen?»

Georg schüttelte den Kopf. «Ich hab denen gar keine Zeit dazu gelassen. Du weißt doch, ich hatte die zwei Seiten der kleinen Rede über Marias Rechte mit, an der ich die letzten Tage geschrieben hatte. Die las ich jetzt vor. Die haben auch alle zugehört. Aber ernst genommen haben sie kein Wort. Die Dame im Batikkittel lehnte sogar die Kopie ab, die ich ihr mitgeben wollte.»

Georg schwieg. Sein Blick suchte Danielas Augen, als stünden alle die Antworten auf die Fragen, die in seinem Kopf durcheinander wirbelten, darin geschrieben. Langsam zog er einen Zettel aus der Brusttasche seines Oberhemds. «O-Ton Pulunter», erklärte er, das Papier glättend. «Ich hab mich in die Haut gezwickt, um sicher zu gehen, dass es kein Albtraum ist. Aber das hat der Mann wirklich gesagt. Ich solle die Arbeiterwohlfahrt hier bei uns aufsuchen. Er könne mir da etwas vermitteln. Und dann, als ich wissen wollte, was ich dort soll, sagte er: ‹Sie können sich dort den Schmerz um den Verlust des Kindes wegtherapieren lassen.›»

Daniela setzte die Tasse ab, die sie soeben zum Mund führen wollte. «Kommt mir bekannt vor, der Satz.»

«Uschis verdammter Rat in Neuauflage! Ganz genau.» Georg sprang auf und warf die erst halb aufgerauchte Zigarette in den Aschenbecher. Dann stellte er sich rücklings an eines der Atelierfenster. «Einer, der mir damals schon so vorkam, als wäre er nie und nimmer auf ihrem eigenen Mist gewachsen. Und wer sagt das jetzt mit haarscharf denselben Worten? Ein Seelenklempner für Trennungseltern, ein Mediator, angeblich der berühmteste der ganzen Stadt. Einer, wegen dem sich die Uschi gegen ihre Gewohnheit anschickst und in einen kurzen Rock schmeißt und von dem sie sich sagen lässt, dass sie bleiben soll, wenn sie gehen will. Einer, der sie anlächelt, während er mir mitteilt, dass er mich Maria auf nicht absehbare Zeit nicht sehen lassen und in dieser nicht absehbaren Zeit Einzelgespräche mit mir führen will. Da muss es doch in jedem Kopf klingeln. Oder nicht?»

«Du meinst, sie kannte den schon?» Daniela schüttelte zwischen Unglauben und Empörung den Kopf.

«Ja, wieso denn nicht?» Für Georg war die Sache sonnenklar. «Sie hat sich von Anfang an beraten lassen. Und die Uschi ist keine, die zu Hänschen geht, wenn sie den Hans kriegen kann. Wieso sollte sie da wohl nicht gleich den Besten aufsuchen, der ihr empfohlen wird? Wie war das doch noch: Ich bin jung, ich bin dynamisch, ich bin schön. Also nix wie ran an den Farbtopf und rein in den kurzen Rock und auf Weibchen gemacht.»

Daniela schenkte Kaffee nach. «So viel Berechnung traust du ihr zu?»

«Wie das wirkt, sieht sie doch an diesem vertrockneten Marpien, der sich als Ritter von der Kokosnuss vor ihr aufspielt und mir ins Gesicht sagt, dass er mich für einen alten Sack hält», nickte Georg. «Für den habe ich ja wohl beinahe so was wie Kindesmissbrauch begangen, als ich meine Tattergreisfinger nach einer solchen jungen, dynamischen Schönheit wie der Uschi ausgestreckt hab. Klar, dass ein Herr von Ehre sie vor einem Lüstling wie mir beschützen muss. Und dass es bei diesem Pulunter ebenso wirkt, weiß sie auch. Das konnte ein Blinder schon an ihrem Bachstelzengang sehen, wie sie zur Tür hereinscharwenzelte.»

«Wenn das stimmt», meinte Daniela leise, «wenn sie den Pulunter becirct hat, der von jetzt an für euch zuständig ist, hast du dann überhaupt noch eine Chance?»

Georg stieß sich vom Fenster ab, um eine neue Zigarette aus der Schachtel zu ziehen, die er auf dem Schreibtisch liegen hatte.

Er wirkte fast jungenhaft, als er ihr über den aufsteigenden Rauch hinweg einen Blick zuwarf. «Wer befürchtet, dass er keine Chance hat, kämpft klüger.»

Die Schicksale anderer Väter, die sich im Dialog zusammengeschlossen hatten, trugen Mosaiksteinchen für Mosaiksteinchen das Bild jener geschlossenen Mutter-Schutz-Phalanx zusammen, der sich Georg in Uschis Stadt ausgesetzt sah. Es passte zu diesem Puzzle, dass Uschi von den Mitarbeiterinnen und Mitarbeitern des Jugendamtes, der Allgemeinen Sozialen Dienste und der Arbeiterwohlfahrt minuziös über jeden Schritt informiert wurde, den Georg in seinem zusehends verzweifelteren Bemühen, Maria endlich wiederzusehen, unternahm. Die Chronologie der Ereignisse in ihren säuberlich geführten Listen, die Georg später mit anwaltlicher Hilfe einsehen konnte, erbrachte den Nachweis, dass sie nahezu täglich und oft sogar mehrmals täglich in Telefonkontakt mit ihren Mittelsmenschen stand und von diesen in schöner Regelmäßigkeit nicht nur beraten, sondern auch dahingehend beruhigt wurde, dass Georg keine Chance mehr habe. Begründet wurde dies mit Georgs Weigerung, weitere Einzelgespräche bei Herrn Pulunter wahrzunehmen, die in Fragen gipfelten, warum er seine Tochter denn überhaupt sehen wolle und ob er beabsichtige, sie zu schlagen, wenn er sie wiedersähe.

Im Gegensatz zu Uschi wurde Georg bei seinen zahlreichen Anrufen und Nachfragen, Gesuchen und Anträgen unter dem Vorwand des Datenschutzes unwissend gehalten. Seine Bitten um gemeinsame Elterngespräche wurden mehrfach abgelehnt, da Uschi sich vehement weigerte. Als es schließlich doch einmal wieder zu einem gemeinsamen Gespräch kam, fand es in derselben Inquisitionsrunde aus Mitarbeiterinnen und Mitarbeitern verschiedener Ämter wie beim ersten Mal statt und brachte im Ergebnis, dass Uschi keinem Umgang zustimmen müsse, wenn sie dies aus ihren subjektiven Gründen ablehne.

Als es Georg gelang, einen Zeitungsartikel über die einseitige Parteilichkeit des Jugendamtes in die regionale Presse zu lancieren, worin die «hirnrissige» Arbeitsweise angeprangert wurde, mit der «Trennungswaisen geradezu bewusst gemacht werden», und abermals das Fernsehen sich für seinen Kampf interessierte, holte Uschi sich in den Räumen des Jugendamtes kostenlosen anwaltlichen Rat.

«Wieso kriegt sie den umsonst?», wunderte sich Georg bei

seinen neuen Bekannten. «Wenn ich mich beraten lasse, bin ich ein paar Hunderter los.»

Man legte ihm einen Zeitungsausschnitt vor. Darin wurde angekündigt, dass die Kanzlei Schweiß und Dripper einmal im Monat in den Räumen des Jugendamtes als Service des Verbands Alleinerziehender Mütter und Väter eine «Beratung bei Scheidung und Trennung» anbiete.

«Bezahlt also der Verband die Beratung?» So ganz hatte Georg die Zusammenhänge noch nicht begriffen.

Allgemeines Kopfschütteln. «Das ist eher ein Tauschgeschäft. Der Verband initiiert den Service umsonst und akquiriert daraus neue zahlende Mitglieder. Die Kanzlei bietet die Beratung umsonst und der Verband schickt die zahlende Klientel. Da wäscht eine Hand die andere. So hat jede Seite was davon.»

«Und die Rechnung zahlt entweder Vater Staat, indem Prozesskostenhilfe gewährt wird, oder die Mandantschaft selbst», schlussfolgerte Georg. «Ein sauberes Geschäft. Und meistens auf Kosten der Väter, die in der Regel im Gegensatz zu den Müttern eigene Einkünfte haben.»

«Richtig.» Die Dialog-Runde hatte damit ihre Erfahrungen. «Aber der Kreislauf ist in Wirklichkeit viel größer. Die Allgemeinen Sozialen Dienste und das Jugendamt sind für Krisenfamilien und deren Kinder zuständig. Überwiegend suchen Mütter bei ihnen Hilfe. Gemeinsam finanzieren beide Einrichtungen als Serviceleistung die elterliche Beratungstätigkeit des Dr. Pulunter in der Arbeiterwohlfahrt. Die Arbeiterwohlfahrt wiederum unterhält das Frauenhaus. Das Frauenhaus stellt die Krisenfamilien für die beiden anderen Institutionen. Im Grunde schiebt eine Institution der anderen also die Klientel zu.»

«Wenn ich das richtig verstanden habe, kann es ja absolut nicht im Interesse der Leute dort liegen, dass die Krisen in den

Familien deeskalieren», rief Georg. «Wenn das passieren würde, wären ziemlich viele Jobs überflüssig. Da müssten die Sesselpuper in den schönen Amtsstuben ja um ihre Pöstchen fürchten.»

«Schau dir doch deinen eigenen Fall an», brachte Harry es auf den Punkt, der nicht nur persönlich den Verlust seiner Tochter beklagte, die einen Kilometer weit von ihm entfernt mit der Mutter lebte und den Vater seit Jahren nicht sehen durfte, sondern auch in seinem Beruf als Polizist und Rauschgiftfahnder so manches Scheidungs- und Trennungselend als Ursache der Straffälligkeit hautnah erlebt hatte. «Hätte dieser Marpien der Uschi klipp und klar gesagt, dass Kinder Mutter und Vater brauchen und sie alles zu tun hat, damit das klappt, hätte die Frau den nicht vorhandenen Schwanz eingezogen, und du würdest deine Tochter sehen. Stattdessen hat der Typ Öl ins Feuer gegossen und ihr gesagt, dass du als Vater sowieso zu alt bist und rechtlich nichts zu melden hast. Und hat den Pulunter eingeschaltet, der nun auch sein Ding an der Sache dreht und genau wie die anderen seinen Job damit absichert. Demnächst mischen garantiert die Anwälte kräftig mit, dann die Richter und die Gerichte, und alle kassieren.»

Georg starrte auf die muskelbepackten Arme seines Gegenübers. «Und wieso hast du dann deinen Jungen bei dir wohnen?»

Harry ließ sein Easy-Rider-Grinsen blitzen. «Weil der seiner Mutter ausgerissen ist. Mehrfach. Und weil ich dem Pulunter ziemlich freundlich klargemacht habe, dass ich mir ihn zur Begutachtung vornehme, falls er meinen Sohn dahingehend begutachten sollte, dass er zur Mutter muss. Danach war das mit dem Sorgerecht für den Jungen kein großes Problem mehr.»

«Willst du damit sagen, dass Freundlichkeit bei diesen Typen nichts nützt?», horchte Georg auf.

Harry schüttelte seine langen Alt-Rocker-Locken. «Nee, will ich nicht sagen. Ich will dir eigentlich bloß klarmachen, dass den meisten Leuten in diesen Ämtern das eigene Hemd am nächsten sitzt. Und dass du als Vater bloß dann eine kleine Chance hast, wenn du einen Weg findest, ihnen dieses Hemd abzunehmen. Bei mir hat das geklappt, weil mein Sohn damals schon alt genug war, um bei der Mutter immer wieder auszureißen, und laut genug sagte, dass er zu mir will. Und ein bisschen auch deshalb, weil ich Bulle bin und Möglichkeiten habe oder mir jeder Möglichkeiten zutraut, selbst Typen wie diesem Pulunter die Hölle heiß zu machen.»

«Selbstjustiz ist nichts», mischte sich der Professor mit besonnener Stimme ein. «Such dir einen Anwalt, der wirklich was drauf hat, und dann bonne fortune. Mehr ist nicht drin in dem Roulette.»

«Und wo find ich so einen?»

«Ich kenn da einen Verein, die engagieren sich für Eltern, denen das Jugendamt die Kinder wegen Kindesmissbrauchsverdacht weggenommen hat.» Der Professor fuhr sich durch das graue Haar. «Die schalten ziemlich oft eine Anwältin ein, die ihre Praxis hier in der Gegend hat. Die Dame ist allerdings sehr teuer. Wenn du willst, geb ich dir ihre Telefonnummer.»

Die erste Amtshandlung der Rechtsanwältin bestand darin, ihm einen horrenden Vorschuss über fünfzehntausend Mark abzuverlangen, ohne den sie nicht bereit war, sich der Sache anzunehmen. Als Anzahlung war ein hoch dotierter Scheck fällig, der Rest in monatlichen Raten.

«Keine Ahnung, woher ich das Geld nehmen soll», vertraute Georg sich Daniela an, die ratlos neben ihm saß. «Ich habe den Scheck trotzdem unterschrieben. Meine Schwester muss mir das

Geld leihen. Ich hab sie schon angerufen, und sie ist auch einverstanden. Ich verschreib ihr das Erbe dafür, das irgendwann von den Eltern fällig ist.»

«Bist du denn wenigstens sicher, dass die Frau ihr Geld wert ist?», fragte Daniela.

«Keine Ahnung.» Georg zuckte mit den Schultern. «Aber ich muss es probieren. Ich muss das jetzt gerichtlich klären. Es bleibt keine andere Chance mehr. Verstehst du das nicht?»

«Doch, natürlich», pflichtete Daniela ihm aus voller Überzeugung bei. «Mir geht es nur darum, dass die Frau nicht bloß kassiert, sondern ihren Job wirklich optimal ausübt und dir und Maria zu eurem Recht verhilft. Du bist schon so oft zum Anwalt gerannt. Und was war? Kleine Leistung, große Kosten. Bist du sicher, dass dies jetzt nicht passiert?»

Georg blickte auf seine verschränkten Hände. «Sie machte zumindest den Eindruck, dass sie ihr Handwerk versteht. Sie mache keine halben Sachen, sagt sie. Sie wolle aufs Ganze gehen und langfristig als Ziel anpeilen, dass ich das Sorgerecht für Maria erhalte. Also genau mein Wunschtraum.»

«Und du glaubst, das kann sie?», Daniela war immer noch nicht überzeugt.

«Abgesehen davon, dass sie einen Vogel hat ...», fing Georg an und ließ sich gern durch Danielas aufgeregtes «Wie bitte?» unterbrechen, «einen Papagei nämlich, der so laut kreischt, dass man sein eigenes Wort nicht versteht, macht sie auf mich einen fähigen Eindruck.»

Daniela behielt weitere Zweifel für sich. Doch als wenige Tage später eine Kopie des sechzehnseitigen Schriftsatzes im Briefkasten lag, der den Ist-Zustand der Kindesentziehung und Georgs Zielsetzung bravourös formulierte, war auch sie überzeugt.

Vor allem die Ausführungen über Marias innige Beziehung

zum Vater beeindruckten. «Maria ist überglücklich, wenn sie den Vater sieht, irgendeine Gefahr oder ein Schaden entsteht für sie aus den Umgangskontakten mit dem Vater nicht, weder körperlich noch psychisch. Wenn die Kindesmutter in der Vergangenheit beklagt hat, der Vater habe Maria beeinflusst, dass sie immer zum Vater wolle, so spricht dies eine beredte Sprache, nämlich dahingehend, dass das Kind bei der Mutter bettelt, den Vater öfter sehen und besuchen zu wollen, und dass Maria darunter leidet, dass die Mutter ihr dies nicht ermöglicht. Geht man davon aus, dass die Kindesmutter die Umgangskontakte zum Vater zu gestatten und zu fördern hat, wenn dies dem Kindeswohl entspricht, so darf ganz simpel behauptet werden, dass das Kindeswohl im vorliegenden Fall in Bezug auf die väterlichen Kontakte gleichzusetzen ist mit Kindesglück – mit anderen Worten, Maria hat Anspruch darauf, ihre Liebe zum Vater und dessen Liebe zu ihr in ausreichendem Umfang zu pflegen.»

Wie zu erwarten, kam das Gericht dem Ersuchen der Rechtsanwältin auf baldmöglichste Terminierung nicht nach. Als Erklärung diente die Überlastung der Gerichte angesichts der jährlich steigenden Scheidungszahlen und Trennungskonflikte nebst strittiger Sorgerechtsverfahren.

Und wie ebenfalls zu erwarten, kam ein Protestschreiben der von Uschi engagierten Rechtsanwältin, die sie während der kostenlosen Rechtsberatungen im Jugendamt kennen gelernt hatte. Aufbauend auf jener peniblen Ereignisliste, die Uschi seit Marias Geburt geführt hatte, wurde erklärt, dass das Scheitern der Vater-Kind-Beziehung am «anmaßenden Verhalten des Kindesvaters» liege und jeder Besuch des Vaters sich «nachteilig und zum Schaden des Kindes» auswirke. Maria müsse vor «dieserlei unangenehmen Ereignissen verschont bleiben», damit sie «eine schöne Kindheit verleben» könne.

«Das heißt ohne den Vater!», schlussfolgerte Georg. «Wenn ich dabei bin, kann sie angeblich keine glückliche Kindheit verleben. Diese Rechtsverdreherin hier unterstellt psychopathische Handlungsweisen bis hin zu Morddrohungen gegenüber der Uschi und moniert, dass ich an keiner Bewältigung meiner persönlichen Konflikte arbeite.»

«Und woher will sie das alles wissen?», brauste Daniela auf.

Georg warf den Stapel Schriftverkehr beiseite. «Ein Vater, der sein Kind sehen will, kann vermutlich nur psychopathisch sein!»

Der Sommer verging, der Herbst – erst Mitte November reagierte das Gericht, und «In der Pflegesache Maria» wurde eine erste Anhörung für die erste Dezemberwoche anberaumt.

«Endlich!» Georg ließ sich in den Sessel fallen.

In den vergangenen Monaten hatte er zigmal bei Frau Malin, bei Dr. Pulunter, bei dem Rothaarigen, dessen Namen er immer vergaß, bei jedem angerufen, der eventuell helfen konnte, und um ein Wiedersehen mit Maria gefleht. «Die Kindesmutter will nicht. Da können wir nichts machen!» Mehr als die Standardformel des Mutterschutzes hatte er nicht erwirkt. Selbst zwei weitere Einzel-Mediationen, zu denen Georg trotz Geldmangels angereist war, um seinen guten Willen zu demonstrieren, hatten Uschi nicht zum Einlenken bewegt.

Halb in der Nacht stand er am Morgen des Gerichtstermins auf, um rechtzeitig einzutreffen. Eher zufällig fiel ihm das heraushängende Papier an seinem Faxgerät auf, dessen automatische Schneidefunktion seit einiger Zeit nicht mehr funktionierte.

Ungläubig huschten seine Augen über die Zeilen.

«Das darf doch nicht wahr sein! Das gibt's doch nicht!» Stunden vor dem anberaumten Gerichtstermin rollte ein Fax über Georgs Schreibtisch mit der Nachricht, dass Uschis Rechtsanwältin verhindert sei und einen anderen Termin wahrnehmen müsse. Auch ihr Kollege in der Kanzlei sei anderweitig belegt.

Die Verschleppungstaktik hinter dieser Aktion war ebenso offensichtlich wie die damit verbundene Absicht Uschis, weitere Monate herauszuschinden, in denen Georg und Maria einander entfremdet würden. Dennoch reagierte der zuständige Richter auf Georgs Protestanruf gelassen. Gericht und Anwalt bildeten eine Arbeitseinheit, die in gegenseitigem Respekt und verständnisvoller Rücksichtnahme funktioniere. Hätte Georgs Anwältin eine Terminverlegung beantragt, würde sie auch ihr gewährt worden sein. Dies sei kollegial selbstverständlich.

«Und wann findet der neue Termin statt?», fragte Georg mit in der Hosentasche geballter Faust.

«Am 7. Januar 1998», kam lapidar die Antwort. Dies gehe den Parteien noch schriftlich zu.

«Weißt du, was das heißt?», rief Georg wenig später bei Daniela an und fühlte sich wie ein Bär im Zoo, in einem metertiefen, völlig kahlen Betonbunker stehend, die Augen auf den einzigen grünen Baumwipfel geheftet, dessen Äste und Zweige für die Tatzen unerreichbar über dem grauen Mauerrand wedelten. «Schon wieder ein Weihnachten ohne Maria.»

«Und deine Reise nach New York?», fragte Daniela.

«Ja, richtig, die Reise!» Daran hatte Georg in der Aufregung noch gar nicht gedacht. Für den 6. Januar hatten Freunde einen kostenlosen Atelieraufenthalt mit einer Ausstellung für ihn organisiert, der seine künstlerische Kreativität neu anschieben sollte. Und Georg hatte zugesagt. Der Flug war bereits gebucht.

«Diesmal musst du fahren!», beschwor ihn Daniela. «Du hast zweimal eine solche Chance wegen Uschi und der Trennung ausgeschlagen. Wenn nicht anders, muss diesmal eben deine Anwältin eine Terminverschiebung beantragen.»

Doch davon wollte Georg nichts wissen. Keinen Tag länger als unbedingt nötig wollte er auf ein Wiedersehen mit Maria verzichten. «Ich rufe an. Die *friends* müssen das Ganze um zwei, drei Wochen verlegen. Und das Ticket buche ich auch gleich um. Das klappt schon. Es ist ja noch eine Weile hin.»

«Hoffentlich!», wünschte Daniela. «Und was machst du, wenn nicht?»

«Dann muss die Anhörung verschoben werden», versicherte Georg. «Aber das wird nicht nötig sein. Du wirst sehen.»

«**Ich atme tief durch. Endlich, nach fast einem Jahr soll ich meine kleine Maria sehen**», hielt Georg das Ergebnis der Anhörung in seinem Tagebuch fest. «**Der Richter hat angeordnet, dass wir uns noch vor meiner USA-Reise sehen sollen. Danach soll Uschi unsere Tochter einmal monatlich um 9 Uhr in die Arbeiterwohlfahrt bringen, wo ich sie eine Viertelstunde später abholen und um 17 Uhr zurückbringen muss. Um 17.15 Uhr wird sie von Uschi abgeholt. Die Zeitverschiebung muss eingehalten werden, damit wir Eltern uns nicht begegnen. Im Protokoll steht, dass Uschi einen Umgang zwischen Maria und mir für undurchführbar hält und ihre Anwältin der Meinung ist, dass ich kein Recht zum Umgang mit Maria habe. Gut, dass der Richter voll den Durchblick hat.**»

Überglücklich und von naiver Hoffnung beseelt, verließ Georg sich darauf, dass Uschi durch den Gerichtsbeschluss zu einem Ende des Umgangsboykotts bewegt werde. Fiebernd erwartete er den Freitag seines Wiedersehens mit Maria, für den Dr. Pulunter ihm versprochen hatte, die normalerweise um vierzehn Uhr schließende Tür der Arbeiterwohlfahrt eigens für ihn bis siebzehn Uhr offen zu halten.

Die Ernüchterung folgte jedoch auf dem Fuß. Einen Tag vor dem vereinbarten Termin erklärte Uschi, dass sie nicht daran denke, dem Gericht Gehorsam zu erweisen und Maria zum Vater zu bringen. Ihre Anwältin habe bereits Beschwerde gegen den Gerichtsbeschluss eingelegt. Als allein erziehende Mutter habe sie das Recht auf ihrer Seite. Außerdem schädige der Umgang zwischen Vater und Tochter definitiv das Kindeswohl.

Auf die entsprechende Mitteilung Dr. Pulunters an Georgs Anwältin setzte diese sich umgehend mit dem Gericht in Verbindung und erwirkte eine Zwangsgeldandrohung für den Fall, dass Uschi ihre Weigerung wahr mache.

Wirksam waren diese Maßnahmen allerdings nicht, denn die Ausführungen von Uschis Rechtsanwältin, dass Maria nach den Besuchen des Vaters jeweils mit psychosomatischen Erkrankungen wie Bauchschmerzen, Durchfall und Fieber reagiert habe, überzeugten das Gericht, drei Monate später ein familienpsychologisches Gutachten in Auftrag zu geben und den Umgang zwischen Vater und Kind bis auf weiteres zu verweigern.

Während die Schlacht der Anwältinnen tobte, versuchte Georg in den USA zu malen und an sein erfolgreiches Künstlerdasein von früher anzuknüpfen. Dies gelang insofern, als er einige seiner Bilder auf der für ihn arrangierten Ausstellung in New York verkaufen, sich ein Auto mieten und zu seiner Schwester weiterreisen konnte, wo er ebenfalls ein wenig Umsatz erzielen konnte. Diese Einnahmen ermöglichten ihm, seinen Freund Freddy in Costa Rica zu besuchen, der mit zweiundsechzig Jahren zum siebten Mal Vater geworden war.

«**Seine Frau ist zweiundzwanzig Jahre jung**», schrieb Georg in sein Tagebuch. «**Und Freddy liebt sowohl die Mutter als auch sei-**

nen Jüngsten abgöttisch. Ältere Väter, im letzten Drittel ihres Lebens, sehen in ihren Nachkommen wohl ihre eigene Fortsetzung post mortem. Wer Wiegenlieder singt, wenn die Bahre nicht mehr weit ist, übertönt die oft bedrückende Stille des Alters.»

Obwohl Daniela zuverlässig dafür sorgte, dass er von den juristischen Spiegelfechtereien und Uschis Aktionen nichts erfuhr, verging kein Tag ohne gedankliche Versöhnungsangebote an Uschi.

«Ich schreibe ihr x Briefe und schicke keinen ab», notierte er. «Es hätte doch keinen Sinn. Sie würde jeden Brief sofort ihrer Anwältin geben, damit die den Inhalt gegen mich verwenden kann. Antworten würde sie mir auf keinen Fall. Sie hat nicht einmal meiner Mutter geantwortet, die ihr geschrieben hat, dass sie bald sterben wird und vor ihrem Tod zu Uschi kommen und ihr Enkelkind sehen möchte.»

Wann immer Georg an die Trauer seiner Mutter dachte, schüttelte ihn Uschis eiskalte Sippenhaft, die sie über alle seine treu zu ihm stehenden Familienmitglieder verhängt hatte. In perfider Berechnung wies sie seine Mutter ab, die gegenüber Maria vielleicht ein gutes Wort über den Vater gesagt hätte. Gleichzeitig aber hatte sie eine intensive Spurensuche nach seiner erstgeborenen Tochter betrieben, um sich mit ihr, deren Aversion gegen den Vater sie durch Georgs Berichte kannte, gegen ihn zu verbünden. Dies gelang so nachhaltig, dass sie Freundinnen wurden.

«Die Uschi ist so was von raffiniert! Ausgerechnet jetzt, wo ich in den USA bin und auch meine Schwester besuchen werde, hat sie dieser geschrieben», teilte Georg Daniela in einem Brief mit. «Sie wüsste, dass von meiner Familie keiner etwas mit ihr zu tun haben wolle. – Als ob das wahr wäre! Sie lehnt doch jeden Kontakt ab! – Aber sie sei in Not. Ich würde für Maria keinen

Unterhalt zahlen und von der Sozialhilfe leben, um mich vor den Unterhaltszahlungen zu drücken. Sie hätte gehört, dass ich damit lauthals prahle. Außerdem hätte ich ihr Geld veruntreut und sie um ihr einziges Erspartes betrogen. Die Rückzahlung des Geldes würde ich davon abhängig machen, dass sie sich so benimmt, wie ich das von ihr verlange. Ich würde sie erpressen. Und alles wäre, weil ich sie hasse. –

Wenn Lügen wirklich Beine hätten, müsste der Brief zum Dauerrenner werden.

Meine Schwester hat ihr geschrieben, dass kein Mensch in der Familie sie hasst, sondern Marias gleichaltrige Cousine traurig ist, dass sie Maria nie kennen lernen konnte, wenn sie bei der Oma in Griechenland war. Sie hat ihr auch geschrieben, dass sie ihr mit Geld nicht helfen kann, weil sie mir schon alles gegeben hat, was nach dem Umtausch davon übrig geblieben ist, und sie weiß, dass sie alles von mir bekommen hat.

Uschi schreckt wirklich vor nichts zurück. Sie weiß ganz genau, dass ich ihr das verdammte Geld längst gegeben habe, ja, weit mehr als das. Und niemand weiß besser als sie, dass es keine Quittungen oder sonstige Belege gibt, weil sie mir keine ausschreiben wollte und Schiss hatte, dass ich das Geld als Ausgaben beim Finanzamt melden würde und sie es dann als Einnahmen versteuern müsste.

Sie hat wohl geglaubt, dass die Frauensolidarität weltweit funktioniert und meine Schwester mich jetzt in die Mangel nehmen wird. Am liebsten hätte sie, dass sich alle von mir abwenden und ihr bestätigen, was für ein Schwein ich bin.»

Viele Flugkilometer und ein Riesenozean waren nicht Entfernung genug für Georg, um Maria und Uschis Krieg vergessen zu machen. Begeistert sagte er zu, als ihm die Möglichkeit geboten wurde, bei der Menschenrechtskommission der Vereinten Nationen in New York vorzusprechen und Frau Stamatopoulou-Robins, der zuständigen Kommissarin, sein Problem zu schildern. In drei stundenlangen Sitzungen in ihrem Büro am Hudson River wurde der «Fall Maria» ins Englische übersetzt und in einer Mappe mit bereits Hunderten vergleichbarer Fälle aus Deutschland abgeheftet, welche in Kürze einer Prüfungskommission vorgelegt werden sollten.

Wie Frau Stamatopoulou-Robins wusste, waren das deutsche Familienrecht und die deutsche Praxis der Jugendämter bereits schwer in die Kritik geraten. Eine öffentliche internationale Rüge wurde erwartet, da die UN-Kinderrechtskonvention trotz ihrer Ratifizierung durch Deutschland und der damit verbundenen Verpflichtung zur Anwendung immer noch nicht verifiziert worden war. Man erwarte mit Spannung das im Sommer offiziell verkündete neue Kindschaftsrecht, welches endlich die Gleichstellung aller Kinder und das Recht der Kinder auf beide Eltern garantieren solle. Georg solle sie auf dem Laufenden halten.

«Glaubst du, dass es etwas bringt?», fragte Daniela am Telefon.

«Kurzfristig nicht», gab Georg zurück. «Wenn ich die Geschichten der anderen Väter sehe, muss ich mich darauf einstellen, dass es lange dauert.»

«Ich glaube, du solltest langsam ans Zurückkommen denken», meinte Daniela. «Dein Schreibtisch biegt sich schon unter den ganzen Gerichtssachen. Und außerdem ist ein Gutachter bestimmt worden. Zu dem sollst du hin.»

Daniela hatte nicht übertrieben. Ein wahrer Papierberg an Schriftsätzen stapelte sich auf Georgs Arbeitsplatte. In einem der letzten teilte man ihm die Anschrift des Gutachters sowie den Termin mit.

«Hast du eine Ahnung, warum es einer sein muss, zu dem ich stundenlang mit dem Auto fahren muss?», murrte Georg.

«Weißt du noch, was der Richter Elmar Bergmann auf der Tagung in Bad Boll gesagt hat?», fragte Daniela mit einiger Überwindung zurück, da sie sich nach der langen Trennung etwas Schöneres vorstellen konnte, als schon am ersten gemeinsamen Abend wieder in den leidigen Rosenkrieg ihres Liebsten verwickelt zu werden. «Dass Gutachten meistens bei denen bestellt werden, mit denen die Richter oder Richterinnen schon öfter zusammengearbeitet haben. Weil Juristen, ob Männlein oder Weiblein, in der Regel keine Ahnung von Psychologie haben und von Psychochinesisch, wie du es nennst, genauso wenig verstehen wie der Normalverbraucher. Also beauftragen sie die, von denen sie wissen, dass das Gutachten einigermaßen problemlos zu kapieren ist. Oder sie nehmen die Gutachterin Sowieso, die besonders hübsche Beine hat, oder die Frau vom Kollegen X, weil man dem noch einen Gefallen schuldet, oder den Sohn der Frau Rechtsanwältin Y, der eben mit dem Jura-Studium fertig ist usw. Und wenn du auf die Idee kommen würdest, dem Gericht einen Gutachter vorzuschlagen, würde dein Favorit garantiert nicht genommen, weil der Richter befürchten würde, dass du ein krummes Ding drehen willst und ein Gefälligkeitsgutachten bestellt hättest.»

Horrorgeschichten von begutachteten Vätern kannte Georg genug. Wie also sollte er sich verhalten? Was musste er beachten? Auf welche Leimrute durfte er unter keinen Umständen gehen? Kein Mensch konnte es ihm sagen.

«Frauen kriegen jede Beratung, die sie wollen», schimpfte Georg. «Für die gibt's massenhaft kostenlose Broschüren und Rechtsberatungen und Tipps, was das Herz begehrt. Männer gehen leer aus. Soll das Gleichberechtigung sein oder was?»

«Ruf doch bei paPPA.com in Berlin an», schlug Daniela vor. «Die helfen dir bestimmt.»

Ein Rat, den Georg sofort annahm, und schon eine halbe Stunde später wusste er, dass er erstens nach den Methoden fragen sollte, nach denen die Begutachtung erfolgen würde, zweitens danach, ob er ein Tonband mitlaufen lassen dürfe, und drittens, ob bei der Begutachtung auch das PAS-Syndrom berücksichtigt werde. Immerhin hatte Maria den Vater schon über ein Jahr lang nicht mehr sehen dürfen und von der Mutter immer wieder Schlechtes über die Beziehung der Eltern gehört.

Ähnlich argumentierte seine Rechtsanwältin, die ihn warnte, nur ja nicht über Konflikte mit Uschi zu reden. «Dass es die gibt, ist logisch. Hätte es keine gegeben, wäre das Gutachten überflüssig. Also lassen Sie sich auf nichts ein, wenn der Mann fragt.»

Zwei Tage später machte Georg sich gut gerüstet auf den Weg. Das Auto fand sich mittlerweile schon fast von selbst im Gewirr der Autobahnen zurecht. Erst in der Stadt wurde es schwierig. Doch nach einigem Suchen parkte Georg vor einem hässlichen Plattenbau am Stadtrand ein. Die Beschriftung der Klingel wies die Praxis des Diplom-Psychologen Dr. Jochen Hinzelmann im fünften Stockwerk aus. Der Fahrstuhl öffnete in ein enges Flürchen, das in einem Slalomparcours durch drei barocke Stuhl-Ungetüme ins Büro führte.

Im Schutz des letzten dieser Stühle reichte Herr Dr. Hinzelmann Georg eine klamme Hand, die an den Molluskenleib einer Nacktschnecke erinnerte. «Bitte, treten Sie ein!» Mit einer scheuen Geste lud er ihn in sein Zimmer, das wie der Votivraum eines Wallfahrtsortes gestaltet war. Kitschbilder von Jesus mit dem Peace-Finger-Zeichen, dem durchbohrten offenen Herzen in der Brust, über Wasser schwebend oder gebrochenen Auges gegen Himmel seufzend, überluden die Wände. Dazwischen hingen Gemälde süßlicher Schutzengel, Blutgarben speiender Herzen und Szenen von Gott Vater im weiß wallenden Guru-Gewand oder in der Strahlengloriole mit dem Finger aus Wolken weisend.

Auf dem mit schweren Teppichen ausgelegten Fußboden sowie ringsum auf den Barockimitaten düsterer Möbel gruppierten sich gartenzwerggroße Kreuzigungsgruppen aus klagenden Maria Magdalenen und Madonnen, süßlich gefasste Pietàs und die Jungfrau Maria, auf der Erdkugel die Schlange der Versuchung zertretend oder auf der Mondsichel gegen Himmel fahrend. Es mutete den Künstler in Georg an, als sei er in die Galerie eines sektiererischen Außerirdischen verschlagen worden.

Mit einer wortlosen Geste wies Dr. Hinzelmann seinem Gast einen Sessel hinter einem niedrigen Tisch mit geschwungenen Barockbeinen an. Kaum nahm dieser Platz, glitt ein gehäkeltes Spitzendeckchen von der Rückenlehne des Sessels zu Boden. Ein riesiges, von geheimen Schriftzeichen umringtes Auge Gottes blickte aus schicksalhaftem Ultramarinblau auf den armen Sünder nieder, der Mühe hatte, sich im weichen Sesselplüsch die aufrechte Haltung des Homo sapiens zu bewahren.

«Erzählen Sie von sich», verlangte Dr. Hinzelmann mit Flüsterstimme, während er seine rot geäderten Augen hinter den dicken Brillengläsern der Weitsichtigen mit dem Auge Gottes vereinigte, als sollten sie wie drei Brenngläser Löcher in Georgs Seele schmoren.

«Sind Sie gläubig?», fragte Georg zurück, der jeden Augenblick den Zauberer Merlin aus der «Yellow Brick Road» erwartete.

Ein stummes Nicken.

«Ich habe zwei Pilgerreisen auf den Berg Athos unternommen», legte Georg geistige Lockspeisen aus.

Schweigendes Abwarten.

«Darf ich mein Diktiergerät mitlaufen lassen, als Gedächtnisprotokoll?» Georg gab das Taktieren auf.

Wieder nur ein Nicken, dann ein krächzendes «Ja».

«Darf ich rauchen?» Georg zog die Zigarettenpackung heraus und steckte sie gleich wieder ein, als er die kopfschüttelnde Verneinung sah. «Rauchen ist Sünde vor Gott. Erzählen Sie von sich.»

Erzählen? Vor diesem verstörten, verunsicherten Männchen in seiner süßlichen Pseudowelt, die mit der Realität vor der Tür nicht das Geringste zu schaffen hatte? Georgs Gedanken liefen wie Ameisen in einem Glas rundum.

Als hätte Dr. Hinzelmann mit Schweigegelübden seine Erfahrungen, legte er Georg mehrere Fragebögen vor, die spontan und vor Ort auszufüllen waren. Falsche oder richtige Kreuzchen in den Rubriken «stimmt» oder «stimmt nicht» gebe es nicht, da jeder Mensch das Recht auf seine eigene Anschauung der Dinge habe, erklärte er.

Die Fragen bewegten sich kunterbunt zwischen Gefühligkeiten aller Arten, stellten aber zwischen die scheinbaren Harmlosigkeiten «Ich habe häufiger Verstopfung» oder «Ich vermeide Zugluft, weil man sich zu leicht erkälten kann» hinterlistige Fallen wie «Ich finde, jeder Mensch soll sehen, wie er zurechtkommt» oder «Meine Tischmanieren sind zu Hause schlechter als im Restaurant» oder «Wenn mich ein Fremder um eine kleine Geldspende bittet, ist mir das ziemlich lästig».

Danach gab es einen weiteren Stapel Fragebögen, auf denen im Angesicht des göttlichen Auges und der Kassenbrille des gelehrten Psychologen mit Zahlenwerten der persönliche Eindruck wiedergegeben werden sollte, den Georg, der Delinquent, von seinem Opfer Uschi hatte.

Spätestens an diesem Punkt war Georgs Maß an Geduld voll. «Ich nehm das Zeugs hier mit und schau mir das erst mal in Ruhe an», stellte er im Aufstehen begriffen klar. «Ich weiß nicht, ob ich das überhaupt ausfüllen will.»

«Nein!» Die Stimme des Gutachters vermochte sich erstaunlich zu steigern. «Das geht nicht. Sie müssen diese Fragen hier und jetzt und völlig unvoreingenommen beantworten.»

«Wie bitte?» Georg war versucht zu lachen. «Sie können mich doch zu so was nicht zwingen. Wo sind wir denn hier?»

«Sie weigern sich also?» Dr. Hinzelmanns marmorierte Augäpfel kamen ins Flackern.

«Nein, aber ich schicke Ihnen alles mit der Post zu. In zwei Wochen. Ist das okay?», bot Georg an und wandte den Kopf aus dem Dunstkreis der Mottenkugeln, der dem gelbbraunen Sakko des Gutachters entströmte.

«Gut, gut», lenkte dieser ein und hatte es plötzlich so eilig, seinen Gast loszuwerden, dass Georg nicht mehr den geringsten Zweifel hegte, wie das Gutachten ausfallen würde.

«Ich könnte mir in den Arsch beißen, dass ich mich auf diesen Typen überhaupt eingelassen habe und hingefahren bin!», vermerkte er später in seinem Tagebuch. **«Dieser verklemmte Zwerg ist doch nicht im Geringsten vertrauenswürdig und lässt kein gutes Haar an mir. Der ist genau das, was die Uschi braucht, um Marias Vater auf dem Scheiterhaufen zu grillen.»**

Der Tag begann wie meist mit einer Tasse Kaffee, der Zeitungslektüre und dem Gang zum Briefkasten. Inzwischen erkannte Georg die amtlichen Schriftsätze schon blind. Den Briefumschlägen haftete ein Geruch an, der selbst auf langen postalischen Wegen nicht verschwand und an modernde Kerker oder muffige Archive erinnerte.

«Anfang Juli, erstaunlich rasch für ein Gerichtsgutachten», dachte Georg und nahm sich die Kopie der achtundfünfzig Seiten des Gutachtens vor, zu dem er Ende Mai vorgeladen worden war.

Obwohl er das vernichtende Urteil vorausgeahnt hatte, brach ihm bei der Lektüre der Schweiß aus. Erstmals erfuhr er, dass sein Kind an Neurodermitis litt, einer Krankheit mit stark geröteten, juckenden Hautekzemen, die sich in allen Gelenkbeugen und im Gesicht ausbreiten. Oft im Zusammenhang mit erblicher Veranlagung, Umweltbelastungen oder falscher Ernährung, tritt sie stets in Folge von seelischer Überbelastung auf und ist ein eindeutiges Zeichen dafür, dass das Kind seine Situation im wahrsten Wortsinne zum Aus-der-Haut-Fahren empfindet.

Solange Georg mit Maria unter einem Dach gelebt und sie später während der Trennungszeit gelegentlich noch gewickelt hatte, zeigte sie keinerlei Anzeichen von Neurodermitis. Im Gegenteil, ihre natürlich gebräunte Haut hatte alle Zartheit und Geschmeidigkeit der typischen südländischen Haut gehabt und war oft bewundert worden.

Ob Maria tatsächlich erblich durch die, wie Georg nun ebenfalls zum ersten Mal las, an Asthma leidende Mutter vorbelastet war oder nicht – die tiefere Erklärung für die offensichtlich erst im Verlauf des letzten Trennungsjahres ausgebrochene Hauterkrankung fand sich einige Gutachten-Seiten später. Dort hieß es, zwar habe die Mutter eingeräumt, «Maria fragt immer wieder nach ihrem Papa und möchte einen Papa haben. Sie fragt auch, warum sie ihren Papa nicht sehen könne und warum sie denn keinen Papa hätte», aber als Psychologe komme Dr. Hinzelmann zu dem Ergebnis, dass Maria das Thema Vater verdränge beziehungsweise ignoriere oder geschickt umgehe und «dass Besuchskontakte mit dem Vater für Maria zurzeit nicht sinnvoll sind.» Die zwischen den Eltern bestehenden Spannungen seien zu massiv. Für eine Verständigung sei es zu spät.

Georg fasste es nicht. In ohnmächtiger Wut und Verzweiflung rannte er in seinem Atelier auf und ab. Da sprach seine kleine Tochter überdeutlich ihre Wünsche und ihre Sehnsucht nach dem Papa aus. Da zeigte ihre Haut alle Anzeichen des Leids und des Verlustschmerzes, unter dem die Kinderseele litt. Und die Erwachsenen, die dazu verpflichtet waren, ihr als dem schwächsten Glied in der Kette alle Hilfe zu gewähren, ignorierten ihre kindlichen Worte ebenso wie ihre Körpersprache. Die Mutter mit ihrem Nein stand im Vordergrund. Sie war die Instanz, auf der aller Augen ruhten, die einen lüstern, die anderen vermeintlich frauenbewegt, die nächsten vom Madonnen-Wahn geblendet oder dem tumben Vorurteil von der schwachen Frau anhängend.

Irgendetwas musste doch endlich geschehen, damit das Unrecht an Maria ein Ende nahm! Das neue Kindschaftsrecht, das war es!

Eine erste Information darüber war zeitgleich mit dem Hinzelmann-«Schlechtachten», wie Georg es nannte, bei ihm eingetroffen. Mit zitternden Fingern wählte er die Nummer seiner Rechtsanwältin. Sie musste helfen, sofort Widerspruch einlegen. Sie musste … und war wieder einmal nicht erreichbar.

Was nun?

«Du kannst nicht wochenlang Däumchen drehen. Nimm dir einen anderen Anwalt!», drängte Daniela, der er die neueste Wendung der Dinge telefonisch mitteilte. «Die Frau hat nichts bewirkt. Alles ist verpufft, was sie versprochen hat. Sie kommt gegen diese Kinderklauer einfach nicht an. Da nützen ihr auch die roten Stöckelschuhe nichts, mit denen sie im Gerichtssaal erscheint, um größer zu wirken.»

«Und das Geld?» Georg schlug die geballte Faust auf den Tisch. «Wenn ich ihr das Mandat entziehe, verlangt sie den Rest von ihrem Honorar sofort. Und der ist ganz schön saftig.»

«Frag doch diesen Mann von der Europäischen Väter Akademie in Köln», schlug Daniela vor. «Du weißt schon, die mit der Beratungsstelle bei den Johannitern im Haus. Der hat doch einen ganz fähigen Eindruck gemacht. Vielleicht weiß der was.»

«Du meinst Lutz? Gute Idee!» Georg hatte sich die Telefonnummer notiert und rief gleich an.

Eine halbe Stunde später hatte er die Telefonnummer und Anschrift eines Rechtsanwalts in Händen, der ihm als Kämpfertyp beschrieben worden war, welcher in so mancher ausweglosen Situation den Sieg für seine Mandanten errungen hatte und bereit war, sich für die Sache der ausgegrenzten Väter einzusetzen.

Georg fühlte sich hin- und hergerissen. Einerseits das dringende Bedürfnis, sich für Maria stark zu machen. Andererseits die Sorge, als Sozialhilfeempfänger, der er nun war, die Kostennote der Rechtsanwältin nicht bezahlen zu können, sowie keinen Pfennig mehr zu besitzen beziehungsweise bei der Bank aufnehmen zu können, um den Honorarvorschuss für einen neuen Anwalt aufzubringen.

Zunächst einmal blieb ihm keine andere Wahl, als den Urlaub seiner Anwältin abzuwarten und selbst einen neuen Antrag auf Umgang zu formulieren, indem er auf das seit dem 1. Juli 1998 geltende neue Kindschaftsrecht hinwies und im Wortlaut des ihm vorliegenden Textauszugs den Passus zitierte: «Das Kind hat nach § 1648 BGB grundsätzlich ein Recht auf Umgang mit beiden Elternteilen; jeder Elternteil hat das Recht und sogar die Pflicht zum Umgang mit seinem Kind. Beide Eltern haben allerdings alles zu unterlassen, was das Verhältnis des Kindes zu dem anderen Elternteil beeinträchtigen könnte.»

Die ungewohnte juristisch-gestelzte Ausdrucksweise bereitete ihm Schwierigkeiten. Doch als er abschließend auch noch einmal einen Brief an Uschi formuliert und abgesandt hatte, in dem er sie inständig bat, zu Marias Bestem dem Wunsch des Kindes nach Umgang mit dem Papa nachzugeben und sich mit ihm um des Kindes willen zu versöhnen, schlug sein Herz etwas gleichmäßiger.

«Ich hab sie jetzt seit achtzehn Monaten nicht mehr gesehen oder gesprochen», sagte Georg. «Geschenkpakete an sie sind postwendend zurückgeschickt worden. Anrufen kann ich sie nicht. Und sie denkt, ich bin tot.»

Die Freunde schwiegen schockiert.

«Sie hat zu Kindern von meinen Bekannten gesagt, dass sie schon auch einen Papa hat, aber der ist tot. Das hat die Mama gesagt. Aber wenn der Papa wieder lebt, dann kommt er zu ihr.» Georgs Stimme zitterte. Dankbar griff er nach der Zigarette, die ihm aus der Runde gereicht wurde. «Ich hab das alles so unheimlich satt. Am liebsten würde ich alles hinschmeißen. Es hat doch keinen Zweck. Sie denkt, ich bin tot. Was soll das dann noch?»

«Quatsch, das stehst du jetzt durch!» Klaus von der Organisation «Child Peace» schlug auf den Tisch. «In ein paar Tagen ist die Anhörung bei Gericht. Da machen wir mit der *Aktion Menschenrechte für Kinder* und *paPamobil* eine Plakataktion vor dem Gerichtsgebäude. Und du bringst die Geschenke für deine Kleine ins Gericht mit. Entweder nimmt die Mutter sie dann endlich mit. Oder der Richter kann sich mit eigenen Augen überzeugen, dass die Mutter alles abblockt.»

Der Professor und Harry nickten bekräftigend. «Ein Richter ist dazu verpflichtet, sich fortzubilden und neue Gesetze zur Anwendung zu bringen. Wenn er dazu nicht bereit ist, muss das öffentlich gemacht werden. Kopf hoch! Das schaukeln wir schon!»

Auch Georgs Rechtsanwältin hielt es für falsch, den Kampf aufzugeben. Nach ihrem Urlaub hatte sie Widerspruch gegen das Hinzelmann-Gutachten und das Umgangsverbot eingelegt.

Doch natürlich rüstete die Gegenseite ebenfalls auf. Uschi hatte erwartungsgemäß keine Zeile auf Georgs Bittbrief geantwortet. Stattdessen reichte ihre Anwältin einen Antrag auf Abweisung des Einspruchs bei Gericht ein, worin sie anprangerte, Georg sei immer noch im Besitz des griechischen Passes seiner Tochter, sodass permanent Entführungsgefahr bestehe. Außerdem schädige er fortlaufend Marias Recht auf Daten- und Persönlichkeitsschutz, indem er immer wieder an die Öffentlichkeit gehe und in der Zeitung oder im Fernsehen falsche Behauptungen in Umlauf bringe, um die Mutter zu diffamieren. Zur Absicherung von Mutter und Kind wurde ihm für den Wiederholungsfall eine Unterlassungsklage angedroht.

Von bösen Vorahnungen gequält, heftete Georg auch diese Schriftsätze seinen Akten bei, die mittlerweile zwölf dicke Ordner füllten.

An einem kalten Novembermorgen war es soweit. Die richterliche Anhörung war auf elf Uhr anberaumt. Bereits zwei Stunden vorher versammelten sich zwei Dutzend Männer und Frauen vor dem Gerichtsgebäude. Einige trugen Plakate mit Marias Konterfei, das Georg nach alten Photos gemalt hatte. Bald schon blieben Passanten neugierig stehen. Die Presse eilte herbei. Kameraleute und Photoreporter zeichneten Stellungnahmen und Interviews auf, die später in den Nachrichten gesendet wurden.

Als Georg pünktlich mit seiner Rechtsanwältin den Gerichtssaal betrat, trug er einen großen Malkasten aus Amerika und ein Kinderfahrrad bei sich, welche er Maria gern zu ihrem fünften Geburtstag geschenkt hätte.

Noch ehe die Präliminarien der Gerichtsverhandlung recht begannen, bat er Uschi, die Geschenke für die Kleine mitzunehmen. Nein, schüttelte sie stumm abwehrend den Kopf. Auch ihre Rechtsanwältin verweigerte jede Unterstützung.

Hilfe suchend wandte Georg sich an den Herrn im schwarzen Talar. «Herr Richter, würden Sie bitte dafür sorgen, dass meine Tochter diese beiden Sachen nachträglich von mir zum Geburtstag bekommt?»

Irritiertes Kopfschütteln, Schulterzucken, peinliche Berührtheit. «Wenden Sie sich an die Hinterlegungsstelle oder die Revisionsabteilung des Gerichts. Ich bin dafür nicht zuständig.»

«Frau Malin, würden Sie die Sachen für Maria an sich nehmen?» Georg kam sich lächerlich vor, wie er da mit seinen Geschenken in den Händen stand und sich zum Affen machte.

Erneutes Kopfschütteln, Rat suchende Blicke zum hohen Gericht, das endlich ein Machtwort sprach. «Schaffen Sie diese Sachen weg!»

Georg gehorchte.

«Herr Richter, ich mache Sie darauf aufmerksam, dass draußen eine Demonstration stattfindet», meldete sich Uschis Anwältin mit gestrecktem Finger zu Wort.

Der Richter erbleichte. «Wie bitte? Was ist da los?»

«Bitte, überzeugen Sie sich selbst!» Uschis Anwältin legte zwei Flugblätter auf den Tisch, die der Richter mit spitzen Fingern aufnahm, kurz überflog und sichtlich angewidert der Protokollführerin zum Vermerk in den Akten weiterreichte.

«Bitte, Herr Richter, nehmen Sie auch ins Protokoll auf, dass niemand bereit ist, Maria die Geburtstagsgeschenke ihres Vaters zu übergeben», verlangte Georg.

Der Richter brachte seine untersetzte Gestalt in Positur. «Schluss jetzt mit diesen Geschenken!»

Eine knappe Stunde später schloss er Georg definitiv, Tendenz für immer, aus dem Leben Marias aus. Der Umgang mit ihm und seine Öffentlichkeitsarbeit gefährde ihr Wohl.

Kreidebleich wandte Georg sich seiner Anwältin zu. «Was jetzt?»

«Wir sollten uns demnächst zu einem ausführlichen Beratungsgespräch treffen», meinte sie unbestimmt, drückte ihm die Hand und ging.

Georg blieb allein. Die Demonstration auf der Straße löste sich auf. Hans, ein Dialog-Freund, war mit dem Auto da. Gemeinsam fuhren sie zu Uschis ehemaliger Vermieterin und baten sie, Maria die Geschenke zukommen zu lassen. Seine Ahnung ignorierend, dass er diesen Satz schon bald würde büßen müssen, setzte Georg hinzu: «Seien Sie bitte behutsam mit der Kleinen. Sie glaubt, der Papa sei tot. Bringen Sie ihr bitte möglichst zartfühlend bei, dass das nicht wahr ist.»

Der hilfsbereite Gesichtsausdruck seines Gegenübers verwandelte sich in ein schockiertes Staunen. «Besser schnell weg!», dachte Georg, «sonst überlegt sie es sich noch anders.»

Weihnachten rückte näher. Das vierte ohne Maria.

Immer wieder versuchte Georg, Frau Malin oder Dr. Pulunter um Hilfe zu bitten. Fassungslos starrte er nach einem solchen Gespräch den Telefonhörer an. «Weißt du, was dieser Mediator, dieser Elternberater, mir eben ins Ohr gebrüllt hat?»

Daniela hantierte bei den Malsachen herum. Erwartungsvoll zog sie die Augenbrauen hoch.

«Der hat getobt, ich soll ihn endlich mit der Sache in Ruhe lassen, es gäbe einen Gerichtsbeschluss, basta. Ich könnte Maria nicht sehen. Die Mutter will es nicht, das Gericht will es nicht. Und dann sagte der wörtlich: Wir sind hier nicht auf dem Balkan! Sie haben sich an die deutschen Normen zu halten!»

Daniela ließ sich auf den Stuhl sinken. «Wo leben wir bloß?» Groß sah sie Georg an.

Tief durchatmend und betont gelassen brachte er endlich ein Lächeln hervor. «Ich hab jetzt genug davon, verstehst du?» Er nahm ihre schlaff herunterhängende Hand und betrachtete jeden Finger einzeln, als habe er ein solches Wunderwerk menschlicher Funktionalität nie gesehen. «Meine Frau Rechtsanwältin ist ständig unerreichbar, wenn ich sie sprechen will. Ihr letzter Schriftsatz war die Schlaftablette. Die Dame hat mich aufgegeben. In der Sache ist kein schneller Erfolg zu verbuchen. Das schädigt ihren Ruf. Lieber lässt sie die Finger davon und wartet, dass mir die Gäule durchgehen, damit sie mir das Mandat kündigen kann.»

Ein Umwenden der Hand. Wie Glasfaserstäbe hoben sich die zu den Fingern führenden Sehnen unter der dünnen Haut und dem bläulich durchschimmernden Adernetz ab.

«Jetzt komme ich ihr zuvor. Ich hab schon den Anwalt angerufen, den Lutz mir neulich empfohlen hat. Er macht es. Er übernimmt das Mandat.»

«Und das Geld?» Danielas Gesicht nahm langsam wieder etwas Farbe an.

«Darüber würden wir später reden, hat er gemeint. Da ließe sich eine Lösung finden. Zuallererst wolle er die Aktenlage studieren und möglichst schnell Beschwerde einreichen.»

Ein Hoffnungsschimmer? Weder Georg noch Daniela vermochten ernstlich daran zu glauben. Doch selbst der dünnste

Strohhalm war besser als das Nichts, mit dem der letzte Gerichtsbeschluss Georg zurückgelassen hatte.

Und tatsächlich! Schon der erste Schriftsatz des neuen Anwalts an Uschis Rechtsanwältin und das dem Amtsgericht übergeordnete Oberlandesgericht fegte mit frischem Wind unter das Flämmchen Hoffnung. Marias griechischer Pass sei seit über einem Jahr abgelaufen und nicht verlängert worden. Davon habe das Gericht vor Monaten Kenntnis erhalten. Der Vorwurf der drohenden Entführung sei mithin haltlos und stelle keine Berechtigung zum Umgangsboykott dar. Falsch sei auch die Behauptung, Georg schädige das Kindeswohl durch Öffentlichkeitsarbeit. Er habe derartige Aktivitäten in der Vergangenheit versucht, um der Mutter die Ernsthaftigkeit seiner Bemühungen um Maria zu beweisen, inzwischen aber die Wirkungslosigkeit erkannt und nachweislich bereits Einladungen zu Talkshows abgelehnt.

Jede Zeile zeichnete sich durch präzise Knappheit und energische Höflichkeit aus. Eigenschaften, die dem schlanken Enddreißiger mit den dunklen, konzentrierten Augen auf den Leib geschnitten waren, wie Georg bald feststellte.

Eilig hielt Uschis Anwältin in einem seitenlangen, klein gedruckten Schriftsatz dagegen, der bei der alten Leier blieb, Georgs Liebe zu Maria als Heuchelei zu diffamieren und ihm psychische Schäden zu unterstellen. Die Situation müsse von einem Kinderpsychologen geprüft werden. Frühestens dürfe ein neuer Kontakt zum Vater stattfinden, wenn Maria reif genug sei, dessen seelische Probleme unbeschadet zu ertragen. In der Zwischenzeit bleibe dem Vater Muße, «seine psychische Konstitution zu überdenken und zu bearbeiten».

Dass die psychologisch ungeschulte Juristin mit dieser Meinung konträr zu Dr. Hinzelmann stand, der als Psychologe keinerlei psychische Schäden bei Georg festgestellt hatte, blieb unerwähnt. Für Georg waren es Ausführungen im Originalton Uschis, die ihm früher mit denselben Formulierungen von ihren eigenen therapeutischen Erfolgen geschrieben hatte. Für den neuen Rechtsanwalt hingegen waren es Ansatzstellen, den falschen Behauptungen Fakten gegenüberzustellen.

War es dieser forsche, sachliche Zungenschlag seines juristischen Geschäftstones oder das neue Kindschaftsrecht, welches Maria einen eigenen Anspruch auf beide Eltern einräumte, sodass Eile geboten schien? Jedenfalls dauerte es lediglich vier Wochen, bis das Oberlandesgericht eine Verfügung erließ, in der auf die veränderte Rechtslage verwiesen wurde und Anweisung an beide Eltern erging, sich darauf einzustellen, dass die elterliche Beratung durch Herrn Dr. Pulunter erneut aufgegriffen werde. Insbesondere sei es die Pflicht der Kindesmutter, «Maria behutsam auf ein Wiedersehen mit dem Vater vorzubereiten.»

Wäre Georg nicht schon so oft ins Wechselbad der Gefühle zwischen Hoffnung und Enttäuschung getaucht worden, hätte er sich diesen Schriftsatz vor Freude eingerahmt. Endlich schien sich etwas in die ersehnte Richtung zu bewegen. Stattdessen verbrachte er die vier Wochen bis zur Verhandlung zwischen fiebernder Erwartung und resignierter Trance.

Den Frühling, der Ende April mit ungewöhnlicher Hitze das Land verbrannte, nahm Georg kaum wahr. Für die herbeigesehnte Fahrt nach Frankreich, für Farben, Leinwände, Pinsel mangelte es an Geld. Doch selbst wenn er über ausreichende Mittel verfügt hätte, wäre es ihm unmöglich gewesen aufzubrechen, da der neuerliche Gerichtstermin in der Schwebe hing.

Mit der Anberaumung der Verhandlung fiel Georg ein Stein vom Herzen. Wie immer es ausgehen würde – es war doch endlich wieder Bewegung in die Sache gekommen. Zweiundeinhalb Jahre waren vergangen, seit er Maria zum letzten Mal begegnet war. Er wusste nicht, wie sie jetzt aussah. Kleine Kinder veränderten sich so schnell und tief greifend. Und würde sie ihn noch erkennen? Ihn noch lieb haben? Vielleicht hätte sie gar Angst vor ihm? Wie hatte sich ihre junge Seele mit dem verschwundenen Vater arrangiert? War es möglich, dass ein so kleines Kind die innere Stärke hatte, sich gegen die Meinung der Mutter zu stellen?

Fragen, die Georg bewusst beiseite schob, als er gemeinsam mit seinem Rechtsanwalt auf der einen Seite des Armsünderbänkleins vor dem hohen Gericht Platz nahm, Uschi mit ihrer Anwältin auf der anderen. Drei Richter im Talar und eine Stenographin blickten hoheitsvoll auf sie herab. Schwer vom Bohnerwachs mischte sich die Luft mit dem Parfüm der Damen und dem Staub, der in flirrenden Flöckchen im Lichtschein tanzte.

Der Vorsitzende Richter setzte zu einer kleinen Rede an. Das Gericht folge mit dem Gesetzgeber der festen elterlichen Überzeugung, dass Maria zu ihrem Wohl beide Eltern brauche. Es sei erfreulich, dass in diesem Punkt zwischen den Eltern Einigkeit bestehe. Die Eltern sollten nun aber auch ihre eigenen Leitsätze ernst nehmen und sich im Klaren sein, was das bedeute, und den Umgang des Kindes mit dem jeweils anderen Elternteil fördern.

«Gut so», wollte Georg in Gedanken zustimmen, als Uschis Anwältin schon ihre ersten Breitseiten auf ihn abschoss. Maßlose Ansprüche, Missbrauch des mütterlichen Vertrauens, Entführungsdrohungen, Diffamierung der Mutter vor dem Kind, aggressives Auftreten – die Verbalattacke nahm kein Ende.

Hilfe suchend blickte Georg seinen neuen Anwalt an. Wollte der denn das Feuer nicht erwidern? Doch dieser behielt sowohl die Mienen der Richter im Blick als auch seine Gelassenheit bei.

Zu Recht, wie Georg wenig später feststellte, denn die Richter ließen sich von den fast leidenschaftlich vorgetragenen Argumentationen der Anwältin nicht beeindrucken. Diese seien seit Jahren immer wieder dieselben und würden durch die Wiederholung nicht besser, meinte der links sitzende Richter. Es müsse um neue Überlegungen gehen.

«Sie vergessen, dass der Kindesvater bereits eine ältere Tochter hat», rief Uschi in den Saal. «Und dass diese mit ihm die schlechtesten Erfahrungen gemacht hat und keinen Umgang mit ihm will. Meiner Tochter soll das erspart bleiben.»

«Jeder Mensch hat sein eigenes Leben und seine eigenen Erfahrungen», ging der Vorsitzende Richter auf sie ein. «Was die ältere Tochter erlebt hat, muss sich nicht wiederholen. Maria hat das Recht auf ihre eigenen Erfahrungen. Und Sie als Eltern haben die Pflicht, diese kindlichen Erfahrungen zuzulassen.»

«Meine ältere Tochter erlebte genau dasselbe, was meine kleine Tochter jetzt erlebt», warf Georg zornig ein. «Auch ihre Mutter verweigerte mir jeden Umgang und erzählte dem Kind Lügen über mich und meine angebliche Unzuverlässigkeit.»

«Mein Mandant lernte seine ältere Tochter erst kennen, als diese bereits volljährig war und von sich aus den Kontakt zu ihm suchte», ergänzte der Rechtsanwalt.

«Diese Behauptungen sind typisch für die psychische Störung des Kindesvaters!», konterte Uschis Anwältin. «Selbstkritik und von ihm selbst verschuldetes Unrecht scheint es für ihn nicht zu geben.»

«Mit Verlaub, Frau Kollegin, aber für eine derartige psychologische Diagnose fehlt Ihnen jede Kompetenz. Sie ist daher haltlos.» Georgs Anwalt erhob kaum merklich die Stimme, deren kühler Vortrag mit der haspelnden Sprache der Anwältin kontrastierte.

«Aber der Kindesvater hält sich nicht an Vereinbarungen und ist unzuverlässig!», konkretisierte Uschi den Vorwurf.

«Ja, gute Frau, dazu kann ich nur sagen, dass ich als Vater und wohl jeder Vater auch einen dicken Hals bekommen würde, wenn ich alles das auf mich nehmen müsste, was Marias Vater bereits auf sich genommen hat, um seine Tochter zu sehen, und dann erleben muss, dass einfach alles an einem Nein der Mutter scheitert.»

«Das ist doch Unsinn!», fuhr Uschi auf. «Der Kindesvater besitzt immer noch Marias griechischen Pass. Er wartet nur darauf, dass er Umgang mit ihr bekommt, um sie zu entführen.»

«Das griechische Konsulat und die Polizei haben diesbezüglich mehrmals eindeutig erklärt, dass der Verlust des Passes ordnungsgemäß angezeigt wurde und kein gültiger Pass mehr existiert», korrigierte Georgs Rechtsanwalt.

«Pah! Jeder hier weiß, wie das bei den Griechen gang und gäbe ist!», hielt Uschi dagegen. «Da funktioniert doch alles über Vetternwirtschaft. Dass Maria überhaupt einen griechischen Pass hat, ist schon illegal, weil sie kein eheliches Kind ist und real keinen Anspruch auf die Nationalität des Vaters hat.»

«Das alles hat mit der Regelung des Umgangs nicht das Geringste zu tun», wehrte der Vorsitzende Richter weiteres Debattieren ab, zu dem Uschis Anwältin soeben ausholte.

Mühsam seine Nerven unter Kontrolle haltend und ohne die warnende Geste seines Anwalts zu beachten, mischte Georg sich abermals ein. «Was hier passiert, sind doch alles Auswüchse der Trennungsindustrie, zu der auch die Frau Anwältin der Kindesmutter gehört, die mit ihren feministischen Parolen den Krieg zwischen uns Eltern immer weiter auf die Spitze treibt. Das ist doch alles nicht mehr zum Wohl des Kindes, was hier abgeht.»

«Keine Polemik!», mahnte der Richter mit plötzlicher Strenge. «Machen Sie konkrete Vorschläge. Wie soll der Umgang geregelt werden?»

Georg hatte im Vorfeld bereits mit Dr. Pulunter gesprochen, und dieser hatte ihm signalisiert, dass er die Mediation der Elterngespräche erneut übernehmen werde. Entsprechend lautete Georgs Vorschlag.

«Sind Sie damit einverstanden?», wandte sich der Richter an Uschi.

Erst nach langem Zögern und flüsternden Beratungen mit ihrer Anwältin willigte sie ein.

Georg unterdrückte einen Jubelschrei.

«Fahren Sie gleich bei der Arbeiterwohlfahrt vorbei und klären die Sache ab?», wollte sein Anwalt später wissen, während sie in der Gerichtskantine gemeinsam zu Mittag aßen.

«Natürlich.» Georg nickte. Er war so erleichtert und zugleich voll fieberhafter Ungeduld, den Gerichtsbeschluss möglichst auf der Stelle in die Tat umzusetzen und Maria zu sehen, dass ihn schwindelte. «Ich weiß nicht, wie ich Ihnen danken soll. Ohne Sie hätte das nie geklappt. Die beiden Damen waren so siegessicher. Die sind verschwunden wie die begossenen Pudel. Die haben nie damit gerechnet, dass Maria ihren Papa noch mal zu sehen kriegt.»

«Gut.» Der Anwalt lächelte, schwache Zuversicht verbreitend. Georg sank das Herz. Hatte er etwas überhört? War die Sachlage doch nicht so eindeutig, wie er annahm?

«Rechnen Sie mit Problemen?», fragte er in neu erwachender Sorge und fügte eifrig hinzu: «Herr Dr. Pulunter hat versprochen, sich für die Sache einzusetzen.»

«Lassen wir ihm die Chance, seine Sache gut zu machen»,

meinte der Anwalt mit zugleich gewinnender und undurchsichtiger Mimik, ehe er sich dem Nachtisch widmete.

Dr. Pulunter hielt tatsächlich Wort. Zwei Tage nach Erhalt der Mitteilung über den Ausgang des Verfahrens traf sein Fax bei Georg ein, worin er ein Terminangebot unterbreitete.

«Diesmal muss es klappen!», rief Georg fast beschwörend, als er das dünne Thermopapier in Händen hielt und die noch feuchten Buchstaben entzifferte. In zwei Tagen, da stand es schwarz auf weiß, würde er den rettenden Faden der Ariadne wieder in Händen halten, der ihn aus dem minotaurischen Labyrinth der Familiengesetzgebung zu Maria führen sollte.

Bereits tags darauf wusste er, dass Uschi auch diesmal wieder einen Strich durch die Rechnung gemacht hatte. Dr. Pulunter teilte lapidar mit, dass der Termin nicht stattfinden werde. Uschi werde nicht kommen. Auf Befragen erklärte er, aus Datenschutzgründen keine Auskunft erteilen zu dürfen.

Tür zu, raus aus dem Haus, sich bei irgendjemandem austoben, um nicht den Verstand zu verlieren, keine Kurzschlusshandlung zu begehen, nicht zu Uschi zu rasen und sie sich vorzuknöpfen. Mit langen Schritten stürmte Georg in seine Stammkneipe.

«Verfügung! Oberlandesgericht! Dass ich nicht lache!», schrie er, als Antonis ihm ein Glas Bier zuschob. «Die macht sich nicht die Bohne daraus. Kriegst du einen Strafzettel wegen Falschparkens, musst du bezahlen oder wirst sogar in den Knast gesteckt. Da geht's ja auch um Geld und um eine Ordnungswidrigkeit. Um ein echtes Kapitalverbrechen also. Aber ein Beschluss in einer Familiensache? Da lachen ja die Hühner, so ein Kikifax ist das. Die Frau kann mit ihrem Kind machen, was sie will. Die dreht der Gerichtsbarkeit und dem Gesetz eine lange Nase und kriegt nicht mal eine Abmahnung.»

«Beruhige dich!» Antonis klopfte dem Freund tröstend auf die Schulter. «Wird nicht alles so heiß gegessen, wie gekocht. Komm, trink. Morgen sieht alles anders aus.»

War es Hinhaltetaktik, Beruhigungsmanöver? War es ein ernst gemeintes Angebot? Georg wusste nicht, was er davon halten sollte, als Dr. Pulunter ihn am nächsten Morgen tatsächlich aufforderte, neue Termine zu einem Elterngespräch vorzuschlagen und ihm gleichzeitig den «Entwurf eines Ablaufplanes» zur «Vorbereitung der Wiederaufnahme von Besuchskontakten zum Vater» zufaxte.

«Was soll das?», fragte er Daniela und breitete die Seiten vor ihr aus. «Der Typ hat die reinste Technokratenseele oder ein Hirn mit Büroklammern, wo andere graue Zellen haben. Der ist genau der Richtige für Uschi. Und ich Idiot habe den auch noch selbst als Mediator ausgesucht.»

«Arme kleine Maria», murmelte Daniela mitfühlend. «Ihr Papa gerät wirklich ständig an die falschen Leute.»

«Außer der neue Anwalt», schränkte Georg lebhaft ein. «Der Mann kann was. Der hat Mumm und Köpfchen. Weißt du was? Den frage ich jetzt, was der Zirkus hier soll. Und den Lutz schalte ich auch gleich ein. Vielleicht kommt der mit diesem hochgebildeten Herrn besser klar als so ein Kretin wie ich.»

«Fishing for compliments, darling?», schmunzelte Daniela und zog Georg zur Tür hinaus zum lange versprochenen Stadtbummel mit einem Glas Wein in einem der Straßencafés.

Was war von dem Leben, das er liebte, geblieben? Seine künstlerische Freiheit erstickte in der Papierflut, die sein Atelier überzog. Termine, Fristen, Schriftsätze, juristisches und amtsdeutsches Fachchinesisch, Bürokratie – alles, was er verabscheute, hatte Einzug in seinen Alltag gehalten. Das Malen, die bildnerische Arbeit, Radierungen, alles lag brach. Statt Einkünfte mit eigener Hand zu erzielen, bezog er Unterhalt durch die öffentliche. Verloren jeder Besitz, den er sich hart erarbeitet hatte. Hoch verschuldet außerdem. Fraglich, ob er je wieder auf die Beine käme. Und warum? Weil er Vater geworden war?

Georg schwenkte den Rotwein im Glas wie einen Cognac. «Nein, nicht wegen Maria», dachte er. «Nicht, weil ich Vater geworden bin. Das war kein Fehler. Der Fehler war, dass ich mit der falschen Frau Vater geworden bin. Weil ich hinter ihr wahres Gesicht nicht gesehen habe. Und weil ich als Vater in diesem Land nur die Rechte habe, die mir die Mutter als Almosen bewilligt. Kein Wunder, dass es immer weniger Kinder in Deutschland gibt und immer mehr Männer sagen: Mit mir nicht!»

Noch einmal nahm er sich die beiden Schreiben vor, mit denen Uschi in Marias Namen Klage auf Kindesunterhalt gegen ihn erhob und zu diesem Zweck Prozesskostenhilfe beantragte.

Dies alles erschien ihm so unsäglich absurd und gegen jedes Gerechtigkeitsgefühl. Es war Uschi, die sich selbst und auch ihn aus freien Stücken und völlig bewusst in den finanziellen Ruin getrieben hatte. Und nun klagte sie gegen ihn, weil er zahlungsunfähig war? Und bettelte bei Vater Staat, weil sie kein Geld mehr hatte und arbeitslos war? Sie selbst war es doch gewesen, die ihren sicheren Job gekündigt hatte, weil sie keine Lust mehr hatte zu «malochen» und als rheinische Frohnatur im schwäbischen Arbeits-Exil zu versauern. Keine Not hatte sie dazu getrieben, kein Kündigungsschreiben des Arbeitgebers, sondern einzig und allein ihre eigene Laune.

Er hingegen wollte arbeiten. Er sehnte sich danach, wie früher sein eigener Herr zu sein, bescheiden aber sorgenfrei auf eigenen Füßen zu stehen und seinen Lebensunterhalt mit seiner Kunst zu verdienen. Er liebte seine Arbeit und das Leben, das sie ihm bieten konnte. Aber Uschi hinderte ihn daran.

Sie war der Mühlstein um seinen Hals, der Klotz an seinem Bein. Ihre zerstörerischen Hassattacken waren es, die seit Jahren seine Arbeits- und Lebenskraft lahm legten. Sie sorgte dafür, dass er seine Zeit, in der er normalerweise gearbeitet hätte, auf der Autobahn, in Ämtern, Kanzleien, Gerichten vergeuden und sämtliches Geld für Benzin und Rechtsanwälte verschwenden musste. Wegen ihr hatte er sich so hoch verschulden müssen, dass er nicht wusste, wie er die Außenstände je abstottern sollte.

Und jetzt hetzte sie ihm die Kopfgeldjäger auf die Fersen, die auf unterhaltsverweigernde Väter spezialisiert waren.

Er sei ein sehr renommierter Maler, der in der Vergangenheit ausgesprochen gut verkauft habe und auch heute noch male, ließ ihre Anwältin das Gericht wissen. Er habe stets in «großzügig gestalteten Lebensumständen gelebt» und auch aktuell ein monatliches Mindesteinkommen von netto zweitausendvierhundert bis zweitausendsiebenhundert Mark zur Verfügung. Seine vor zwei Jahren eingetretene Bedürftigkeit und der Bezug von Sozialhilfe beruhe auf falschen Angaben, um sich der Unterhaltspflicht zu entziehen. Für einen Künstler sei es kein Argument, er könne wegen seelischer Probleme nicht arbeiten, da ihm die innere Harmonie fehle. Er sei ohne Zweifel in der Lage, monatlich Kindesunterhalt in Höhe von hunderteinundzwanzig Prozent des Regelbetrages der Düsseldorfer Tabelle zu leisten.

«Um das alles ertragen zu können, muss man ein dickes Fell anziehen», murmelte Georg und starrte an die Decke seines Ateliers. «Weil ich mein Kind liebe und sehen will, darf die Mutter ungestraft zur Megäre werden. Darf mich verleumden, mich sogar kriminalisieren. Damit nur ja keiner merkt, dass in Wahrheit sie diejenige ist, die sich absichtlich verarmt und bedürftig gemacht hat, weil sie nicht mehr arbeiten, sondern einen Versorger haben will. Und damit nur ja keiner begreift, dass sie die Kuh, die sie melken will, schon längst geschlachtet hat.

Begriff Uschi eigentlich, was sie tat? Dass sie Maria um den Vater betrog? Es gelang ihm immer mühsamer, Uschis Ängste als beschützende Mutter zu begreifen. Er konnte sich den Mechanismus erklären. Mehr nicht. Doch kein noch so einleuchtender Mechanismus der Mutter rechtfertigte, ihre eigenen Bedürfnisse und Egoismen auf dem Rücken eines von ihr abhängigen Kleinkindes zu befriedigen.

Begriff denn keiner, dass Maria den Tribut für die Mutter zahlte, die unfähig war, ihre persönliche Problematik von Marias Belangen zu trennen? Wollte keiner sehen, dass Maria zum Opfer dieser Unfähigkeit wurde? Und warum nicht? Waren Kinder in Deutschland nichts wert?

Zählte hier tatsächlich nur das ungeborene Leben, um das sich von der Kirche bis zum Gesetzgeber alle rissen? Das geborene musste sehen, wie es allein zurecht kam? Zählten lebende Kinder lediglich als «inoperabler Wurmfortsatz der Mutter», wie ein Bekannter aus dem *Väteraufbruch* dies unlängst mal genannt hatte?

Georg presste Daumen und Zeigefinger an die Nasenwurzel. Die Brille drückte ein wenig. Aber der Kopfschmerz schoss nicht von den kleinen roten Druckstellen bis über Stirn und Oberkopf hinauf. Wie angeflogen, trat er neuerdings auf, blieb oft tagelang, pochend wie ein Holzwurm im Dachgebälk.

Kurz vor der Unterhaltsklage war eine Anregung des Oberlandesgerichts eingetroffen, dass Georg seiner Tochter zur erneuten Kontaktanbahnung einen Brief schreiben solle. Er hatte ihr einen Gruß vom Äffchen Ouistiti geschickt und zwei Bilder beigelegt. Trotz der harmlosen Zeilen musste der Brief erst zwei anwaltliche Zensuren durchlaufen, ehe er abgesandt werden durfte. Und jetzt zog Uschis Anwältin ausgerechnet diese beiden Bilder des Vaters an seine kleine Tochter zum Beweis dessen heran, dass er arbeitsfähig sei und Unterhalt leisten könne.

Seit Uschi ihn mit Maria verlassen hatte, waren fünf Jahre vergangen. Fünf sinnlose Jahre. Und noch immer war kein Ende des Kindesentzugs abzusehen.

Maria war vor wenigen Tagen eingeschult worden. Wie gern wäre er bei der Feierlichkeit dabei gewesen, hätte die Kleine mit ihrem Schulranzen ins Leben hinausstapfen sehen. Ihren Stolz und ihre Vorfreude miterleben. Ein wenig Anteil an ihrem Leben nehmen. Doch Uschi hatte es nicht gestattet, hatte ihm anwaltlich verbieten lassen, Maria zu belästigen.

Wenn sie wüsste, dass er einige aktuelle Fotos von Maria besaß – würde sie diese einklagen? Maria war groß geworden. Die schwarzen Haare in der Mitte gescheitelt und hinter die weit abstehenden Ohren geklemmt, wirkte sie mit ihrem so typischen verschmitzten Grinsen lausbübisch und selbstbewusst.

Jedem hoch gewachsenen Graubart schaue sie nach, um zu prüfen, ob dieser vielleicht ihr Papa sei, hatte der Freund berichtet, der die Photos heimlich für Georg geschossen hatte. Die Kleine vermisse ihn sehr und frage oft nach ihm. Es trieb Georg immer noch die Tränen in die Augen, wenn er daran dachte.

Als Mann, als Künstler und als Ausländer hatte er Anfeindungen erlebt, die teilweise rassistisch waren und jedem Vergleich mit psychischer Folter standhielten. Als Vater war er verhöhnt und zum Narren gemacht worden, der sich seinen Schmerz um das Kind wegtherapieren lassen solle. Alle seine Versuche zur Gegenwehr waren als Aktionismus verpönt oder als Beweise seiner väterlichen Beziehungsunfähigkeit geächtet worden. Von gebildeten Menschen, die zum Teil sogar einen Eid auf das

Grundgesetz abgelegt hatten. Das alles wollte Georg nicht in den Kopf.

Alfons vom Dialog fiel ihm ein, der neulich erst geraten hatte, er solle Uschi verzeihen, sie wisse nicht, was sie tue. «Nein», hatte er gesagt, «so einfach ist das nicht. Ich bin nicht Jesus. Ich bin Georg. Und der hat bekanntlich diesen bösen Drachen besiegt. Er hat gekämpft. Und das tu ich auch. Bis zuletzt. Für Maria.»

Er konnte Uschi nicht verzeihen, wenn dieses gleichbedeutend mit einem Verzicht auf seine Vaterpflichten und Marias Recht war. Erst wenige Monate war es her, seit Uschi zu Maria gesagt hatte, der Papa sei tot. Ganz abgesehen von der Herzlosigkeit gegenüber dem Kind, hatte Uschi damit ihre geheimsten Wünsche offenbart. Man musste kein Psychologe sein, um sich die Frage zu stellen, ob Uschi erst Ruhe geben würde, wenn sie den Vater tatsächlich unter die Erde gebracht hatte.

Mit einem Auflachen fiel Georg ein, dass er vermutlich nicht einmal dann vor ihr Ruhe hätte. Schließlich gab es die Rüttelprobe, die Uschi meisterlich beherrschte, und die Zucht und Ordnung auf Friedhöfen, an der ihr so viel lag.

Georgs Anwalt war es zu danken, dass das Oberlandesgericht im Juli noch einmal das stumpfe Schwert der Justitia anwandte und einen letzten Appell an die Vernunft der Eltern richtete. Sie sollten die Ende April 1999 vereinbarten Bemühungen um Marias Wohl jenseits des Gerichtes fortsetzen und sich vergegenwärtigen, dass sie «mit einer selbst bestimmten Regelung allemal besser fahren würden als mit einer vom Gericht verordneten».

Hatte der Vorsitzende Richter erwartet, seine Autorität werde die Verkarstungen der Elternbeziehung aufweichen, sah er sich jedoch getäuscht. Der Begriff «Vernunft» schien Uschis Ohren unbekannt. Nun blieb nur mehr der Griff nach der scharfen Klinge des gesetzgeberischen Machtworts.

Ende Oktober 1999 erklärte das Oberlandesgericht die persönlichen Interessen der den Umgang verweigernden Mutter für zweitrangig. Es schrieb das Recht des Kindes auf Umgang mit dem Vater definitiv fest und regelte es mit verbindlichen Terminen. Dabei folgte es den Ausführungen, die Georgs Rechtsanwalt in seinem Plädoyer für die Rechte des Kindes vorgetragen hatte.

Ab Dezember sollte Georg seine Tochter zunächst samstags, wenig später übers Wochenende besuchen und bald darauf zusätzlich in den Ferien zu sich einladen dürfen.

Um sicher zu gehen, dass die ersten Begegnungen in einer freundlichen, familiären und doch neutralen Umgebung stattfinden könnten, stellte Georgs Anwalt sein Haus dafür zur Verfügung. Er selbst und seine Lebensgefährtin waren bereit, in den Stunden des Umgangs zwischen Vater und Kind betreuend zugegen zu sein.

Georg zitterte vor Aufregung. Er hatte das Unvorstellbare erkämpft. Bald schon durfte er sein Kind wiedersehen. Das Gericht hatte es angeordnet. Die Termine standen unverbrüchlich fest. Kein Betteln mehr, kein endloses Warten auf ein Ja oder Nein, keine Willkürakte der Mutter. Die Zukunft schien klar. Wenn die Mutter den Umgang verweigerte, drohte ihr eine empfindliche Geldstrafe, und zwar jedes Mal. Ihre Pflicht war es nunmehr, Maria auf den Besuch beim Vater vorzubereiten und dafür zu sorgen, dass die kindliche Beziehung zu ihm positiv verlaufe. Alles, was diese schädigen könne, müsse von beiden Eltern vermieden werden.

Beide Eltern, darauf lag die Betonung, denn angesichts der Vergangenheit lag die Gefahr nahe, dass eine solche Entscheidung die so hartnäckig gegeneinander zu Felde ziehenden Eltern in Sieger- oder Verliererpositionen drängen würde. Genau das aber war strikt zu vermeiden, denn aus einer solchen gerichtlichen Wertung würde zwangsläufig eine Vertiefung der mit Erbitterung und angstvollem Hass gefüllten Schützengräben resultieren. Neue Kämpfe müssten ausbrechen.

Das Gericht löste den sich abzeichnenden Konflikt fast salomonisch, indem es nicht nur Uschis, sondern auch Georgs persönliche Freiheit mit einer bei identischer Strafe durchzusetzenden Auflage einschränkte.

Für Uschi war dies die Anweisung, ihre Tochter von nun an regelmäßig mit dem Vater Umgang pflegen zu lassen und positiv über den ihr verhassten Mann sprechen zu müssen. Für Georg war es ein gerichtlich über ihn verhängter «Maulkorb». Dieser besagte, dass es ihm vom Tage des Gerichtsbeschlusses an verboten war, im Zusammenhang mit seiner Trennungsgeschichte von seinem Recht der freien Meinungsäußerung und der Pressefreiheit Gebrauch zu machen. Talkshows, Reportagen, Zeitungsinterviews, jede Publikation und jede Demonstration oder künstlerische Ausstellung der Bilder oder Bildobjekte Georgs, die Rückschlüsse auf die Person und den Namen seiner Tochter und der Kindesmutter zuließe und somit deren Persönlichkeitsrecht auf Datenschutz verletze, waren künftig tabu.

Georg tobte. Von absurd bis Zumutung blieb kein Gegenargument unverschossen. Mit diesem Maulkorb hatte das Gericht ihm mehr genommen als nur seine Meinungsfreiheit. Es hatte ihm erstens die berufliche Möglichkeit untersagt, Kunstwerke, die aus seiner Seelenpein erwuchsen, unmittelbar mit Maria in Beziehung zu setzen und den Verlust des Kindes konkret zu thematisieren. Zum Zeitpunkt des Beschlusses bedeutete dies, dass nahezu jede künstlerische Arbeit davon betroffen war, denn wenn es Georg in selten gewordenen Momenten gelang, seine verschüttete Kreativität zu reanimieren, dann stets im Zusammenhang mit Gedanken an sein Kind. Zweitens aber hatte ihm das Gericht mit diesem Verbot die in all den Jahren einzige wirksame Möglichkeit zur Gegenwehr geraubt. Die als Ultima Ratio einzusetzende Schreckschusswirkung der öffentlichen Meinung war damit null und nichtig. Künftig durften im Schutz des gerichtlich verordneten Heimlichkeitszwangs juristische wie soziale Amtswillkür und Mütterparteilichkeit ungestört fortwuchern, denn stumme Aufschreie verhallen nun mal ungehört.

«Muss ich mir das bieten lassen?», fragte Georg, als ihm das Ausmaß der richterlichen Maßnahme in vollem Umfang klar geworden war. «Wer bin ich, dass ich für das Recht, mein Kind zu sehen, das Recht auf freie Meinungsäußerung verliere?»

«Der Vater», stellte sein Anwalt in der ihm eigenen Nüchternheit fest.

Minutenlang verschlug es Georg die Sprache.

«Und ich habe keine Möglichkeit, mich zu wehren?», brach es schließlich aus ihm heraus. «Kann ich diesen Beschluss nicht anfechten?»

Der Anwalt zögerte. «Juristisch ist er zumindest bedenklich», meinte er. «Ein Widerspruch wäre wohl nicht ganz aussichtslos. Aber …»

«Was aber?»

«Es ist die Wahl zwischen Erschießen und Erhängen», sagte der Anwalt. «Welches Persönlichkeitsrecht ist Ihnen lieber, das des Vaters oder das des Meinungsmachers?»

Wie ein angestochener Luftballon sank Georg in sich zusammen.

Es war der Tag vor Nikolaus, als Uschi mit Maria vor dem Haus des Anwalts vorfuhr. Wie von einem elektrischen Impuls getroffen, wich Georg von dem Fenster zurück, hinter dem er ungeduldig und bang zugleich gewartet hatte. «Sie kommen!» Die Stimme gehorchte ihm kaum.

Mit einem beruhigenden Lächeln ging Ruth, die Lebensgefährtin des Anwalts, an ihm vorbei zur Tür und bat ihre Gäste herein. Gemurmel von Uschi, ein heller rheinischer Kinderklang: Maria. Eine Hand schob die Zimmertür auf. Und da standen sie, Mutter und Tochter, mit jäher Wut starrte die Eine, neugierig mit zögerndem Wiedererkennen die Blicke der Anderen.

«Was sagen? Was tun?» Gedankensalat. Rasend schlug Georg der Puls im Hals.

Zartfühlend kam ihm die Gastgeberin entgegen. «Georg, das ist Maria. Maria, das ist dein Papa. Möchtest du ihm die Hand geben?»

Der Zurechtweisung eingedenk, die Maria ihm vor langer Zeit zuteil werden ließ, als sie ihn aufforderte, der Mutter die Hand zu geben, wandte Georg sich Uschi zu. «Vielen Dank, dass du sie hergebracht hast.

Trinkst du einen Kaffee mit uns?»

In Uschis Gesicht zuckte es. «Er soll mich nicht anreden! Ich will nicht mit ihm sprechen! Sagen Sie ihm das!» Mit schriller Stimme wandte sie sich an den Anwalt, der soeben aus dem Nebenzimmer gekommen war und Uschi ebenfalls einladend Platz an dem freundlich gedeckten Frühstückstisch bieten wollte.

Unsicher blickte Maria zwischen Mutter und Vater und den beiden fremden Personen im Raum hin und her. Ihre Hand, die sie zur Begrüßung zutraulich in Georgs gelegt hatte, zuckte hastig heraus. Gleich würde sie auf die Mutter zustürzen.

«Du, da hinten im Computerzimmer, da sind ein paar Geschenke für dich angekommen.» Die Gastgeberin nahm Marias Hand. «Du willst doch bestimmt wissen, was das ist. Oder?»

«Mit Speck fängt man Mäuse», dachte Georg und spürte, wie seine Knie schwach wurden, als Maria tatsächlich im Nebenzimmer verschwand.

Aus den Augenwinkeln schnappte er die Kopfbewegung auf, mit der sein Anwalt ihm bedeutete, sich ebenfalls zurückzuziehen, und gehorchte sofort. Das Haus war ihm vertraut. In der Küche war Platz genug.

«Nein», hörte er Uschis gepresstes Murmeln und ein paar beruhigende Wortfetzen des Anwalts. Nein, sie wolle nicht Platz nehmen. Nein, es wäre nichts zu bereden. Nein, sie wolle gehen, sei nur mit dem Kind gekommen. Um achtzehn Uhr hole sie Maria wieder ab. Sie solle allein aus dem Haus zum Auto kommen.

«Ich geh dann!» Uschi stand schon auf der Türschwelle zum Hausflur. Sie wirkte wie aus Stein gemeißelt. Kein Muskel zuckte unter ihrer Schminkmaske, als sie Maria ohne ein Lächeln mit drei Fingern zuwinkte. «Um sechs bin ich wieder da. Du kannst mich anrufen. Ich hab das Handy an.»

Beinahe flüchtig winkte Maria aus dem Computerzimmer zurück. Papierrascheln verriet, was ihre Aufmerksamkeit fesselte.

Als Uschi losfuhr, erfasste Georg diese nur flüchtig. Sein Hauptaugenmerk galt Maria, die zusammen mit Ruth, der Freundin des Anwalts, in die Küche kam und seltsam unsicher nach der Hand griff, die er ihr reichte. Kaum berührt, zog sie ihre Finger so schnell wieder zurück, als fürchte sie, er werde sie sonst zerdrücken. «Weißt du noch, das Äffchen Ouistiti?», fragte er und rang die Tränen nieder, die sich unter seinen heißen Lidrändern anzusammeln begannen. «Ich soll dich ganz herzlich grüßen.»

Marias angespannte Miene entkrampfte sich etwas. «Sind die zwei Löwen auch noch da?»

Georg nickte. «Richtige Freunde sind immer zusammen. Soll ich dir eine neue Geschichte erzählen?»

«Aber zuerst wird gefrühstückt!», rief die Gastgeberin fröhlich dazwischen, die Georg und Maria ins Esszimmer schob, wo sie einen Stuhl an dem mit kleinen Schokoladennikoläusen geschmückten Ehrenplatz an der Stirnseite des Tisches zurechtrückte. «Möchtest du hier sitzen, Maria?»

Die Stunden verflogen beim Frühstück, mit Geschenkeauspacken, Geschichtenerzählen, Kochen, Computerspielen, Malen. Stolz führte Maria erste Schreib- und Rechenkünste vor. Und natürlich wurde gebührend bewundert, wie schön die Erstklässlerin nach nur wenigen Schulwochen vorzulesen verstand.

Glanzlichter in den dunklen Augen, blitzgescheit und selbstbewusst. Auf eine Bemerkung, dass eines Tages ein ganz tolles Mädchen aus ihr werden würde, verkündete sie: «Ich bin schon ein ganz tolles Mädchen!»

Georg war hingerissen von seiner kleinen Tochter. Und ihr gefiel es sichtlich, im Mittelpunkt des Interesses aller drei Erwachsenen zu stehen, die sich intensiv und freudig um sie bemühten. Nicht ausschließlich auf Georg fixiert, wich ihre anfängliche Schüchternheit rasch einer Vertrautheit, die zunächst der Hausherrin, bald aber auch dem Vater galt. Schließlich war es so, als sei der Papa nicht Jahre, sondern allenfalls Tage unauffindbar gewesen. Ihn zum Abschied herzhaft zu drücken schien selbstverständlich.

«Mama, du brauchtest gar nicht so zu gucken! Es war ganz toll. Der Papa ist ganz lieb. Ich freu mich schon auf das nächste Mal!»

Ihre jubelnde Kinderstimme im Ohr, die Augen auf die quirlige kleine Person geheftet, die sich in Uschis Arme warf und dann im Auto verschwand, stieg ein Schwall aus Zärtlichkeit und heißem Glücksgefühl in Georg auf, der ihm fast den Atem nahm.

«Ich werde immer für dich da sein, meine kleine Maria!», versprach er ihr stumm. «Ganz egal, was noch passiert. Ich weiß, dass deine Mutter nicht aufgibt. Sie wird mich nie in deinem Leben dulden. Und ihr fallen neue Tricks ein. Aber ganz egal, wie lange ich um dich kämpfen muss. Ich bin dein Vater. Du bist ein Stück von mir, und ich bin ein Stück von dir. Und ich geb dich niemals auf. Nie, solange ich lebe.»

«Kommen Sie?» Georgs Anwalt und seine Partnerin zogen ihn vom Fenster fort, zu der Sitzgruppe im Wohnzimmer, wo auf dem Tisch ein guter Tropfen darauf wartete, zur Feier des Tages ausgeschenkt zu werden.

«Auf Maria und eine glücklichere Zukunft!»

«Auf ihren Vater!»

«Auf uns!»

Das Klingen der Gläser war ein gutes Omen.